和讯期货&期货中国网 出品

期货兵法

Futures' Art of War

白金版

排兵布阵 谋定多空市场

实战与哲学的完美结合

私募基金的投资秘诀

方志 沈良◎著

中国经济出版社
CHINA ECONOMIC PUBLISHING HOUSE
北京

图书在版编目（CIP）数据

期货兵法（白金版）/方志，沈良著．—2版
—北京：中国经济出版社，2013.1（2024.11重印）
ISBN 978-7-5136-1980-6

Ⅰ.①期… Ⅱ.①方… ②沈… Ⅲ.①期货交易—基本知识 Ⅳ.①F830.9

中国版本图书馆CIP数据核字（2012）第241442号

责任编辑　叶亲忠
责任印制　马小宾
封面设计　久品轩

出版发行　中国经济出版社
印 刷 者　北京建宏印刷有限公司
经 销 者　各地新华书店
开　　本　710mm×1000mm　1/16
印　　张　25.75
字　　数　300千字
版　　次　2013年1月第2版
印　　次　2024年11月第12次
书　　号　ISBN 978-7-5136-1980-6/F·9516
定　　价　46.00元
广告经营许可证　京西工商广字第8179号

中国经济出版社 **网址** http://epc.sinopec.com/epc/ **社址** 北京市东城区安定门外大街58号 **邮编** 100011
本版图书如存在印装质量问题，请与本社销售中心联系调换（联系电话：010-57512564）

再版序一

岁月如梭，时光荏苒，《期货兵法》面市，已经过去了四个年头。四年走来，该书能数次加印，倍感宽慰。现在出版社应广大读者要求，将书再版，借此机会，也聊聊四年来一些新的认识。

首先谈谈这本书。

《期货兵法》是我们自己多年想超越，却依然没有本质性超越的一本书。

《期货兵法》产生的年代，是2008年金融危机前夜，市场刚刚经历了2005年～2007年超级大牛市，酝酿了巨大的风险，即将产生全面崩塌。CRB指数的顶点时间（2008年7月3日）正是《期货兵法》成书的时间。市场的巨大变化铸就了《期货兵法》思维的飞跃。

严格意义上说，《期货兵法》的措辞并不是十分严谨，对一些问题的认识比较绝对。但正是因为一些明确的观点，能够一针见血地指出传统投资观点的问题，才会引起共鸣，从而最直接地帮助投资者走出困境。

这次再版，仔细通读四年前的《期货兵法》，结构依然清晰完整。为维持原书的观点阐述，再版时，决定原书正文一字不改，而采用增加三个篇章的方式进行较多的补充，体现我们这四年来投资实战中的感悟。经典需要时间铸就，四年的验证还远远不够，希望在下一个四年里，《期货兵法》能继续协助投资者完善交易思路。

再谈谈市场。

当时写《期货兵法》的时候，我曾经想过，过几年，《期货兵法》会不会过时？行情会不会逾越《期货兵法》的范畴？

现在看来，2008年金融危机以后，市场长期波动降低，短期脉冲性波动加强，品种走势分化加剧，系统性风险降低，市场群体专业能力提高，技术设备快速升级……对于一般投资人而言，因为缺乏信息优势、技术优势、资金优势，会在市场博弈中处于被动。但是市场很多本质的东西并未变化（如市场必然按照财富分配的路径去演绎）。《期货兵法》之妙，在于即使没有信息优势、技术优势、资金优势，也可以从市场本质去挖掘简单的盈利方式，以慢打快，以弱胜强，以不变应万变。

这些年在市场，经历的“王朝”、“战役”不计其数，结识的“成王”、“败寇”不计其数，使用的“兵器”、“装备”也不计其数，到头来，一切仍然不离《期货兵法》十三篇的内容。

如果曾经看山是山，看水是水；之后看山不是山，看水不是水；再然后看山仍是山，看水仍是水；如今可谓，山山水水皆可，山亦是水，水亦是山。

最后谈谈人生，聊聊理想。

和讯期货和期货中国网作为国内期货界两大网络门户，所为的是共同的目标——传播信息资讯、发展金融文化、服务投资者、提升金融价值。

与同学沈良，共同耕耘期货市场，多年风风雨雨，不离不弃，乃至期待市场真正辉煌的那一天。

认真做事，十年磨一剑。

春去秋来，人来人走，蓦然回首，行情依旧。

期货是一场战争，也是一场游戏。期货不是暴利的神话、大师的传奇，而是社会的文化、人性的寓言。

2012 年 10 月 16 日于上海大宁国际

再版序二

【重新分配】

沈良

山水、钱财、好人，
每个人都争相迫害。

一万年都享用不尽的山水，
交给谁去浪费。
一个世纪积累的钱财，
要让谁去破坏。
一辈子都害不完的好人，
该由谁来犯罪。
你我均无言以对。

是是非非，是与非，
无是非。
只是重新分配。

原版自序

如果你在预测行情，请看《期货兵法》；

如果你认为自己的预测永远是对的，请把《期货兵法》扔掉；

如果你在自己的预测中损失惨重，请重新捡起《期货兵法》；

是的，《期货兵法》与赚钱有关，与预测无关。

写《期货兵法》其实是个意外。

进入期货行业是我人生的一次幸运，也是一场劫难。期货是一个看似简单其实复杂，同时又看似复杂其实简单的游戏。

刚进入期货行业时，带着对未来的期待，听着期货公司老总“期货操盘手是太阳底下最光辉的职业”的鼓舞，开始了这场战争。

最早用的是文华财经 DOS 系统，没有鼠标。每天除了拿自己的钱交易、给客户打电话以外，做的最多的事情就是画图了。在一个没有人指导的年代，一切都只能靠自己摸索。画了几年 K 线图，把1000多张图纸装订好，看着花花绿绿的K线、均线、指标线，背后似乎隐藏着不为人知的大秘密。有时候蓦然发现，某天棉花的日线图和某天豆粕的5分钟线图居然是一模一样的；上证指数倒过来看居然和橡胶一模一样……

曾经为了预测行情苦学易经八卦、星象占卜，也曾跟着2亿资金大户测算波浪点位，还曾几次睡觉的时候清晰地梦见第二天的价格。曾经轻狂，以为自己掌握一切，到头来却发现：算得出点位，做不到行情；猜到开头，却猜不到结局。

《期货市场技术分析》我读了二三十遍，《日本蜡烛图》、《波浪理论》、《江恩理论》、《混沌理论》等都读了很多遍。在市场上流行了这么多年的各种投资书籍几乎无一例外地告诉人们“预测”的方法。在我们的思想里面，预测主导了人们多少年？

直到有一天，我发现那位2亿资金的大户，20年来一次都没算错，只在2004年底大豆行情上错了一次，结局是从此就销声匿迹。这时，我才知道，我们的方向，彻底错了。

我们根本不能预测明天的行情，而且在期货市场，什么事情都有可能发生：小麦可以有十几个跌停板，豆粕是可以比黄豆贵的，第二天涨停的价格是可以比第一天收盘价低的，橡胶相邻两个月的价差是可以在5000点以上的……

其实，期货在执行其特殊的功能。一切的不确定，冥冥中在一个确定的规则中运行。

期货在中国不算是个非常新鲜的东西。中国人对于期货的热衷，可以上溯到民国时期的“信交风潮”。投机本身是人内心生来就有的偏好，一旦政策宽松起来，期货的生命力将比雨后春笋更加旺盛。股指期货很快就要来临，我们翘首这个期货时代的到来。

然而，一个新的时代也孕育着新的挑战、新的风险。中国的期货市场可预见的潜力很大，但目前的行业规模却偏小。专业程度已经远远不能满足理性投资者的要求。研发与实战脱离、利益与盈利脱离、服务与需求脱离。我们到底要提供怎样的理念来和期货投资者分享?

在中国，期货基金还没有正式出台相关法规，现在的技术服务最多也只能停留在交易诊断和账户管理的层面上。国内关于实战类的期货书籍更是少之又少。而我们，正是要给投资者一个在期货上永续盈利的可能，以及如何获得永续盈利的技巧。

一开始，我们只是将多年的交易心得做些整理，写成简短的十三篇文章。在博客上发表后，很意外地被众多网站、博客、论坛转载，短短几周时间搜索引擎竟能查到几十万条关于“期货兵法”的信息。应出版社和广大读者要求，我们做了进一步的分析整理，并结合大量的图表、数据和实战案例来完整阐述“期货兵法”的思想体系，并由此形成《期货兵法》一书。

本书既然叫《期货兵法》，自然就是完全以实战作为讲述内容。一切为指导交易服务，为严控风险服务，为稳定盈利服务，为克服人性的弱点服务。

本书思想的三大前提:

一、投资于交易，而非投资于品种

我们信息有限、资金有限、风险承受能力有限，我们做不了更没必要做市场所谓的“主力”，我们无法清晰地研究交易品种，但是我们可以清晰地研究交易方式，并让交易本身产生出持续稳定且相对高额的回报。

二、只以市场为出发点，忽略自身因素

作为小我，我们没有能力影响市场，我们甚至要避免对市场产生任何影响。在市场面前我们要忘记自我的存在，以市场当前的发生为唯一事实，保持与市场的高度一致。

三、尽力突破时间和资金的有限

我们想要在尽可能短的时间内赚取尽可能多的收益，就无法简单从事传统意义上的“价值投资”。我们只能运用期货本身的性质和规则，在有限的资金和时间中，寻求不败的模式，寻求“无限”的可能。

最后我要感谢和我一起著书的亲密战友沈良、为本书写序的新湖期货有限公司董事长马文胜先生、为本书完善思路的罗旭峰先生、为本书校稿的编辑杜玲小姐、为本书出版事宜尽心尽力的中国经济出版社的叶亲忠先生、为本书做过事先传播的期货中国网（www. 7hcn. com）、和讯网（www. hexun. com）和中金在线（www. cnfol. com）。有了他们的辛勤付出和支持，《期货兵法》才得以这么快就和大家见面。

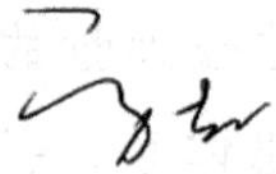

2008年8月8日于杭州文源宾馆

目录
CONTENTS

第二篇 “分兵之法”

志曰:我们的命运经不起孤注一掷
——一定要做投资组合

第三篇 “分析之法”

志曰:和我们口袋唯一相关的信息是价格的跳动
——实盘操作,不要去看基本面

第四篇 “区分之法”

志曰:不同肤色的人,流的都是红色的血液
——不要把品种看成是有差别的

第五篇 “校参之法”

志曰：如果你外盘看得准，你就去做外盘
——如果你只做内盘，请不要看外盘

第六篇 “歼敌之法”

志曰：追涨杀跌，而不要高抛低吸
——把握趋势是唯一的出路

第七篇 “进退之法”

志曰：让自己超越止损止盈的范畴
——只设定进出标准，不设定盈亏标准

第八篇 “调遣之法”

志曰:你不能控制市场的走势,但你可以控制手中的资金
——灵活运用资金

第九篇 “行军之法”

志曰:做长线还是短线,交给市场决定
——把握交易节奏

第十篇　“持久之法”

志曰：宁可做错，不可错过
——永远追随市场本质

第十一篇　“谋攻之法”

志曰：战术定下来之后，把战略形成体系
——制订交易系统

第十二篇　“肃纪之法”

志曰：战争军令如山，期货指令必达
——规则制胜：了解规则、制订规则、执行规则

第十三篇 “止戈之法”

志曰:大道至简,大智若愚,大巧不工,有容乃大

——释放自我,完善人格

结束篇(跋)

再读《期货兵法》篇——四年后的再思考

志曰:信手成败,无间是非

——对错自在人心

杂谈篇：交易感悟和市场认知

良言：从市场中来，到市场中去——石头越摸越清

对话篇——留给时间的纪念

良言：方法论，论方法
——碰撞升华智慧

期货兵法

Qi Huo Bing Fa

（开篇）

志曰：投资小可养家糊口，大可富国安邦，不可不察也

期货是一场持久战争，市场即是战场。

如何举重若轻，长胜不败；如何运筹帷幄，决胜千里？

历经大小战役数万次，有所感慨，写在战争的第1001日。

◆ 期货为什么是场战争？

1. 战争是敌我双方的对抗；期货是多空双方的搏杀。

2. 战争以士兵为筹码；期货以资金为筹码。

3. 战争以保全自我生命为第一要义；期货以保证资金安全为首要前提。

4. 战争形势复杂多变；期货行情飘忽不定。

5. 战争一方可能一溃千里，就像期货上的大趋势行情；战争的双方也可能持久对峙，就像期货上的横盘震荡。

6. 战争总是要死人的，有人胜有人败；期货总是要分输赢的，有盈也必有亏。

7. 战争即使你胜利1000次，只要一次失利，就可能全军覆没，横死乌江；期货不管你盈利多少倍，只要一次不慎，也可能爆仓出局，全盘皆输。

◆ 我们是“期货战争”里的什么角色？——我们是不起眼的将领

1. 我们不是士兵，我们有思维，有自己的战略，我们可以决定自己的生死。

2. 我们不是元帅，或者说99.99%的人没有机会做元帅。我们不能决定战争的发展，我们的时间和生命都是有限的（如果时间和金钱都是无限的，我们可以确保一定胜利。参考本书第二篇中“一定赚钱的方法”）。

3. 尽管资源有限，但是只要我们方法正确，把握时机，也必然会发展壮大。

◆ 兵法本身讨论的是战略，战略远比战术重要

1. 战术每个人都不一样，也没办法一样；
2. 战略必须要正确，战略正确，战术可以任意发挥；
3. 战略要寻求必然性，战术则是寻求偶然性；
4. 输掉一次战斗，不代表输掉整个战争。

期货兵法 Qi Huo Bing Fa

《期货兵法》十三篇（之一）——“预测之法”

志曰：如果你能预测未来，你应该去买彩票

——不要预测，找到对策

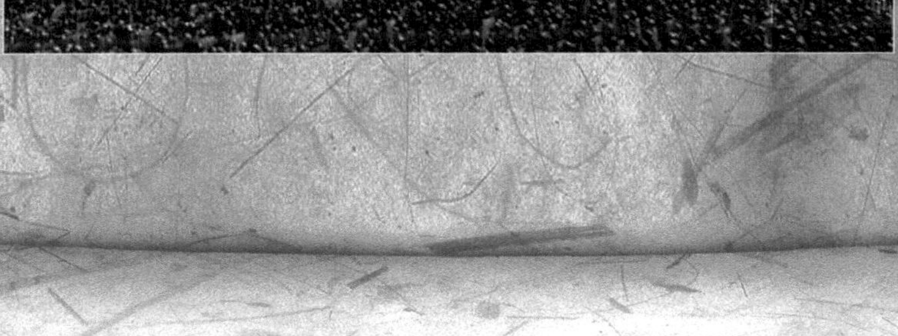

期货行情是复杂的，也是多变的。没有人肯定地知道明天K线往哪走。

如果一定要知道K线往哪走，只能肯定的是：往右走。

期货市场能肯定的事情只有三件：一是时间轴是向右的；二是交易规则是制订好的；三是财富是会被分配的。就像战争一样，你不能肯定谁一定最终胜利，你只能知道，打仗是要死人的。

哪个品种会有行情你是预测不了的，不是吗？有了行情是涨是跌你是预测不了的，不是吗？涨了多少你是预测不了的，不是吗？涨是直接一步到位还是反复震荡你是预测不了的，不是吗？

简单的涨跌预测并不能给你带来任何收益，只会让你在期待和犹豫之间迷失自我。

初级的专家喜欢说涨跌，中级的专家喜欢说分析，高级的专家喜欢说理念，最强的专家却说规则。

总是以为市场可以预测、总是以为自己能预测、总是寻找自己想要的预测结果、总是寻找预测的方法和总是想用预测去赚钱，这是期货预测让人痛苦的五大根源。

◆ 没有人可以准确预测市场

也许很多人不赞同这句话，因为他们看过很多预测成功的例子。

我们打开搜索引擎查找，可以发现S专家早在2005年5月就准确地预计中国股市“历史性的大底”将要来临。当大盘指数到达2500点时他坚决看多，当指数到达4000点时他仍然坚决看多，当大盘到达5000点以上，他丝毫没有改变准确的判断……

看上去很准是么？准确了整整两年，多不容易啊！可是你如果仔细看，你会发现，大盘从6000点跌到3000点的时候他仍然是看多的。可惜随着时间的推延，行情一路下跌，他在媒体上出现的次数越来越少。再过一年，也许他就会被社会彻底遗忘。与此同时，我们发现 H 专家逐渐受到大众的热捧。因为——

我们打开搜索引擎查找，可以发现 H 专家早在 2007 年 9 月就准确地预计中国股市“历史性的大顶”将要来临。当大盘指数到达 6100 点时他坚决看空，当指数到达 5000 点时他仍然坚决看空，当大盘到达 4000 点以下，他丝毫没有改变准确的判断……

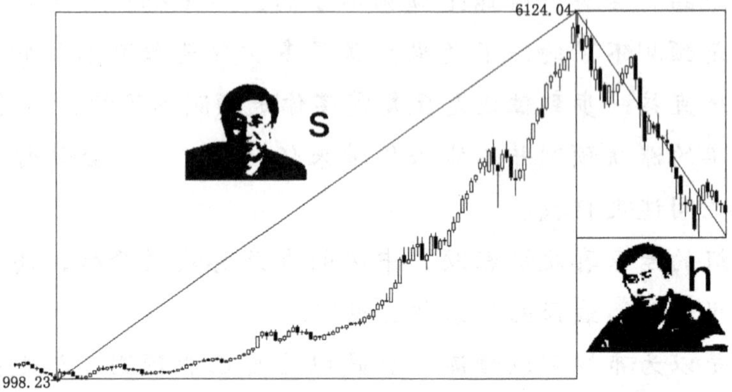

预测一次是有可能准确的，预测两次都正确的可能性就大大减小。想要预测 10 次都能正确的概率远远比抛 10 次硬币正面朝上的概率要低（因为期货是个多元函数，不仅是个“涨”和“跌”的简单结果）。

有很多“预测准确”的专家，是因为：

1. 只预测了一次；

2. 这一次持续了很多年。

期货的周期比股票短。股票的 3 年牛市造就了很多“预测准确”的专家。而仔细想想，期货市场，有谁成为了“预测准确”的专家吗？

◆ 有人说自己能准确预测市场，可以相信吗？

2005年春节的时候在电视上，有个节目里面有位Z大师，专门研究易经在期货投资操作上的作用。方法是用易经按照价格与时间列出六十四卦，装卦、比照六亲、天干地支、六神，预测明天的走势，据说正确率可以高达90%，并且列出了几次商品大规模转折的发生时间。节目主持人问一句：“您用这个方法现在有多少盈利？”大师略带尴尬地说：“现在还没有盈利。但是这个方法是很准确的。”

江恩理论是一种预测理论，认为时间空间是统一的，何时何价是准确。实际上他自己也做不到，这个市场上任何人都做不到。为什么江恩也做不到呢？不是有人说他可以把道·琼斯指数提前一年画出来，而且误差很小吗？但是江恩又在订立交易规则！如果他真的那么神，制订规则干嘛？如果他真的那么神，可以断言江恩早就成世界首富了。为什么巴菲特年收益也只有18%～26%？因为，如果能100%准确地预测市场，市场就会毁灭，哪怕他只有1万元也足以摧毁这个市场了。

有本投资哲学的书上讲：世上难事有三，其一是预言青蛙的起跳方向；其二是预测股市的运行方向；其三是揣测女孩心情的变化方向。

◆ 即使预测对了又如何？

太多人因为想要去预测市场而入魔道。

市场令人迷惑的地方就在于你认为你似乎是可以看懂它的。有些人用毕生的精力去计算最高最低点位、计算时间窗口，可是最终呢？且不说预不预测得了，即使你预测到了明天糖要“涨”，你又怎么操作呢？

1. 高开一两个点（似乎你算对了），你买进吗？如果跌了，你砍吗？

2. 大幅度高开（似乎你算对了），你买吗？如果高开低走，你砍吗？

3. 低开（如果你确认自己是对的，你应该买吧），你买吗？如果不涨的话，你平吗？如果涨了，涨到多少平？

4. 低开低走（算错了吗），砍仓，还是加码买进？

5. 用多少资金，是不是满仓？

6. 买哪个合约？

7. 什么时候买？

8. 买进后准备加仓减仓吗？

9. 什么时间、什么价位平？

……

所以你看，即使你知道明天要“涨”，你还必须解决这些一大堆问题。否则“猜到了开头，却猜不到结局”，结果只会更糟。

◆ 预测的毁灭性灾难

有句俗语：打死会拳的，淹死会游的。

力求精准地预测市场是期货的魔道。

市场上新手会犯各种各样的小错误，但是投资都相对谨慎，对自己没多少把握，抱着学习的心态，亏损一般不会太大。而对一些某段时期取得过暴利的“老手”来说，“艺高人胆大”，特别是对预测行情有些体会的人，容易形成“必然”、“一定”的看法。一旦发生错误，后果就相当严重。

G先生，42岁，四川绵阳人。1992年以20万资金进入股市。1999年7月成功逃顶后，转战商品期货市场。到2004年时身价数亿，外号“半仙”，在中西部影响很大。笔者有幸跟随其学习波浪理论2个月，受益匪浅。

G先生精通波浪理论，数年来经其严格数据分析的图表有七八万张之多。G先生对波浪的时间测算是精确到15分钟的，对波浪的点位测算是精确到小数点后两位的。对于行情的判断，有时精确到令人瞠目结舌。G先生分析一年行情，只做一次交易——只做大豆。

2004年的大豆，G先生经过大量数据分析，给出后市图形，随后纠集2亿资金进场做多，主要做在CBOT上；国内也有10000多手持仓，分散在10个席位。

看其持仓庞大，我问：“什么时候止损？”

G先生说：“我从来不止损。”

我说：“为什么？”

G先生说：“因为行情从来不让我止损。”

事实的情况是，行情在2004年5月28日并没有马上启动，而是盘整阴跌最低至536.6元；并且行情启动时间是10月6日，

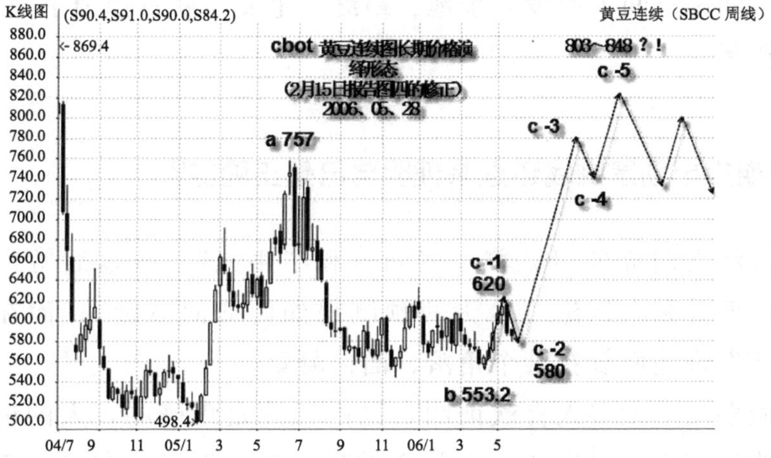

G 先生计算出的走势预期图 C－1－2－3－4－5，（2004 年 5 月 28 日），并在 553.2、620 和 580 买入大豆期货，共计 2 亿资金。

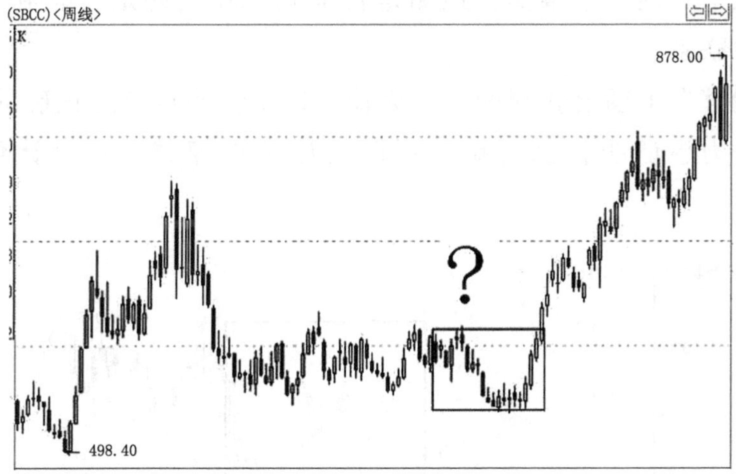

实际行情走势

比预期晚了四个多月。G 先生的筹码成本平均在 600 元左右，价格到达 536.6 元时资金已经基本爆仓。G 先生损失将近两亿，被强平出场。之后他便销声匿迹，直到今天也没找到他。

从图形我们不难发现，后来的上涨基本验证了 G 先生对于波浪幅度的预测是准确的。可是，由于对行情太精确的认定，使资金在时间和空间上都没有余地，最终一笔交易就亏损掉了他10多年的积累。

◆ 来期货市场是赚钱还是来证明自己是正确的？

曾经在期货公司见着一些同事和"牛人"，收盘后常常手舞足蹈地四处和人谈论"今天我预测得如何如何准确"；而在有些日子却发现他们躲在某个角落，面色凝重。

做期货，太多人喜欢证明自己的预测是正确的。人的记忆总是喜欢保存成功的景象，而刻意排除失败的例子。在自己正确预测某个行情的时候，一般人总是掩盖不住内心的激动。

然而，市场总让绝大多数人预测错误，更让绝大多数人亏损。你应该了解到一个事实：预测是否准确，和交易是否盈利并没有必然的联系。

能够在市场上获利的话，为什么还要证明自己是正确的呢？

努力想证明自己正确，不但会让你输掉钱，更会让你输掉自尊。

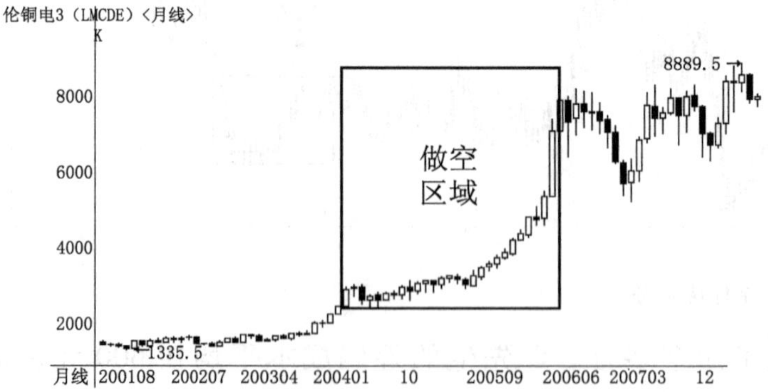

几乎所有做期货的人都不会忘记2004年初到2006年6月铜的疯狂上涨。在2004年初的时候，几乎所有研究都预测铜在

3000美元左右见顶进入下跌，市场几近狂热地去抛空铜。然而铜价并没有在3000美元刹车，反而不断创出新高，最终到达8000多美元。在那个疯狂的年代，很多人明明知道每天在上涨，却努力地试图去证明对下跌的判断是正确的。

◆ 建立对策远比预测重要

预测不了，是不是就不能做了？

恰恰相反，因为不预测，反而好做——你没有负担，你知道高开怎么做、低开怎么做、震荡怎么做、暴涨暴跌怎么做，到时候根据出现的情况出牌就好了。

就像双方交战之前，敌情不明，不知道敌人怎么出招，但是我做好了所有的准备。“敌不动，我不动；敌稍动，我先动”就可以了。

大家都认为投机是一种了解未来，是一场预测未来的游戏，他们都错了。投机是一种发展致胜策略，是一种把获胜的金额或概率拉到自己身边来的技能和结果。而所谓的预测，只是一种想证明自己高人一等的不成熟行为，没有人可以预测未来，过去没有，未来也不会有。

——Larry Williams

【本篇小结】

1. 没有人可以预测市场。
2. 即使预测对了，想真正盈利还有很多问题要解决。
3. 执着于预测结果会带来毁灭性灾难。
4. 我们的目标是盈利，而不是预测准确。
5. 建立对策远比预测重要很多。

【告兵法读者】

1. “预测”的方法其实是不预测。

2. 说了这么多，就是告诉你——不要预测。

3. 可能这个观念已经根深蒂固，但改变它是改善你期货交易的第一步，也是前提。

期货兵法 Qi Huo Bing Fa

《期货兵法》十三篇（之二）——“分兵之法”

志曰：我们的命运经不起孤注一掷

——一定要做投资组合

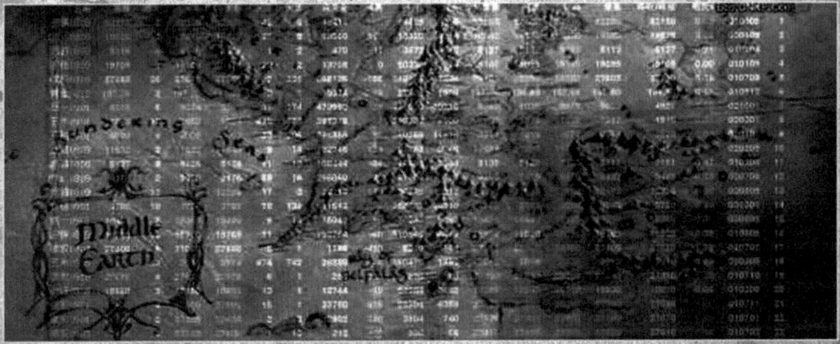

组合是自然界最基本的规律。

原子组合成分子，分子组合成各种物质；核苷酸组合成生物；个体组合成社会、国家……

组合的意义在于让不同的东西协同发挥作用。

投资更加离不开组合。

资产配置需要固定资产投资与金融资产投资的组合；金融投资需要各种金融产品的组合。

投资组合的必要性在于时间与金钱的稀缺性，风险和收益的不确定性。

在1952年3月，美国哈里·马考威茨发表了《证券组合选择》的论文，首次运用均值方差分析方法和投资组合有效边界模型，提出投资组合理论（Portfolio Investment Theory），且因此获得了诺贝尔经济学奖。

而期货市场由于有做空机制、T+0交易、保证金机制以及浮动盈利可开仓等特殊性质，实际上对于投资组合理论的运用空间远远大于股票。

很多投资者有了可行的交易系统，学会了风险控制，调整好了投资心态，可是仍然难以获利，原因很可能是忽略了投资组合。

期货投资上可以在品种、周期、风险和交易方法等各个维度上进行组合。期货的特殊性质，使得投资组合在期货实战中的作用不可估量。一旦树立投资组合的交易理念，许多无法求索的疑问都将迎刃而解。

战场拼什么？——拼人数，拼智慧。

期货拼什么？——拼资金，拼技巧。

我们有限的资金在数量上是没有优势的，我们赚钱是靠智慧。所以分散组合吧——在同等风险下，让收益最大化；在同等收益下，让风险最小化。

◆ 一定赚钱理论

一定赚钱的方法，存在吗？

正准备做期货的股民 A 觉得期货赚钱很容易，2008 年 6 月 3 日燃油涨停了，他就想："如果今天我开盘全仓买进，涨停卖掉，我就可以赚 50% 了啊！和你们所谓的投资组合一年的预期收益都差不多了。"

期货客户 B 觉得罗杰斯等"投资大师"很厉害，2007 年 12 月他说看涨白糖，白糖就涨了。但是 2008 年 1 月跟着做进去的时候，糖就开始暴跌。亏了就熬一段时间，熬不住就砍了；砍了之后糖又涨了，还涨了好几个涨停板……B 就觉得还是罗杰斯厉害。

操盘手 C 花了很多时间，测试了很多交易方法，做了很多实证研究，最终针对橡胶期货设计了一个神奇的交易系统。在测试过所有橡胶的历史数据后，得出的结论是，如果严格按照优化好的交易系统进行，10 年就会有 1 亿多倍的盈利收益，看得人心驰神往；可是一旦照做了，却发现完全不如意料，大幅亏损出场。

期货客户 D 是价值投资的忠实追随者，在做完详细的基本面分析之后，得出很坚定的分析结果"燃油一定会涨，价值严重低估，只是早晚问题"。2008 年 3 月 17 日 D 买进燃油期货，结果燃油确实大涨，他却在 3 月 20 日就被强平出场。

期货市场投资有没有一定赚钱的方法，还是一切盈亏都是偶然？是大偶然中的小偶然，抑或小偶然中的大偶然？还是期货始终是一场赌博，盈亏都是随机的？

其实，证券、期货投资是有一定赚钱的方法的，而且方法很多很多。

但是，之所以这么多人在市场中亏损，不是方法问题，而是条件问题。

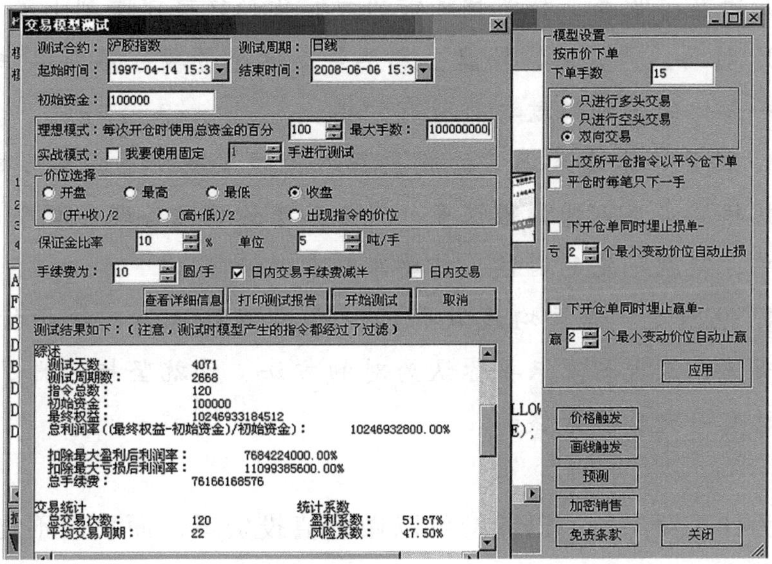

操盘手 C 神奇交易系统的盈利预测

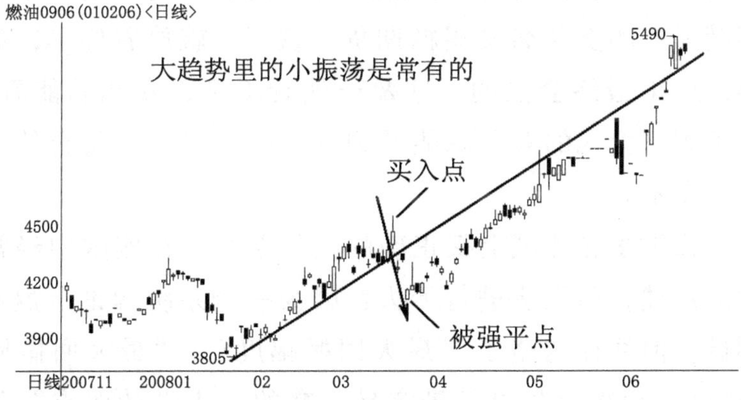

燃料油期货 2008 年上半年走势

现在给出一个前提条件：你的时间和金钱都是无限的。

——只要你的时间和金钱都是无限的，你就一定可以在金融市场上获利！

举些例子来说明：

1. 赌硬币正反面。由你随便押，第一次押 1 元，输了的话，第二次就押 2 元，第三次押 4 元，第四次押 8 元，以此类推……

只要某次赢了收手，抵消掉之前的亏损你始终可以赚到1元。

2. 赌马、六合彩、轮盘、彩票等。包个号段，不断加注，总会有一天你的盈利抵过之前所有亏损。

3. 股票。你选只正常的股票买入，跌了就加仓，赚了就抛，套了就捂。牛市可能你赚很多，遇上熊市你就准备跟它耗个几年、几十年，耗到一定的时候，总要涨起来的嘛。

4. 做期货。你按均线做也好，按K线做也好，按指标做也好，听消息做也好。只要你认为对的方法，你就坚持，错了就加码。总有一天你会赚钱。

……

为什么罗杰斯、巴菲特可以做价值投资者，而我们不能。巴菲特资产庞大，他看好一只股票，可以放给儿子孙子，可以大量买进甚至收购成长性公司。罗杰斯看好商品市场长期牛市，可以以他不满周岁的女儿名义买糖期货，跌了，就放着好了，放个三五十年，反正最终会涨的。这辈子他看不到，女儿总能看到的；女儿看不到，女儿的女儿总能看到的……（美国期货合约可逐月延续，不交割）

为什么很多在测试上很正确的交易系统，在实战中经常表现出惨烈的败绩，而无法进行下去？因为一个系统理论上盈利，通过了测试，但往往忽略了“最大回撤幅度”、“最大回撤周期”、“最大连续亏损次数”以及最容易忽略的“人性的弱点”等一系列严重的问题。在测试中结果是好的，但实际操盘过程往往是异常曲折的。在测试完成并开始执行一个很好的交易系统之后，如果你的账户一年连续亏损，或者你的资金回撤达到80%以上，或者你连续亏损达到40次的时候，你是否还能坚持按照原来的方法执行？太难了！

如果解决了时间和金钱的问题，投资就不再是问题了。一个盈利的系统，即使经历了恶劣的考验，在重新加大筹码和加长周期之后，终究会在某个时候全部赚回来，而且赚的更多。可是人生短短数十年，也许我们未必能等到拨开云雾见青天的那个时候。

交易的根本目标是什么？

简单地说，就是四个字——“尽快赚钱”。

所以最可笑的事情发生了，

如果金钱无限、时间无限，我们需要交易吗？

根本不需要。

交易的意义正是因为我们的时间和金钱匮乏，想在尽可能短的时间内获得尽可能多的收益。

那是不是如果“时间和金钱无限”这个问题解决不了，我们就不能赚钱呢？

不是的。

我们做不到绝对的无限，但是在一定范围内，我们可以把交易条件（有限的时间和资金）转化成相对的无限。

本书会从投资组合（本篇）、资金管理（第十篇）、永久持仓（第十一篇）等几个篇章来阐述如何实现这个转化过程。

◆ 期货投资组合的四种方式

期货的投资组合就是把不一样的东西用同一个方法放在一起。

“不一样的东西”可以是品种、周期、风险甚至是系统，以下我们可以逐个来分析。

而“同一个方法”是指交易指令（详情参考本书第六篇）。

注意，这里为了说明问题的方便，所有品种的配比均按金额6万分配。实际上配比方式还可以有其他方法（详情参考本书第十篇）。

1. 品种组合

（1）交易所组合。中国有四个期货交易所，每个交易所取一个或两三个最活跃的品种进行组合（中金所的股指期货未正式上市，暂时无法排入）。

交易所	品种	交割期	买持	买均价	卖持	卖均价
上海	铜	0808	0	0.00	2	60650.00
郑州	白糖	0901	0	0.00	15	3917.00
大连	黄大豆	0901	14	4591.42	0	0.00
共3条			14		17	

（2）所有活跃品种组合。中国上市交易的期货品种共有19个，每个品种选取一期最活跃的合约进行组合（小麦、黄豆二号流动性很差，所以在组合的时候暂时排除）。

交易所	品种	交割期	买持	买均价	卖持	卖均价
上海	铝	0808	0	0.00	6	18860.00
上海	铜	0808	0	0.00	2	60650.00
上海	燃料油	0808	12	4934.00	0	0.00
上海	橡胶	0809	0	0.00	5	24950.00
上海	锌	0808	7	16680.00	0	0.00
上海	黄金	0812	0	0.00	3	197.28
郑州	棉一号	0901	0	0.00	7	17660.00
郑州	强筋麦	0901	0	0.00	30	2081.00
郑州	白糖	0901	0	0.00	15	3917.00
郑州	PTA	0809	12	9298.00	0	0.00
郑州	菜油	0809	10	11890.00	0	0.00
大连	黄大豆	0901	14	4591.42	0	0.00
大连	玉米	0901	0	0.00	30	1903.00
大连	豆粕	0809	15	3871.00	0	0.00
大连	豆油	0809	5	11332.00	0	0.00
大连	塑料	0809	7	16058.00	0	0.00
大连	棕榈油	0809	6	10624	0	0.00

（3）所有活跃合约组合。中国期货市场19个品种，每个品种均有6~12个合约，选取所有成交活跃达到一定规模（例如1

万手/天以上）的合约进行组合（同一品种多个合约入选，一般次主力合约宜相对轻仓）。

交易所	品种	交割期	买持	买均价	卖持	卖均价
上海	铝	0808	0	0.00	6	18860.00
上海	铜	0808	0	0.00	2	60650.00
上海	铜	0809	0	0.00	1	60330.00
上海	燃料油	0808	12	4934.00	0	0.00
上海	燃料油	0809	6	4898.00	0	0.00
上海	橡胶	0809	0	0.00	5	24950.00
上海	锌	0808	7	16680.00	0	0.00
上海	锌	0809	3	16680.00	0	0.00
郑州	棉一号	0901	0	0.00	7	17660.00
郑州	强筋麦	0809	0	0.00	15	1968.00
郑州	强筋麦	0901	0	0.00	30	2081.00
郑州	白糖	0809	0	0.00	8	3396.00
郑州	白糖	0901	0	0.00	15	3917.00
郑州	白糖	0903	0	0.00	7	3937.00
郑州	PTA	0809	12	9298.00	0	0.00
郑州	菜油	0809	10	11890.00	0	0.00
大连	黄大豆	0809	6	5613.00	0	0.00
大连	黄大豆	0901	14	4591.42	0	0.00
大连	黄大豆	0905	7	4727.00	0	0.00
大连	玉米	0809	0	0.00	15	1771.00
大连	玉米	0901	0	0.00	30	1903.00
大连	玉米	0905	0	0.00	15	1974.00
大连	豆粕	0809	15	3871.00	0	0.00
大连	豆粕	0901	15	3772.00	0	0.00
大连	豆油	0809	5	11332.00	0	0.00
大连	塑料	0809	7	16058.00	0	0.00
大连	棕榈油	0809	6	10624.00	0	0.00

2. 周期组合

我们看下表的持仓，看似奇怪，有锁仓，而且豆的数量也不相称。

（1）长线、短线混合系统持仓组合

交易所	品种	交割期	买持	买均价	卖持	卖均价
上海	橡胶	0809	5	22575.00	2	24350.00
大连	黄大豆	0901	21	4327.33	0	0.00
郑州	菜油	0809	10	12038.00	5	11710.00

实际上，这是由同一个系统下（例如均线系统）不同的周期参数组合起来的。

下图橡胶 809 合约，在 22575 长线买进 5 手，到现在仍然没有出场；而在 24350 短线抛空 2 手，也未出场。这样的多空单看似对锁，实际上是相互独立的。

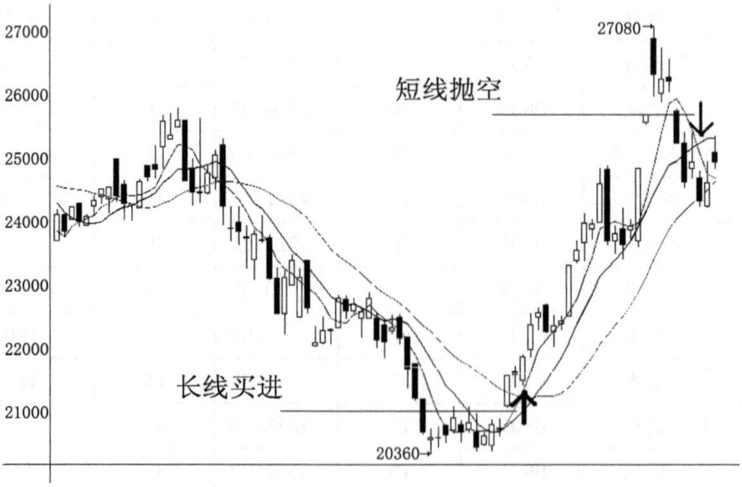

表格“（1）长线、短线混合系统持仓组合”持仓可以拆分成下面两个持仓，前者是长线交易系统，后者是短线交易系统，组合在一起。

（2）长线系统持仓组合

交易所	品种	交割期	买持	买均价	卖持	卖均价
上海	橡胶	0809	5	22575.00	0	0.00
大连	黄大豆	0901	14	4117.00	0	0.00
郑州	菜油	0809	10	12038.00	0	0.00

（3）短线系统持仓组合

交易所	品种	交割期	买持	买均价	卖持	卖均价
上海	橡胶	0809	0	0.00	2	24350.00
大连	黄大豆	0901	7	4748.00	0	0.00
郑州	菜油	0809	0	0.00	5	11710.00

3. 风险组合

对于风险承受能力较高的账户来说，可以配置波动较大品种，如表“（1）高风险品种组合”；对于风险承受能力较小的账户，同样的资金，可以配置波动较小品种，如表“（2）低风险品组合”（对于波动率的计算参考本书第四篇）。

（1）高风险品种组合

交易所	品种	交割期	买持	买均价	卖持	卖均价
上海	铜	0808	0	0.00	2	60650.00
上海	燃料油	0808	12	4934.00	0	0.00
上海	橡胶	0809	0	0.00	5	24950.00
大连	黄大豆	0901	14	4591.42	0	0.00
大连	豆粕	0901	15	3772.00	0	0.00

（2）低风险品组合

交易所	品种	交割期	买持	买均价	卖持	卖均价
郑州	强筋麦	0809	0	0.00	15	1968.00
大连	玉米	0901	0	0.00	30	1903.00
郑州	棉一号	0901	0	0.00	7	17660.00
郑州	白糖	0901	0	0.00	15	3917.00
郑州	PTA	0809	12	9298.00	0	0.00

4. 交易方法组合

不同的交易方法在分别组合之后，可以再次组合。比如表“（1）总持仓”的持仓比较复杂，但是可以拆分成表“（2）拆分后的单边交易系统持仓组合”和表“（3）拆分后的套利交易系统持仓组合”。

（1）总持仓

交易所	品种	交割期	买持	买均价	卖持	卖均价
大连	黄大豆	0809	0	0.00	70	5613.00
大连	黄大豆	0901	84	4748.00	0	0.00
上海	橡胶	0809	0	0.00	30	24950.00
上海	橡胶	0811	25	24480.00	0	0.00
大连	玉米	0809	0	0.00	150	1771.00
大连	玉米	0901	150	1903.00	30	1903.00

（2）拆分后的单边交易系统持仓组合

交易所	品种	交割期	买持	买均价	卖持	卖均价
大连	黄大豆	0901	14	4591.42	0	0.00
上海	橡胶	0809	0	0.00	5	24950.00
大连	玉米	0901	0	0.00	30	1903.00

（3）拆分后的套利交易系统持仓组合

交易所	品种	交割期	买持	买均价	卖持	卖均价
大连	黄大豆	0809	0	0.00	70	5613.00
大连	黄大豆	0901	70	4748.00	0	0.00
上海	橡胶	0809	0	0.00	25	24950.00
上海	橡胶	0811	25	24480.00	0	0.00
大连	玉米	0809	0	0.00	150	1771.00
大连	玉米	0901	150	1903.00	0	0.00

◆ 期货投资组合和股票组合的神奇差别

股票的投资组合远远没有期货投资组合有意义。

问题的核心在于股票不能做空。

股票在大势上基本呈现与大盘指数同涨同跌的特征。

股市指数走势	持仓不动投资组合收益
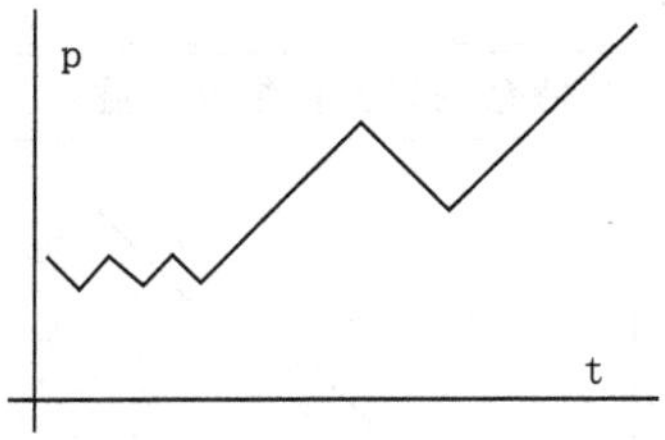	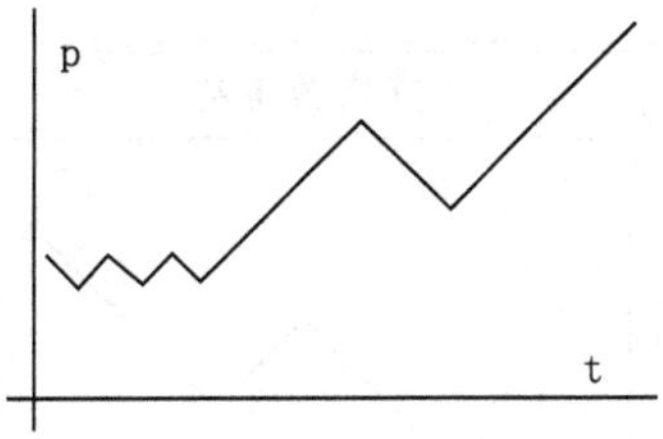

上图：满仓组合多只股票并持仓不动，其资金收益曲线类似指数。如果组合的股票数量足够多，则组合收益曲线将等同于指数。

股市指数走势	持仓调整投资组合收益
	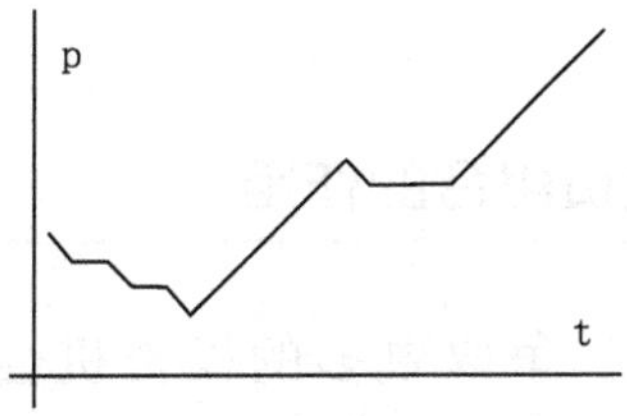

上图：满仓组合多只股票并运用趋势系统进行持仓调整，其资金收益曲线特点：在指数震荡时资金出现一定幅度亏损，在指数上升时基本保持一致，在股市走熊时回撤较小。

期货指数走势	持仓不动投资组合收益
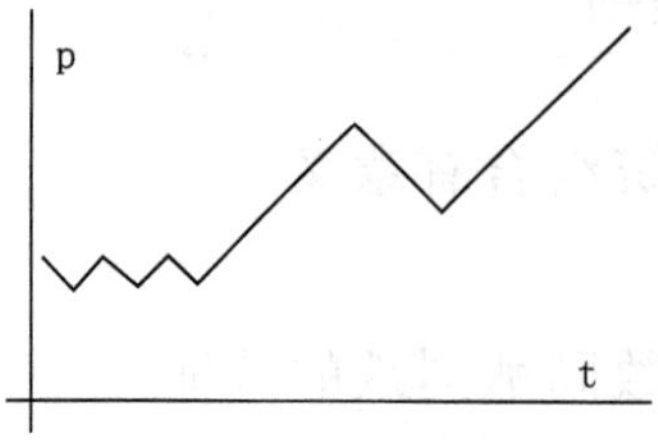	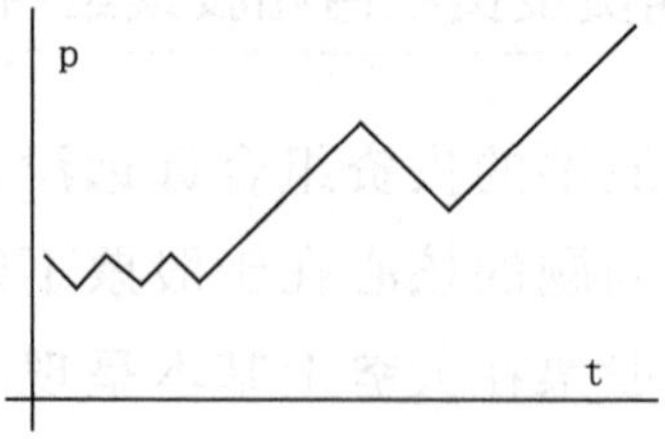

上图：10%资金全部多单组合期货品种，其资金收益曲线类似指数走势。

期货指数走势	持仓调整投资组合收益
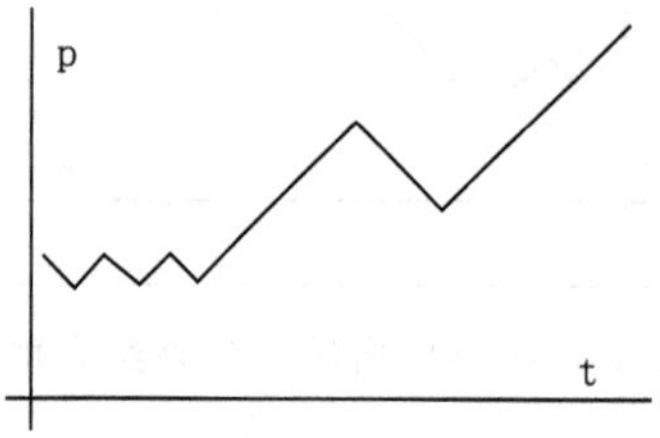	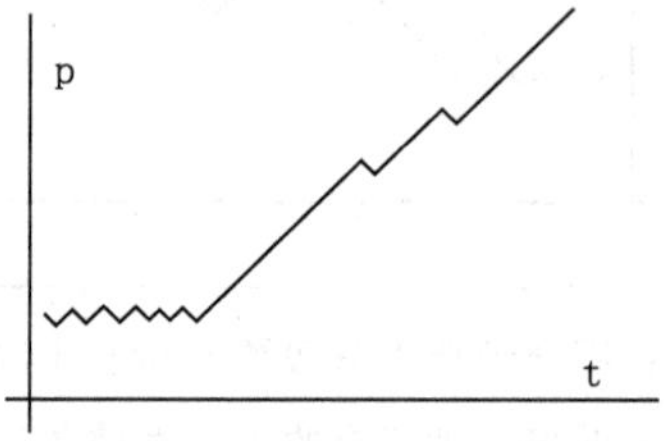

上图：10%资金根据各个品种情况进行多空组合，其资金收益曲线特点：期货指数震荡时资金呈现更小的震荡，期货指数在大幅上涨或下跌时呈现高速增长。

◆ 投资组合的作用

1. 争取更多的投资机会

只做一个品种，就只有一个品种的机会。如果这一个品种长期处于无规则震荡或其流动性大幅度减弱，将无法从该品种上面获利。而做多个品种，则可以获取多个机会。

2. 充分使用资金

因为要确保风险可控，所以单个品种不可以用太满的仓位。如果要绝对控制风险，一个品种只能用10%的资金：只做一个品种，资金就只有10%的利用率；如果总共组合7个品种，可以充分使用70%的资金（详情可参考第八篇）。

3. 回报率最大

假定每个品种平均一年有200%的回报，只用10%资金做一个品种，一年只会有20%的回报，而组合7个品种组合结果使得总资金的回报达到140%。

4. 波动率最小

假定单个品种亏损概率为60%，风险报偿比在4:3以上。

近似地推算一下：

7个品种同时亏损的概率为 $(60\%)^7=2.8\%$；

6个品种同时亏损的概率是 $(60\%)^6=4.7\%$；

5个品种同时亏损的概率是 $(60\%)^5=7.8\%$；

4个品种同时亏损的概率是 $(60\%)^4=12.9\%$。

在有3个以上的品种同时盈利的情形下，资金是呈现正向增长的。

即资金呈现增长的时间占 $(1-2.8\%-4.7\%-7.8\%-12.9\%)=71.9\%$。

5. 投资组合的风险方差

（1）在期货组合时头寸处于同方向时，处于盈利状态的可能性最大；

（2）在期货组合时多空头寸各半时，处于亏损的可能性最大；

（3）在期货组合时头寸处于同方向时，期望收益最大，回撤风险最大；

（4）在期货组合时多空头寸各半时，期望收益最小，回撤风险最小；

（5）组合品种越少，则组合系统风险系数方差越大；

（6）同一品种的不同合约作为不同品种进入组合可以进一步降低风险方差；

（7）以交易量权重配置组合仓位比以价格权重或者保证金权重仓位，风险方差更小。

【本篇小结】

1. 一定赚钱的方法的前提是时间和资金的无限。
2. 可以将交易所、周期、风险或者交易方法进行组合。
3. 期货的投资组合效果比股票要好。
4. 投资组合的作用在于争取时间和资金的相对无限。

【告兵法读者】

1. 组合是一种神奇的理念。
2. 很少有人真正重视投资组合的意义。
3. 要你放弃集中火力的习惯很难，但是，这是改善你期货交易的第二步。一旦你理解了组合理念，我们能肯定的是——你会爱上她！

期货兵法 Qi Huo Bing Fa

《期货兵法》十三篇（之三）——“分析之法”

志曰：和我们口袋唯一相关的信息是价格的跳动

——实盘操作，不要去看基本面

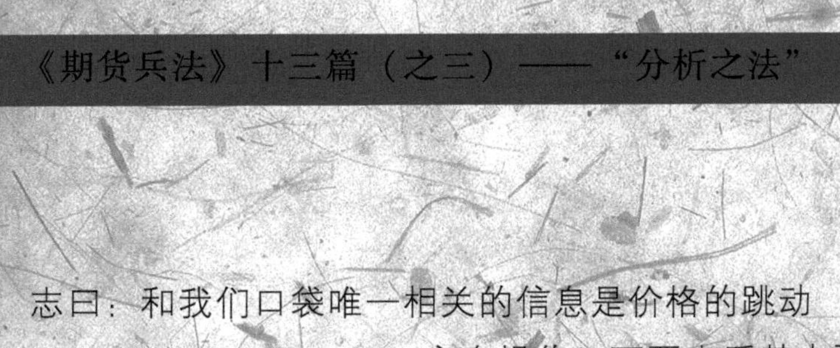

我们在研究市场，市场也在研究我们。

在纷纷扰扰的市场，面对很多的文字信息和数字信息，我们在找寻：什么才是对我们有用的？其实人一天中得到的信息，99%都流失掉了，只有1%是被我们注意和记忆的。

期货市场可以是一个很复杂的市场，你可能认为需要了解整个宏观经济走势、需要清楚基本产销存数据、需要掌握品种特性、需要学习技术分析……所以我们忙忙碌碌，搜集、打听、研究、学习。从中可以增加知识，这是很好的，但这些并不能为你赚钱。

期货市场也可以是一个很简单的市场，其实宏观经济走势、商品特性、商品数据或者所谓的技术图形和我们钱袋都没有直接的关系，唯一决定我们盈亏的就是价格的跳动。

万物诸法，因果循环。我们的一切基本面分析研究，无疑是为了给价格的跳动找到一个根据、一个理由。或许基本面为因，价格为果；也可能价格为因，基本面为果；或许多因对应一果，也可能多果对应一因；又或许因为因，果为果，互不相干……我们又可以知道多少呢？谁又敢说他基本面分析的显示价格一定是怎么走的呢？

既然不清楚因果，何必搅和在其中，千头万绪，殚精竭虑？

基本面深处存在的隐形基本面，或许可以让你知道，我们通常意义上的基本面，无法成为我们分析问题的依据。

战场上杀死敌人或者杀死我们的，只有刀刃或者子弹。

◆ 市场供求关系决定价格走势吗？

期货基本面分析的理论根源主要是“市场供求关系决定价格走势”，且不管这个问题是否正确，先注意几个问题：

1. 基本面是属于长期性质的，短期内基本面很难改变，但为什么短期内的市场走势却常常剧烈变化？

比如豆油：什么基本面能让它价格一个月内从10000涨到15000？（做多的话资金就可以翻5倍）又是什么基本面能让它一夜之间转势，半月内跌到11000？

2. 市场有效吗？市场是强势有效还是弱势有效？

这个问题不知道有没有人可以给出回答。因为期货市场的基本面实证分析体系是很难建立的。

3. 供求关系影响市场怎么定时定量？

如果说今年可能供应量减少、需求量增加，那么，我又如何知道该在什么时候、什么位置介入哪个合约呢？

◆ 你能知道多少准确的基本面？

基本面的最大问题就是：基本面太复杂了！

——你可能需要了解：

1. 产量

可分为：年产、季产、月产、国内产、国外产；还需要知道去年产量和前年产量……

理论上产量减少可能对期货价格利多。

2. 需求量

可分为：年需、季需、月需、国内国外需；还要知道之前的需求量、需求群体是否变化。比如2006年之前，玉米的用途只是作为食品或饲料。但是玉米提炼乙醇的法案在美国通过之后，玉米现在又可成为生物燃料。需求主体有了较大改变。

理论上需求上升可能对期货价格利多。

3. 宏观经济政策

例如2008年中国政府实行货币紧缩政策，以牺牲经济增长速度来抑制通货膨胀……

理论上紧缩的货币政策可能对期货价格利空。

4. 经济背景

例如1985~1989年、1992~1996年，以及2007年底开始的通货膨胀背景；例如全球背景下的流动性过剩和通货膨胀……

理论上通货膨胀背景可能对期货价格利多。

5. 汇率变化

例如2005年7月至2008年6月期间人民币累计升值幅度达到近20%。

理论上，如果货币对商品升值，则可能对期货价格利空。

6. 贸易与税收

例如取消铜的出口退税政策。

理论上，减少或取消出口退税可能对本国期货价格利空。

7. 运输状况

例如油价上涨，使柴油车运输不畅，导致地区间的价格差异等问题。

理论上，类似此种状况可能对生产地的商品价格利空、对需求地的商品价格利多。

8. 库存情况

可分为：总库存、储备库存、交易所库存、“隐形库存”，等等，我们所能准确知道的基本上只可能是交易所库存。而交易所的库存量相对整个库存来说，可能只是冰山一角。

9. 天气、自然状况

例如2008年初的雪灾；2008年5月的汶川大地震。

理论上，恶劣的自然灾害可能对商品价格利多。

10. 战争、突发事件（比如恐怖袭击），等等…

例如伊拉克战争。

理论上，战争状态下可能对商品价格利多。

◆ 基本面的无奈

1. 你不可能知道所有的基本面——事实上，谁都不可能。

当然作为国家机构或者国际投行，他们知道的总比我们多一些。

2. 国家机构或基金的基本面分析正确率也不高。

有人认为，国家机构、基金……这些大资金在操作的时候都是详细分析基本面的。但是你要知道，期货是多空双方的：有多头大资金就必有空头大资金，否则多头大资金根本无法进场——空头也是一样的道理。

如果说多头大资金是经过详细基本面分析得出做多的决策，那么空头大资金也是经过详细的基本面分析得出做空的决策。同样的基本面分析，为什么会得出完全相反的结论？

作为国家机构或者超大型国企，掌握的资料总够详细了吧！但是，中储棉巨亏、中盛粮油巨亏、中航油巨亏、国储铜巨亏……——哪一次不是建立在“详细全面的基本面分析”之上的呢？

3. 即使单个基本面，影响也绝非是单一的。

比如人民币升值：一方面，人民币标价不变的商品价值就提高了，理论上对价格是要求下调的；另一方面，以美元标价的国际商品价格上涨，会带动国内价格上涨。到底人民币升值是利多还是利空，这个是很难说清楚的。

我们一起来看下面这张图，同一个基本面信息可以得出完全相反的两个结论：

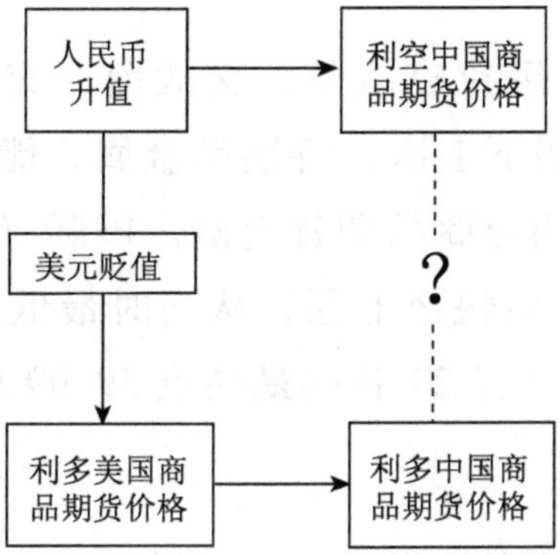

4. 价格与基本面之间的因果关系也是不一定的。

比如原油上涨和伊拉克战争的关系，到底是因为“油价上涨，所以布什干掉了萨达姆”，还是因为“布什干掉了萨达姆，所以油价上涨”？

5. 此外，你所知道的基本面未必是真实的。

比如你知道官方公布了铜的产量和库存，你又怎么知道还有多少隐性的产量和库存不在统计范畴之内？……

◆ 隐性基本面决定理论

最重要的基本面有两个，都不在传统基本面的分析范围之内。恰恰是这两个“隐性”的基本面，决定着所有基本面产生的最终影响。

1. 预期面

期货不是简单的商品，是“期”货。我们所交易的都不是现货商品，而是远期的标准化合约。例如在2008年6月，我们可以交易2009年1月的黄豆。2008年6月黄豆的现货价格，市场是可以知道的，而到2009年1月实际黄豆现货的价格，谁也不知道。所以本质上，期货交易的是预期面。

一旦有了基本面分析，市场会把不属于现在这个时间的事情提前发生。

例如2003年的伊拉克战争，交战前，交战国双方的商品期货，在战争升水预期下上涨，特别是金属、能源期货（主要是铜和原油）带动全球相应商品期货上涨。国际（美国）原油期货从2002年11月中就开始快速上涨，从当时最低点24.80美元/桶一直涨到战前2003年2月27日的最高点39.99美元/桶。

美国原油期货2003年伊拉克战争期间走势

当很多人开始意识到战争爆发可能会导致商品大涨，大量买进原油的时候，原油价格却掉头直下。随着战争日期的临近、战争局势的日益明朗化，原油反而下跌得越加厉害了。2003年3月

20 日美伊战争爆发，就在战争爆发前的一个星期（即 2003 年 3 月 13 日），国际（美国）原油期货急速下跌，并在战争打响之后仍稍有下探，后反复盘整，创下了当时的阶段低点。

打仗要用石油，也许连小孩子都懂。可为什么开战在即，却是跌得最快的时候？如果从基本面分析，这样的走势是找不出任何合理解释的。

其实这都是由于“预期面”的缘故。因为有即将战争的可能，大量资金进场做多，价格就“预期”先涨了起来。等到真正要开打的时候，市场又发现事实上对战争所需原油的预期过大了，所以之后出现大幅度的下跌。

类似的例子很多，比如 2008 年 1 ~ 2 月的雪灾。

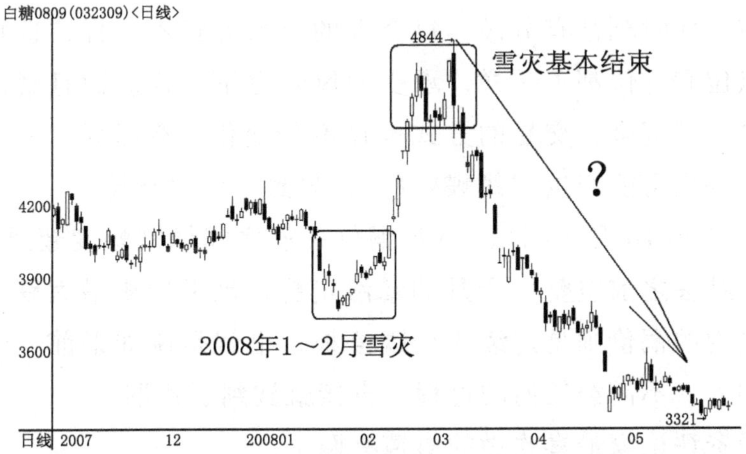

中国白糖期货 0809 合约 2008 年初走势

2008 年 1 月 2 日开始降雪，大雪主要出现在 1 月 10 ~ 20 日。当时糖期货经历了长时间的盘整，刚刚突破盘整区的下沿，结果探底后马上开始暴涨。一般认为，南方雪灾冻死或破坏了大量甘蔗，预计今年甘蔗会减产，价格将持续上涨。结果到了 2 月底，雪灾基本结束，实际对甘蔗造成的影响有限，糖的价格就开始凶猛地下跌，还创出历史新低。

期货是“期”货，基本面分析起来为什么总是似是而非？因为研究现在的东西和将来的东西是有差异的。很大程度上影响市场走势的是市场预期，而不是情况本身。

2. 资金面

最重要的基本面是资金面。

虽然把资金面归入基本面有些许勉强，但归到技术面会更勉强。这里要注意一点：如果资金面处在不确定的变化之中，一切基本面的影响都可能会被扭曲得面目全非。

市场对价格的反映，有时候是提前的，有时候是滞后的。技术图形上没有“一定”的走势，原因就在于市场的每个主体都在对市场产生影响。而市场在各个时刻、各个价位都有成交，说明市场在任何时刻都有分歧。每个人的交易方式不一样，选择的时间、点位和仓位都不一样，承受的风险也不一样。而且就同一个人或同一笔资金，交易的方式也在不断变化。有时候，一个偶然的小事件也可能产生“蝴蝶效应”，导致一波大行情。

2004 年 10 月 13 日，LME 铜价一夜之间暴跌幅度超过 10%，一天就跌去之前整整一个月的暴涨走势，创下历史最大跌幅。而当时国内的铜价则是连续 3 个跌停板，也就是说如果前一天满仓买铜的人，不需经任何的过程，直接就被判了死刑。

投资评论家最喜欢做的事情有两个：

一个是用已知的基本面做原因，去得出未来的走势结果；

另一个是用已知的过去的走势为结果，去找出未知基本面的原因。

结果当大家去找寻暴跌当天的基本面原因时，发现很难找——因为没有一个基本面可以一夜之间就骤然发生变化；而且事实基本面也确实没有起什么变化。

那么，为什么铜价一夜之间可以有这么大幅度的下跌呢？

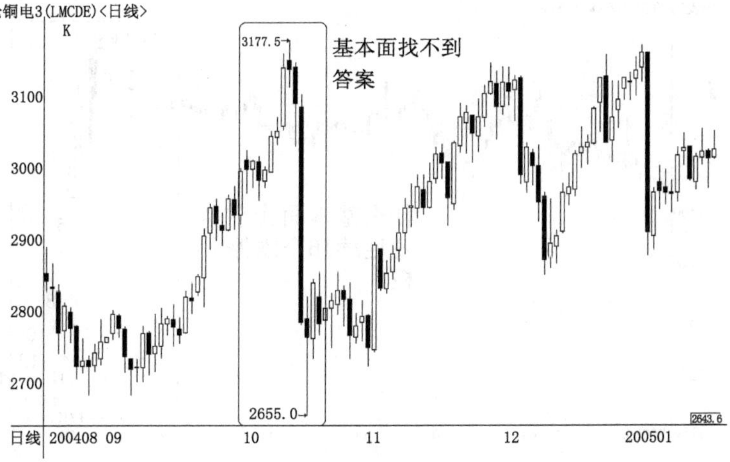

伦敦铜2004年底走势

后来据说的“传闻”是：伦敦场内交易员要么下错了单，要么是下了一笔大单，瞬间把价格向下扫了一大段。而国外很多基金都有设置程序化自动交易，当价格下跌到某个价位，系统会自动不计成本地砍仓。结果越砍，价格被扫下去得越多，价格就这样“一夜回到解放前”了。

就算事实如此，一个事后才被挖掘出来的说法，对于那些未能幸免的资金来说还有什么意义呢？

这样的解释虽然不能完全说明问题，但是可以基本说明：市场是人为资金组成的，在资金有了动向之后，可以创造出和基本面毫无关联的价格走势。

再看一个例子：

从2003年8月21日开始，国内小麦309合约突然跌停，并连续16个跌停板，而且中间没有其他过程，做了多单的投资者中途想止损都几乎没有机会。

小麦一直是大众粮食品种，按理基本面不可能在一夜之间逆转，甚至不可能出现如此剧烈的波动。那么，到底是什么导致了

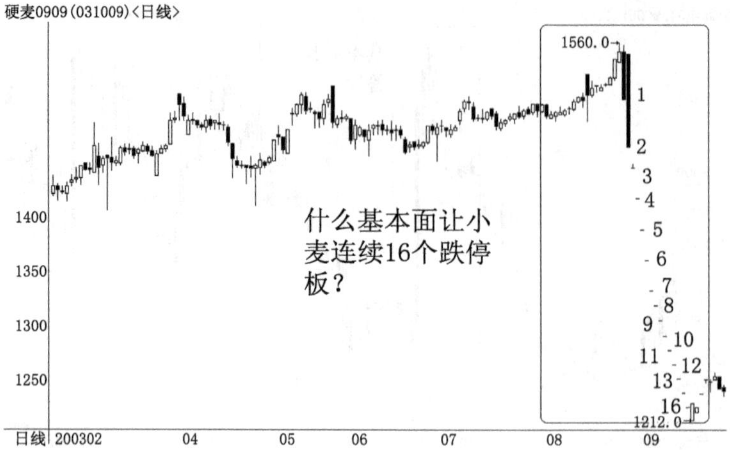

中国硬质小麦0309合约在2003年的走势

小麦16个跌停板？

事实据说如下：浙江杭州的某个大户H准备了过亿资金做多小麦，可是在临近交割的时候，由于没有足够的资金接现货，必须平仓，因此突然转向将70000多手小麦平仓，结果平的时候造成小麦一下子跌停。大户们见状纷纷不计价位地弃盘砍仓，由于单量大没有人接盘，就导致直接砍出来16个跌停板。

【本篇小结】

1. 市场供求并不简单决定市场走势。

2. 我们所知道的基本面极度有限，也很片面。

3. 即使掌握较多的基本面数据，要分析基本面难度也很大。

4. 隐性基本面——预期面、资金面在更大程度上决定市场中短期走势。

【告兵法读者】

1. 抛开基本面的束缚。

2. 可以大胆认为期货行情和基本面的诸多因素没什么关系。

3. 无论基本面的各个因素如何相互碰撞、相互影响，行情总是一步步走出来的。你可能会担心失去先机，但是对行情的把握为什么非要先知先觉呢？紧密跟踪趋势，一切都可以很简单。

期货兵法 Qi Huo Bing Fa

《期货兵法》十三篇（之四）——“区分之法”

志曰：不同肤色的人，流的都是红色的血液

——不要把品种看成是有差别的

世间万物，林林总总，一切都是有差别的，正如“你不可能两次踏进同一条河”。正是世间万物的差异，让这个世界如此绚烂多姿、纷繁撩人。

然而，时间和金钱的有限，使我们无法也没有必要去认识每一个事物。我们无法针对每一个差别个体解决问题，正如老师不可能因为每个学生的接受能力不同而分别授课。

战争更是如此。对内，庞大的军队人员，你不可能每个人分别管理，只能给出一个规章；对外，形形色色的敌人，绝大部分你都不认识、不了解，更没办法针对每个敌人个体制订详细的作战计划。

世界的复杂，是否阻断了我们认知的道路?

非也，它反是一种激励和帮助。既然没有办法去逐个认知个体，那只要去认知主体就好了。

万物各有差别，万物更是各有联系。

任何生物，必然生老病死；江河湖海，必然往低处走；资本市场，必然追逐利润……

期货近20个品种、100多个合约；股票1500多只个股，我们有什么精力对每个个体进行深入研究？即使研究，到底可以研究到什么地步？

其实，品种都有一样的规律。在你发现他们的共同点之后，你就可以知道，所谓的品种名称，不过是个符号。

千军一律，万人顿首；知其本质，无往不利。

◆ 各品种有差别吗?

先看看下面两个图，你能看出什么是什么吗?

好，我现在告诉你，前一个是糖的日线图，后一个是棉花的60分钟线图。很像吧?

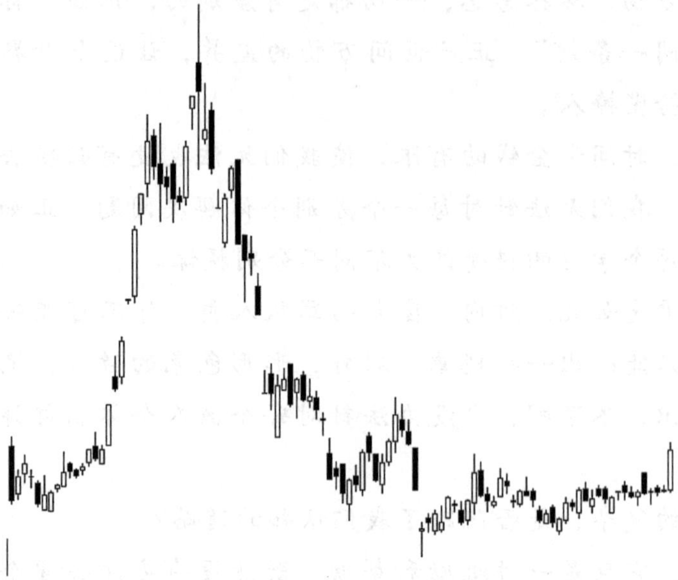

再看两个图：

几乎不会有人相信，这两张图，是同一品种同一时间的两个相邻合约的日线图！（强麦 0605 合约和强麦 0607 合约，2005 年 8 月 1 日 ~2006 年 4 月 19 日）一个大幅上涨，一个大幅下跌，时

间长达半年之久，看上去根本没有任何关联！

看完这两组图，我们来讨论一下，各个品种的差别到底在哪里：

1. 品种的标的是有差别的

这个相信人人都认同，各品种标的物当然不一样，铜是铜、豆是豆。

2. 品种价格、保证金有区别

比如，铜价格在每吨60000多元的时候，做一手要3万资金；玉米每吨2000元不到的话，做一手1000多元就可以了。

3. 合约内容不一样

包括保证金、涨跌停板、最小波动价位、手续费、计价单位等，详情可以查看各交易所网站的品种介绍。

4. 活跃程度不一样

比如可以参考成交量、持仓量、振幅等……

我们可以选取一些现在上市品种的样本做实证研究。这里计算的是各品种一个月中最后一笔交易和第一笔交易的绝对价差比之第一笔交易的偏离程度。如果偏离数值越大，则代表该品种波动越大。

时间	品种	初笔价	末笔价	绝对差
2008. 5	Cu0807	64500	61200	3300
2008. 4	Cu0806	65700	65250	450
2008. 3	Cu0805	68600	66110	2490
2008. 1	Cu0804	57010	61130	4120
2007. 12	Cu0802	58710	57900	810
2007. 11	Cu0802	65210	59110	6100
2007. 10	Cu0801	68800	65200	3600
2007. 9	Cu0712	65500	68060	2560
2007. 8	Cu0711	69610	65620	3990
2007. 7	Cu0710	64010	68940	4930
2007. 6	Cu0709	66190	64000	2190
2007. 5	Cu0708	72400	65110	7290
2007. 4	Cu0707	63440	70990	7550
2007. 3	Cu0706	57600	63120	5520
2007. 2	Cu0704	53190	58200	5010
2007. 1	Cu0703	57380	53160	4220
2006. 12	Cu0702	65740	60520	5220
2006. 11	Cu0701	68800	65740	3060
2006. 10	Cu0612	70700	69480	1220
2006. 9	Cu0611	68550	70760	2210
2006. 8	Cu0610	67980	67280	700
2006. 7	Cu0609	63700	67480	3780
2006. 6	Cu0609	71320	61930	9390
平均值				3900. 4

铜期货 2006～2008 年月波动绝对差统计

时间	品种	初笔价	末笔价	绝对差
2008.5	A0901	4050	4438	388
2008.4	A0901	3882	4062	180
2008.3	A0901	4820	4116	704
2008.1	A0901	4174	4795	621
2007.12	A0809	4783	4663	120
2007.11	A0809	4255	4726	471
2007.10	A0809	4416	4252	164
2007.9	A0809	4066	4352	286
2007.8	A0801	3837	4196	359
2007.7	A0801	3468	3846	378
2007.6	A0801	3506	3451	55
2007.5	A0801	3520	3419	101
2007.4	A0709	3329	3510	181
2007.3	A0709	3442	3338	104
2007.2	A0709	3385	3379	6
2007.1	A0709	3160	3355	195
2006.12	A0709	2672	2730	58
2006.11	A0705	2727	2710	17
2006.10	A0705	2613	2730	117
2006.9	A0701	2549	2624	75
2006.8	A0701	2553	2545	8
2006.7	A0609	2578	2555	23
2006.6	A0609	2620	2421	199
2006.5	A0601	2736	2708	28
平均值				200.0

黄豆期货2006～2008年月波动绝对差统计

各主要品种偏离度汇总			
品种	近两年均价	两年月均偏离值	月均偏离度
铜	64070	3900	0.06087
锌	23650	1911	0.0808030
铝	19350	648	0.033488
燃油	3585	186	0.051883
天然橡胶	21630	1482	0.068516
白糖	3831	240	0.062647
豆油	8679	551	0.063487
豆粕	2898	158	0.05452
玉米	1533	58	0.037834
黄豆	3681	200	0.054333
强麦	1902	69	0.03649

◆ 各品种有相同点吗？

当然，有些特点是一样的：

1. 总是有涨跌；

2. 总是在分配财富；

3. 总是资金推动的；

4. 总是有趋势；

5. 总是在统一的交易规则下进行交易；

6. 参与的主体基本是一样的（90%～97%的参与者属于投机性质）；

……

◆ 将品种区别对待的困惑

交易是对财富分配的提炼。

市场存在，必定有吸引人的地方。一个市场上多个品种在运行，也必定有热点、亮点。远的如1995年的国债、1999年的绿豆；近的如2004年的橡胶、2008年初的豆油、2008年中的橡胶……我们很喜欢对一个品种的历史走势或者当前走势进行观察和分析之后，给品种“定性”。如“铜之前就是一个剧烈波动的品种”、“燃料油之前就是一个不活跃的品种”，等等。

下面让我们通过一系列表格来看1992～2008年上半年各品种的成交量占所有品种成交量的比重：

年份	1992 年		1993 年		1994 年		1995 年		1996 年		1997 年	
品种	成交额	比重	成交额	比重	成交额	比重	成交额	比重	成交额	比重	成交额	比重
胶合板	/	/	18.2	0.3	2648	6.8	31094	30.7	12742.3	15.2	815	1.34
绿豆	/	/	189	3	5992	15.4	27391	27.1	28530	33.9	24843	41
天然胶	/	/	62.7	1	114.7	0.29	7744	7.65	12767.64	15.2	7777	13
铜	355	72	3635	59	5893	15.1	6833	6.74	4020.89	4.78	3750	6.5
玉米	/	/	77.5	4	1042	2.68	6650	6.57	20.29	0.02	3.84	0.01
大豆	/	/	260	4	1775	4.56	2240	2.21	7420.2	8.82	10498	17
棕榈油	/	/	/	/	596.8	1.53	1967	1.94	135.74	0.16	19.8	0.03
铝	142	28	617	10	2812	7.22	1351	1.33	192.42	0.23	2081	3.41
豆粕	/	/	0.7	0.0	45.7	0.12	670.7	0.66	795.2	0.94	1487	2.44
咖啡	/	/	/	/	/	/	564.8	0.58	9180	10.9	4093	6.17
大麦	/	/	/	/	/	/	243.62	0.24	909.09	1.08	/	/
小麦	/	/	27.9	0.5	49.71	0.13	176.77	0.17	22.71	0.02	133	0.2
籼米	/	/	29.6	0.5	549.4	1.41	964.15	0.95	895.08	1.06	/	/
高粱	/	/	/	/	0.002	/	94.99	0.09	961.91	1.14	419	0.7
其他	/	/	1213	20	14007	36	13240	13.1	5518.02	6.56	1492	2.4
合计	497	100	6131	100	35524	91.2	101224	99.9	84111.44	99.9	60968	100

年份	1998 年		1999 年		2000 年		2001 年		2002 年		2003 年	
品种	成交额	比重	成交额	比重	成交额	比重	成交额	比重	成交额	比重	成交额	比重
胶合板	39.58	0.1	/	/	/	/	/	/	/	/	/	/
绿豆	20711	58	10918	49	41	0.26	0	0	0	0	0	0
天然胶	964.4	2.7	281	1.3	896	5.57	52.9	0.2	4018	10	35705	19
铜	5781	16	4249	19	5037	31.3	6511	22	9190	23	21622	8
玉米	0.41	/	/	/	/	/	/	/	/	/	/	/
大豆	6755	19	6422	29	9597	47	19122	63	19259	49	33312	43
棕榈油	/	/	/	/	/	/	/	/	/	/	/	/
铝	487	1.4	385	1.7	732	4.55	1995	6.7	3195	8	3212	1
豆粕	/	/	/	/	213.1	1.33	639	2	1578	4	6573	11
小麦	786	2.2	87	0.4	1561	9.71	1835	6	2252	6	4680	11
强筋麦											3273	7
籼米	17	0.1	5	/	/	/	/	/	/	/	/	/
其他	33	0.1	/	/	/	/	/	/	/	/	/	/
合计	36800	100	22341	100	16076	100	30154	100	39490	100	39490	100

年份	2004 年		2005 年		2006 年		2007 年		2008 年上	
品种	成交额	比重	成交额	比重	成交额	比重	成交额	比重	成交额	比重
铜	56785	13.90	40463	7.65	33367	2.40	101451	4.48	49050	3.15
铝	11724	4.47	3714	1.32	28467	6.20	9378	1.32	6583	1.36
锌							24754	2.80	24364	5.01
黄金									6453	0.61
天然橡胶	14580	6.33	15602	5.89	55727	11.59	87225	11.58	23954	4.16
燃料油	1237	1.84	5623	6.08	8539	5.67	8496	3.30	3148	1.48
菜籽油							586	0.18	2619	0.87
普通小麦	3484	6.32	305	0.61	8	0.01	9	0.01	13	0.01
强筋小麦	4371	7.58	5654	10.29	5065	6.53	15127	10.70	5587	5.45
棉花一号	3785	1.96	15671	6.73	3065	0.92	4339	0.81	2640	0.70
白糖					23504	13.06	35240	12.48	50208	25.04
PTA					150	0.07	3872	1.36	2198	1.14
豆粕	13573	37.51	18488	22.76	14720	14.04	39139	17.77	19407	11.48
黄大豆一	35982	16.19	23131	24.80	4874	3.96	37441	13.02	42911	18.83
黄大豆二	60	0.07	292	0.34	992	0.86	16	0.01	24	0.01
LLDPE							500	0.10	686	0.20
棕榈油							592	0.09	3056	0.59
豆油						4.60	21736	3.65	40387	7.18
玉米	1353	3.81	5506	13.54	20367	30.10	19822	16.32	11550	12.71
合计	15 万	100	13 万	100	21 万	100	41 万	100	294835	100

从上面的三个表格我们可以得出，16 年来期货市场每年最活跃的品种分别是：

1992 年　　铜

1993 年　　铜

1994 年　　其他

1995 年　　胶合板

1996 年　　绿豆

1997 年　　绿豆
1998 年　　绿豆
1999 年　　绿豆
2000 年　　黄豆
2001 年　　黄豆
2002 年　　黄豆
2003 年　　黄豆
2004 年　　豆粕
2005 年　　黄豆
2006 年　　玉米
2007 年　　白糖
2008 年上　白糖

显然，市场的热点一直都在切换，没有停留在一个品种上面。有资金流入的品种就会变得特别活跃，波动加大、行情壮观。

但是如果我们想要预测资金本身会涌向哪个品种，难度就像我们要预测明天的涨跌一样困难，这个问题我们之前在第一篇就讨论过了，此篇就不重复赘述。

技术分析的三大假设之一——“历史会重演”。我们有个很不好的习惯，喜欢观察品种之前的走势以对后市的行情下结论。由于国内期货市场起步比较晚，很多品种都没有所谓的“历史走势”，就只能依照这几年或这几个月的走势来做判断。

一旦经过一段时间的观察，给品种“定性”之后，就开始针对该品种制定交易规则或是设计交易模型；并还经过指标参数的调整和“严格”的测试……似乎终于找到了一种可以轻松获利的办法。但是如果，品种变了怎么办？比如：

1. 价格区间变了

原来铜 10000 元/吨，涨到 80000 元/吨之后，震荡幅度就完全不一样了。

铜期货 2000～2008 年月线走势

2. 资金量变了

黄金上市首日成交量 100000 多手，到 2008 年 3 月，日均成交量却只有 3000 多手，流动性已经发生根本改变。不同品种是不一样的，同一品种在不同时刻也是不一样的，不能简单地针对某个品种设计交易方法，更不能只做单个所谓“熟悉”的品种（现货商套保性质的交易除外）。

3. 资金性质变了

行情一定会在某段时间、某个品种上成全某些人；但是市场行为是在不断发生变化的，不会在所有时间成全同一类人。只有找到符合市场一般规律的“大规则”，才可以永远被市场成全。我们在看盘的时候，可以挡去品种的名称，当这个图形符合某种特征，不管是股指、铜、锌还是玉米、小麦，我们所做买卖的决策一定是唯一确定的。

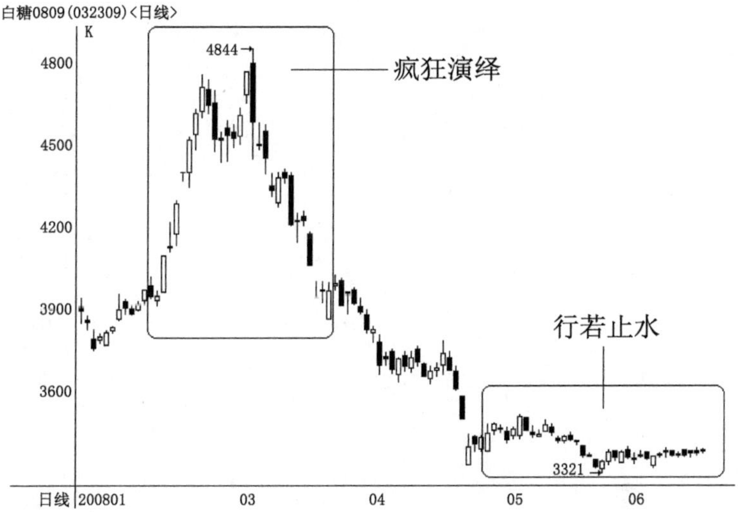

白糖期货 2008 年 1～6 月走势

【本篇小结】

1. 不同品种、不同周期可以走出同一种走势；同一品种、不同合约、同一时间可以走出完全不同的走势。

2. 尽管品种间有各种不同，但在很多核心的地方是一样的。

3. 把品种区别对待会产生很多问题。

【告兵法读者】

1. 学会同样对待不同品种。

2. 只有在任何时间、任何品种上都适用的交易方法才是长期盈利的方法；只有能应对任何敌人、任何进攻方式的将军才是长胜将军。

期货兵法

Qi Huo Bing Fa

《期货兵法》十三篇（之五）——“校参之法”

志曰：如果你外盘看得准，你就去做外盘

——如果你只做内盘，请不要看外盘

期货交易的是商品和金融产品。商品都是一些全球流通的大宗产品，国内有，国外通常也有。比如铜，中国有上海交易所的铜，英国有伦敦金属交易所（LME）的铜，美国有纽约商品交易所（COMEX）的铜。而且一般来说，国外的期货品种比国内开出早很多，成熟很多，交易量大很多，交易时间也长很多。

所以一般我们直觉上会认为，中国期货市场的走势是跟随国外的。而且由于存在时差，我们和国外在交易时间上是错开的，国内的期货盘面开盘时很容易受隔夜外盘的影响而出现跳空缺口。

其实，生在中国是幸运的，尤其对于做期货的我们。

国外在不断扩大交易时间，国内却始终保持每天4小时不到的交易长度。简单、集中，让你知道：生活，不是只有交易。

一个普遍的现象是：客户一旦亏钱，往往抱怨中国市场不好、不成熟，打听着怎么做外盘。结果到外盘上折腾了一圈，发现亏得更惨。

其实道理很简单：国外市场或许是比国内市场成熟，但是国外的基金要比国内的散户成熟得多。你连国内的散户都拼不过，和国外基金拼，又怎么会有好结果呢？

战争之中，把握你所参与的战斗最重要。如果可以选择，就去选择一个弱的对手，这样，相对来说，你的赢面会更大。

◆ 内外盘走势趋同的理论基础

一般可以这样认为，如果外盘商品上涨，中国的商品也会上涨。如果国外涨而中国不涨，就会有跨市套利基金采取抛国外商品的同时买中国商品的操作手法，最终可以将中国的商品运到国外在国外市场抛出，从而获得无风险利润。如果国外商品下跌，同理也可据此类推。

因为有套利模式的存在，使得在无风险利润的驱动下，国外和中国的商品走势理论上会趋于一致。

◆ 实际上的外盘和内盘的走势

我们选取了所有国内最主要的期货品种与相对应的外盘品种在最近几年的走势分析。实际上由于行情软件显示设置的关系，走势的比例都被不同程度地扭曲了。也就是说，在你的显示器上，内外盘走势的幅度差别你是难以察觉到的。

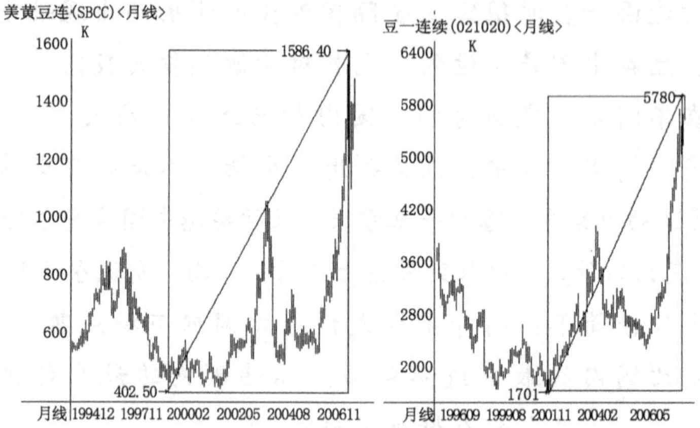

美国黄豆期货和中国黄豆期货连续走势图对比

为此，我们特意将国内期货的走势按照国外的幅度进行还原，并作出数据统计，结果一定让你大吃一惊：

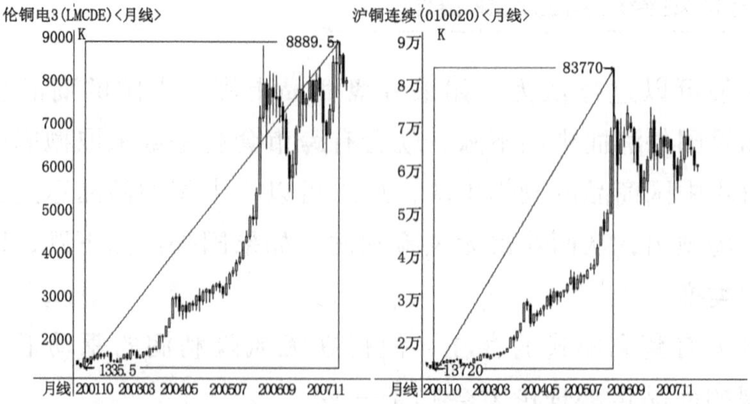

伦敦3月到期铜期货和中国铜期货连续走势图对比

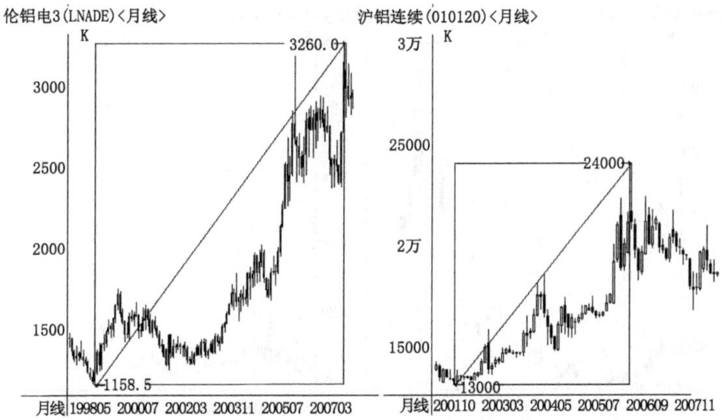

伦敦3月到期铝期货和中国铝期货连续走势图对比

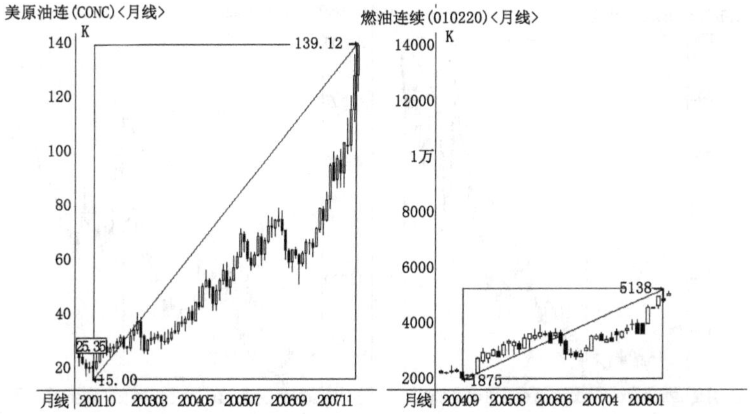

美国原油期货和中国燃油期货连续走势图对比

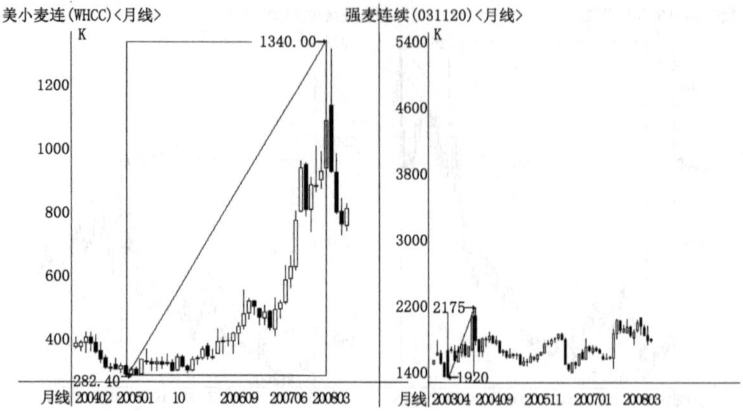

美国小麦期货和中国强筋麦期货连续走势图对比

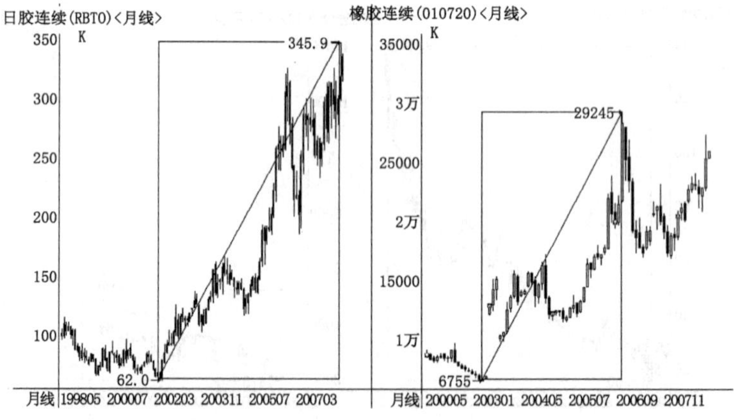

日本橡胶期货和中国橡胶期货连续走势图对比

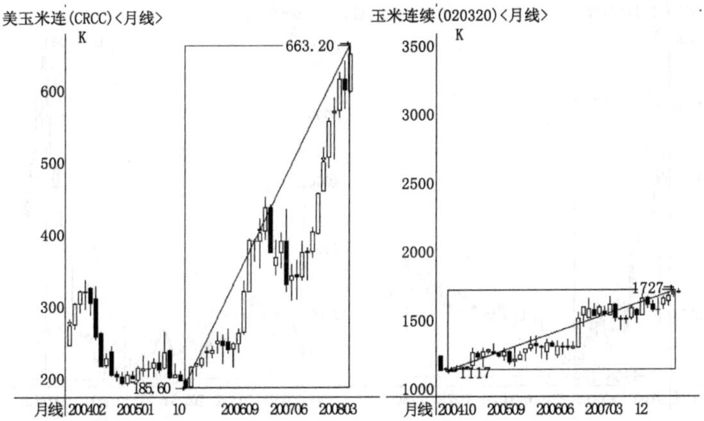

美国玉米期货和中国玉米期货连续走势图对比

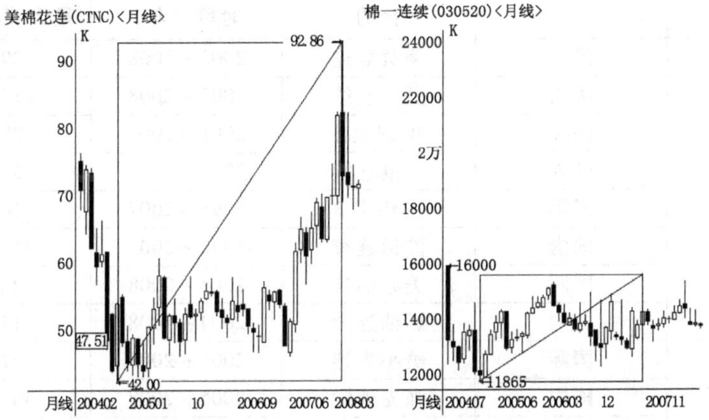

美国棉花期货和中国棉花期货连续走势图对比

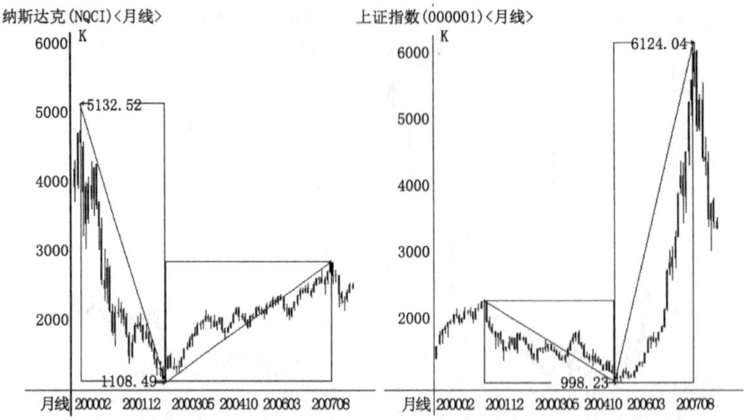

美国纳斯达克指数和中国上证指数走势图对比

内外盘相同品种（或相关联品种）在同一时间内的最大涨幅对比表：

品种		合约	时段（年）	最大涨跌幅度
黄豆	国际	美黄豆连	2002～2008	294%
	国内	豆一连续	2002～2008	190%
铜	国际	伦铜电3	2001～2007	784%
	国内	沪铜连续	2001～2007	510%
铝	国际	伦铝电3	1998～2007	181%
	国内	沪铝连续	1998～2007	31.3%
燃油	国际	美原油连	2004～2008	265%
	国内	燃油连续	2004～2008	174%
小麦	国际	美小麦连	2005～2008	374%
	国内	强麦连续	2005～2008	40.6%
橡胶	国际	日胶连续	2002～2007	457%
	国内	橡胶连续	2002～2007	214%
玉米	国际	美玉米连	2006～2008	257%
	国内	玉米连续	2006～2008	43%
棉花	国际	美棉花连	2004～2008	121%
	国内	棉花连续	2004～2008	28%
股指	国际	纳斯达克	2000～2007	362%
	国内	上证指数	2000～2007	308%

从上面的图形和表格发现，国外和国内各品种走势均存在不同程度的差异。除金属铜相关度稍高以外，其余所有品种相关度都很低，尤其像玉米、小麦等基础农产品，涨幅可以相差5～10倍！

◆ 为什么国内外的价格差异可以如此大呢？

就拿关系最为密切的铜举例：

理论上国际价格换算为国内价格公式如下：

进口成本＝（LME3月铜＋现货升贴水＋进口升贴水）×汇率×（1＋增值税率）×（1＋关税税率）＋其他杂费

我们可以发现，国内外价格差异的来源有很多原因：

1. 品种等级或有不同：比如中国和国外制造的铜在品质上有一定的差异性；

2. 计算得出的期货价格还要还原成现货价格，其中期现升贴水又是在不断变化的；

3. 汇率在不断变化，导致同一种商品的标价也在不断变化。而且一国货币贬值，对以本国货币作为标价的商品来说利多；与之对应的一国货币则为升值，对其商品价格来说是利空。

4. 运输成本：经常在变化中。而且现在成品油价格高企，运输效率变低。

5. 运输时间：交割月的差价一般不被纠正。

6. 跨市资金的利润空间：利润太低没有套利动机。

7. 跨市资金的资金管制：比如结汇难度和结汇损失……

8. 进出口税收政策：比如2008年中国实行的是粮食出口管制政策，限制粮食出口。这加大了国内的粮食供给，对国内价格利空；同时也减小了国外供给，对国外价格利多。

9. 当地具体的规则、状况：比如交割仓库仓单质押、交割质检周期等，都会对交割环节造成影响。

所以说，有这么多复杂的因素影响，实际上国外和国内的跨市套利是很复杂，也是很难操作的，真正在操作的就更是少之又少。在市场的有效性降低之后，国内期货和外盘期货的走势，可能在短期看来南辕北辙，也可能长时期互不相关。

◆ 新时代下国内和国外的走势

2007 年以来，随着人民币不断升值，国内和国外商品走势的关系已经大大弱化。而且近一两年来，全球 CPI 高企，而中国政府坚决平抑物价。另外，中国通过大力发展期货市场，积极谋求世界商品的定价权，中国已经基本走出传统的影子市场。国外市场在影响中国，很多时候，中国市场也在影响着国外。

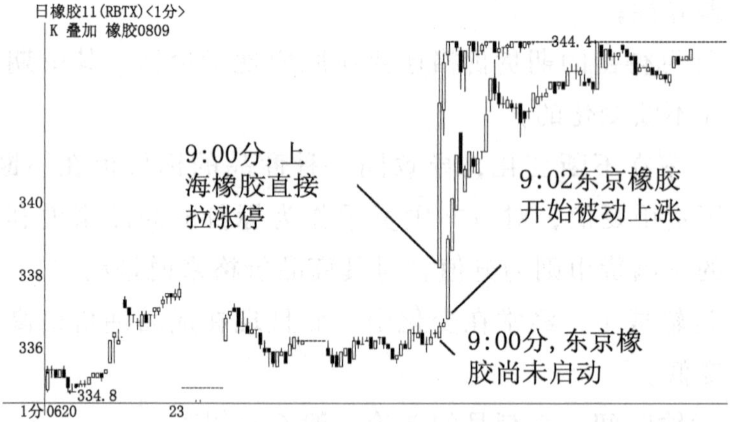

中国橡胶期货影响日本橡胶期货

◆ 操作层面上的理解

有人喜欢看着外盘做内盘，这是有很大难度的。比如看到外盘涨了，你就买。如果买进去没涨，你平吗？如果买进去，外盘继续涨，内盘在跌，你又怎么办呢？加仓，还是砍仓？（这有点类似于我们在第一篇所讨论的“预测问题”）

所以，看着外盘做内盘第一是件很辛苦的事情，第二是件很复杂的事情，第三是件低效率的事情。外盘和内盘有没有关系？——关系当然是有的，但是影响的过程是复杂、难以把握的。如果你外盘看得准的话，最好的办法就是直接做外盘。战场上讲究随机应变，而非拘泥不化。看着外盘做内盘的感觉，就好比我要画虎，却照着猫画，结果画出来可能更像狗。如果我们做的是中国的期货市场，就应该直接以中国市场本身的走势出发。

【本篇小结】

1. 过大的价差可能产生无风险跨市套利，是内外盘价格趋同的理论基础。
2. 实际观察的结果显示，近几年国内期货走势远远弱于外盘。
3. 内外盘价差很大又长时间不纠正的原因很多。
4. 中国期货走势逐渐开始影响世界。
5. 做内盘要比做外盘简单。

【告兵法读者】

1. 不要看着外盘做内盘。
2. 把一切障眼法去掉，剩下价格的本质，你可以看得更清楚。

期货兵法 Qi Huo Bing Fa

《期货兵法》十三篇（之六）——“歼敌之法”

志曰：追涨杀跌，而不要高抛低吸

——把握趋势是唯一的出路

这是一个既有趋势，又有随机的世界。

宇宙的产生也许就是趋势里的随机过程。从一个无穷小的质点开始扩展，一变二、二变四、四变八……演绎了一个由低级到高级，由简单到复杂的发展趋势。而其中的每个变化，都伴随着各式各样的随机事件。

期货的战争，是直截了当的对抗。多空双方增仓布阵，紧密对峙。

一旦一方出现缺口，另一方顺势突破，顿时多空力量骤变。比如上涨，多头每前进1%，空头就有10%的资金亏损，多头同时有10%的资金进账；如果上涨10%，空头就会彻底输光，多头就会多出一倍资金。……这场战争，多头军每前进一步，就可以俘虏大批空头军队，而俘虏来的敌军，还可以编入己方队伍，进一步加强力量。

此消彼长，强者恒强——“趋势”由此而来。

市场是趋势的，还是随机的？

也许没有人可以完全把这个问题说清楚。但是至少，如果你相信市场是可以让你获利的，你就必须承认趋势的存在。因为你的时间和金钱有限，你不可能长期从一个随机市场里获利。

◆ 史上“正确率”最高的客户

期货市场的投资者千千万万，有时赔有时赚。再强的人，不会永远正确；运气再差的人，也不会每次输钱。

这是一个真实的案例：有一位C先生，做期货近4年，竟然一笔都没有赚过！“准确”程度绝对超乎想象！

C先生，33岁，福建漳平人，早年经营水电工程赚了些钱，在厦门买了两套房子，还多余几十万现金。2004年底，C先生被经纪人拉进期货市场。开户后的两个月内，他很仔细地阅读了很多部期货经典书籍，也曾谦虚地请教当地的一位期货大师，多次上门向大师求教系统的技术分析和操盘手法。大师见C先生如此刻苦钻研，甚是感动，常常一教就是一个彻夜。

C先生在摩拳擦掌、厉兵秣马了几个月后，开始正式操作。

2005年2月，C入金5万。内行建议其开始1手1手地做农产品，C却看好铜价会下落，做了3手铜0505的空单。（当时铜价不到3万，且期货公司保证金只收10%，所以5万资金还是够做3手铜的。）结果一个月后铜0505价格拉到35000元，中途C爆仓出场。

2005年3月，C亏光了这5万资金之后，入金20万。满仓抛空当时涨势最凶猛的黄豆505合约，1个月后资金缩水一半，临近交割月，不得不平仓出场。

2005年6月，C花了18000元的学费，赶到深圳参加了3天名为“火车轨交易系统”的培训。回来后有所收获体会，不再持仓不动，而是开始灵活地操作。10月份开始入金20万，在橡胶当时18000元的“历史高位”有计划有步骤地做空，半年后橡胶价格到了24000元，C仍然亏损惨重。

2006年2月经人建议，C入金10多万开始学做橡胶套利。按当时的规律，橡胶每个月换仓的时候，后一个合约价格都会涨200点。似乎，这样每个月就可以有10%的稳定收益。等C做进去之后，橡胶换月时间却推迟了一个多月。C忍受不了煎熬，略亏1万多出场。

2006年5月，C凑成50万账户入金，改变长线持仓和不止损的习惯，改做橡胶短线。每次满仓进出，坚决止损。然而很巧的是，2006年5～7月间恰恰是历史上橡胶波动最大的一段时期：两个月共39个交易日中，价格触及涨跌停板的交易日就有21个，而且经常是涨跌停板交替出现。一开始C的账户每次开仓40手胶，半个月后，每次只能开仓20手；又过半个月，每次只能开仓

10 手；再过一个月，C 每次就只能开仓 1 手……直到最后一次砍仓，1 手也开不了。

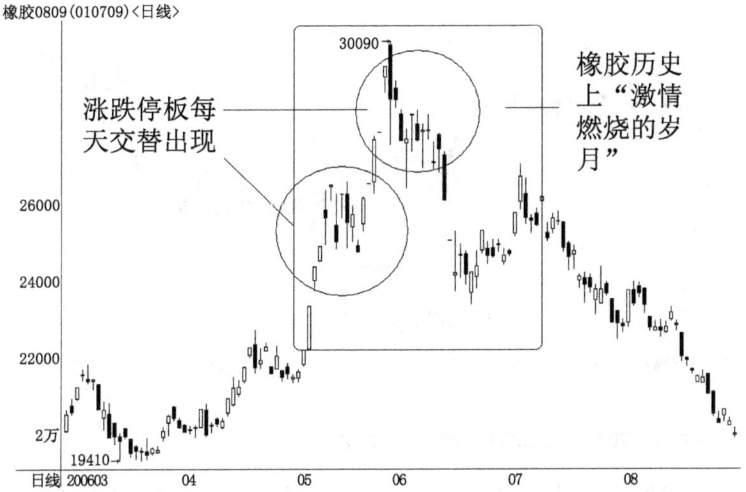

橡胶 0609 合约 2006 年 3～8 月走势

遭受打击之后，C 潜心研究半年，终于找到了“问题的根源所在”——中国的期货市场不成熟，C 还是决定去做外盘。

2007 年上半年，C 先后卖掉两套房子，通过地下渠道开外盘户，主要交易日本东京橡胶和香港恒生指数。东京胶一天最大亏损达到过 20 万，恒生指数一天最大亏损达 7 万，账户几乎损失殆尽。

2007 年 8 月，C 拖着一颗疲惫的心回到国内期货市场，经过细致的研究，发现一个不被人重视的品种铝，铝因为从未涨过，估计空间很大。C 用仅有的 10 万元全部买进。不料铝一个盘整就盘了 5 个月，C 终于耐不住时间的煎熬平仓出局。怎料他砍掉的第二天，铝开始了爆发性的上涨。

2008 年 5 月初，C 先生向人借了 30 万，号称找到了历史性的暴利机会，满仓在 5000 元附近做空黄豆 0809 合约，到了 2008 年 6 月，黄豆最高已经涨到 5855 元，而 C 先生近况不明……

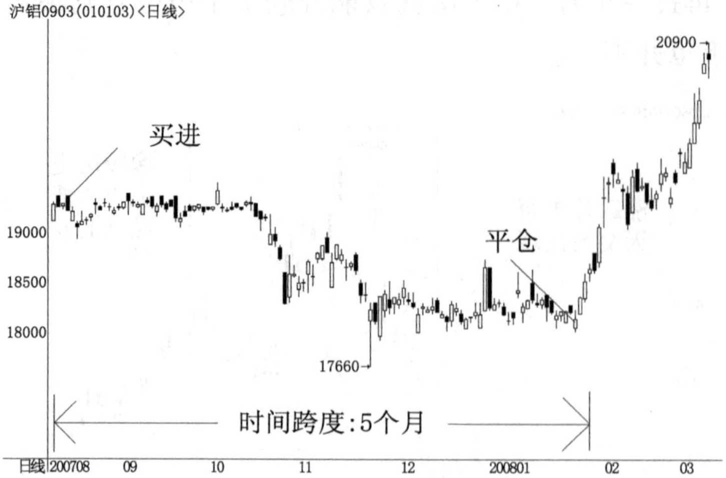

铝期货0703合约2007～2008年走势

C先生的运气真的这么差吗？为什么他一次也没对过？C先生为期货投入了大量的精力——到处求教、花钱去参加培训班、每天研究很多的信息、还去买内部消息……真的是殚精竭虑、相当刻苦。而且他没有一笔交易是随便做的，都是经过长期的思考分析最终得出的结论。与如此这般努力对应的却是极其惨淡的结果，确实让人哭笑不得。

都说“性格决定命运”，其实C的命运也是C的性格决定的。分析一下就可以看到，C的性格有几方面的特点：

1. 极端逆趋势操作：总是找出涨幅最大的去抛空，跌幅最大的去做多。结果趋势仍然延续。

2. 总是满仓操作：满仓操作，一旦亏损就没法用和前一次同样的仓位进行操作，容易越亏越多。

3. 不做投资组合，经受不住行情在时间上的折磨。

4. 每做一笔交易，就找大量的基本面的、消息面的信息来证明自己是对的。（对不对行情会说话，毋须证明。）

5. 永远把亏损的原因归咎于品种不好、行情不好、市场不好、运气不好，从来没有认识到是自身理念的问题。

C 的惨烈实例，反映的恰恰是市场上人性的最大弱点。如果 C 先生还做期货的话，他的下一笔交易仍然很难有赚钱的可能，因为趋势更容易被延续而非逆转。

C 的存在，也可以从一个侧面证明市场是存在趋势的，也证明了市场永远是向着最能分配财富的方向运动的。而且，最重要的一点，只要我们摒弃他的错误理念，必然会得到一个和他相反的交易思路。颠覆一个永久亏损的理念，其结果是非常令人期待的。

◆ 追涨杀跌的赢面更高吗？

我们可以尝试建立一个最简单的数字模型，用任何一个品种都可以。我们以大家最熟悉的上证指数做一个说明。

为使问题简单、再简单化，首先，我们这里讨论的是“追涨”、“杀跌”的问题。第二，我们把盈亏的数额定死来讨论盈亏次数。同理，如果把盈亏次数定死，则可以讨论盈亏数额——保持一个变量，问题就相对清晰。

下图显示的是 2007 年 7 月到 2008 年 3 月上证指数的走势，每根刻度线间距为 200 点。为方便起见，我们用 10 日均线代替价格走势（如用价格本身来测试，道理是一样的，这里只是为了方便说明）。

规则是：

1. 只做多，不做空；

2. 遇到 200 点的整数倍时，投资者进场，设进场点位为 M 点，买进指数合约开仓；

3. 遇到 M ± 200 点的时候，卖出指数合约平仓，如果指数波动未超过 200 点，则一直持有合约（即指数波动达到买入点位上或下 200 点，则该笔交易结束）。

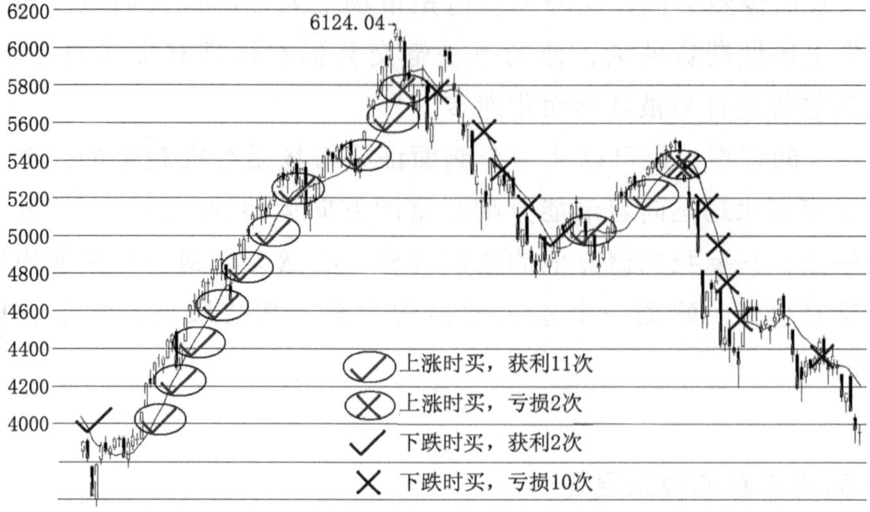

根据上述规则，单笔平仓盈亏点数为 ±200 点。

如果是在上涨或横盘过程中（均线斜率 ≥0）买进的交易，用✓⃝或⊗在买入点位标记结果。✓⃝代表在下个点位出场时为盈利，⊗代表在下个点位出场时为亏损。

如果是在下跌过程中（均线斜率 <0）买进的交易，用✓或✕在买入点位标记结果。✓代表在下个点位出场时为盈利，✕代表在下个点位出场时为亏损。

根据图中情况统计：

1. 上涨过程中买进的情形：盈利 11 次，亏损 2 次。

2. 下跌过程中买进的情形：盈利 2 次，亏损 10 次。

也就是说，上涨过程买入，盈利的概率非常大；相反，下跌过程中买进的，其亏损概率非常大。同理可以证实，下跌时候做空，盈利的概率非常大；反之，上涨过程中做空的，其亏损概率非常之大。

群众和媒体往往喜欢把目光投向买在最低或是卖在最高的人。但是实际上，这对于确定的个体来说属于小概率事件。“抄底”的人根本没有意识到，自己是以极大的风险来博取极小的成功概率。

有人提出，那是因为在趋势行情中，“追涨杀跌”要比“高抛低吸”胜率高，但是如果是按以下的震荡行情，“高抛低吸”就比“追涨杀跌”的效果要好。最理想的情况就是先判断清楚是震荡还是趋势。如果是震荡，我们就选择“高抛低吸”；是趋势，我们就选择“追涨杀跌”。

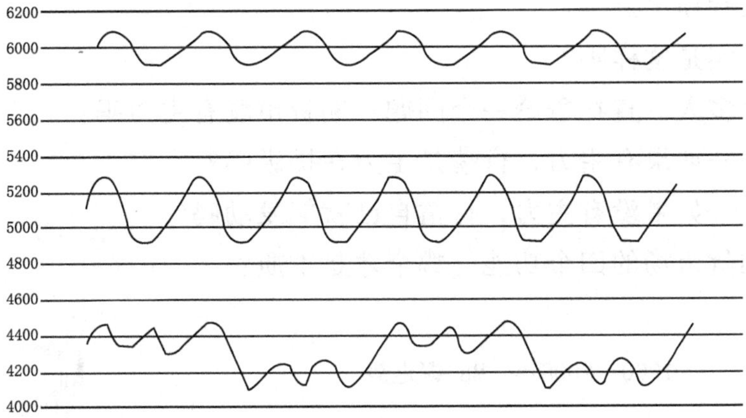

假设长期持续出现这样的走势，将无法通过上述规则获利

可是问题在于：

1. 震荡和趋势可以量化定义吗？趋势里面有震荡，震荡里面亦有趋势。

2. 震荡和趋势可以事先界定吗？如果你想去预测震荡和趋势，就又倒退到第一篇关于“预测”的老问题上去了！

3. 震荡和趋势哪个更多？哪个盈亏更多？

因为震荡和趋势没有办法明确定义，所以比较难做详细的研究。不过有一种可以变通的方式：以趋势交易系统的交易结果来反推震荡和趋势的区间（详情见第十一篇）。

最终我们发现，趋势的时间和幅度都远远超过震荡。如果了解趋势产生的根本原因，你就会知道——震荡的结果一定会走出趋势。

这是为什么呢？

◆ 趋势的根由——市场源动力理论

为什么市场会有波动呢？

如果市场上大家都约定好持仓不动，那么就不会有行情了，也没人亏损了。

事实是这样吗？

很多人一直在争论一个问题：期货市场有主力吗？

——如果有主力，行情是主力在操纵吗？

——如果没有主力，行情自己就能发动吗？

期货市场的四个功能，哪个才是本质？

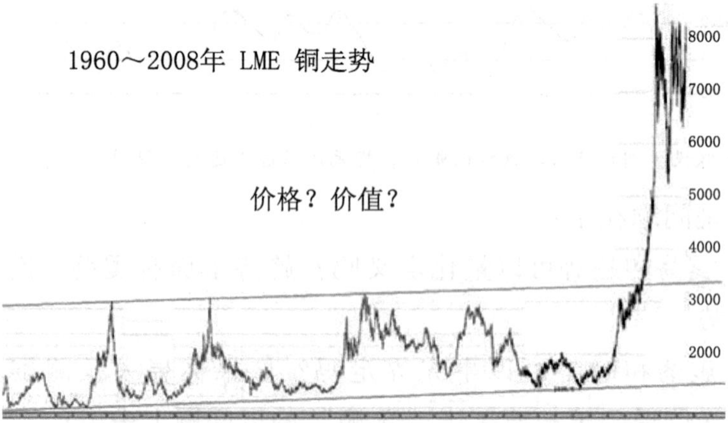

铜 48 年来的价格走势

在上图中，在 2004 年以前，历史上的铜价一直是在 1000 ~ 3000 美元/吨之间波动。按照马克思政治经济学理论“价格围绕价值做上下波动”，那么铜的价值应该是在 1000 ~ 3000 美元/吨之间。按照“价值是人类所凝聚的无差别的劳动”说法，2004 年后铜价值并不会有太大变动。而为什么铜价竟能在短短两三年内从 1325 美元狂涨了六七倍？

伊拉克开采一桶原油的成本是 1 ~ 4 美元，国际平均成本为

原油期货10年走势

10美元多一点，而近10年来，原油期货的价格从10.30美元涨到了140美元，涨了13倍！

期货的功能是发现真实的价格，还是让价格更加远离真实？

套期保值存在以下几个问题：基差风险、保证金强平风险、交割风险、增值税风险、手续费问题，等等，这些都让套期保值很难达到预期效果。国内铜现货的大型企业如江西铜业、紫金矿业等这两年在铜期货上套保亏损数亿，真的达到套期保值的目的了吗？

新湖期货董事长马文胜在2008年指出，商品期货还具备“金融窖藏”的功能，即持有期货的多头头寸，以少量保证金代替“实物窖藏”，达到囤积商品并拥有商品所有权与兑现权的目的。

“价格发现”、“套期保值”、“金融窖藏”在期货市场都扮演着某种角色，但是都不是市场的本质功能。

那么市场主体的本质功能是什么？

——“财富分配”。

技术分析是科学吗？

这也是一个非常持久的争论。

道氏理论提出“价格按趋势变化，价格涵盖一切，历史会重演。”

市场是由人构成的，人的心理在市场上得到淋漓尽致的体现。技术分析反映了人在特定时间、特定点位上的心理。

比如跌到一个支撑位置，因为以前多次跌到这个位置都不跌了，所以做空的人在平仓，做多的在买进，价格很可能就上涨了。

但是事实发现，在支撑位置上涨也有，下跌也有；而且上涨的概率是百分之几、下跌的概率是百分之几也都是很难统计清楚的，每次的情况总有不同。

为什么技术分析有时候奇准无比，有时候又全都是假突破？

技术分析派或交易派总是承认市场是按趋势运行的，也要承认技术分析是有效的，才可以按思路去交易。

但是无论怎么样的技术分析，都不能用数学公式模型计算出确定的结果。也就是说，未来的市场总是未知与不确定的。这能叫科学吗？

因为市场的本质功能是财富分配，几乎所有人都在为自己争取利益的最大化。为争取利益而表现出来的心理状态和行为是相似的，所以在一定程度上会符合技术分析的一般规律。从这个角度说，技术分析是有道理的。

同时也由于市场不是一个人构成，是由千千万万不同年龄、不同地区、不同性格、不同经济状况的人构成的。对应一个行情，每个人由于各自不同的原因都可能做出不同的决策。市场是由各个参与者的决策行为构成的，所以不同的行为所造成的结果也不一样。大多数人可能以为自己下一手小麦或者下一手玉米不会对市场产生很大影响。但是市场其“财富分配”的本质决定了市场永远处于一个不稳定的平衡。在一个不稳定的平衡下，一只蝴蝶煽动一下翅膀就可能导致一场台风；一手错单也可能是造成一波超级大行情的起因。

所以，技术分析有道理，但是不能教条，也没法概率化。掌握技术分析的理念是必须的，但运用上要灵活。

横有多长，竖有多长？——震荡的时间与区间问题

如果一个品种经历了长时间的震荡，其后走出的趋势都特别大。为什么呢？

因为资金进入市场是为了财富分配。

几乎不会有人来到期货市场是要故意输钱的。

而且来到期货市场都做好了“赚大钱”的准备，当然很多人同时也做好了“亏大钱”的准备。

所以对于每个人，最期望在市场可以发生的事情就是“赚大钱”，其次是期望“亏大钱”，最不情愿看到的事情就是“不盈不亏”或者“亏小钱”。

就像一场战争，如果双方都不想有个胜负输赢，发动战争干什么呢？

既然发动战争，就拼个你死我活。

就单个品种来说，各个参与主体或看多、或看空，持仓增加、价格在一个区间盘整。在市场没走出一个单边趋势前，财富不存在根本性的分配。对于双方资金来说，赚的不多，亏的也不多，双方都不愿意中途放弃，因为一旦放弃选择平仓，就会砍出一波大行情。

……

时间堆积得越久，最终要分配的财富就越多，行情就越大。

如果长期震荡（比如超过 3 个月），双方在这个位置都已经筋疲力尽，却又分不出胜负，确实得考虑资金离场的时候，一般会出现减仓、缩量、价格阴跌，最终流动性趋向不足——这个过程当中仍然分配了财富。

趋势一旦形成，延续的可能性远远比反转要大。

趋势形成之前，市场是多空相对平衡的状态，双方力量是基本均衡的，财富也没有进行分配。

在偶然的情形之下，市场开始向一个方向突破，形成一波上涨或下跌行情。

比如，在一个持仓量为40万手豆油的市场（例如豆油价格为10000元/吨），多头和空头持仓资金各是20亿。

我们做一个简化的模型：

市场价格如果涨1个价位，到10002元/吨，则多头盈利800万元。

当天如果涨停5%，价格到10500元/吨，则10亿资金发生转移——多头资金达到30亿，空头资金为10亿。

Ⅰ. 在行情初期，每上涨一个点，多头将获得800万元的额外资金，可以建立新的多头头寸近800手，从而继续把价格推高；而空头，如果没有新的资金注入，就缺乏继续建仓的资金。

Ⅱ. 在行情中期，风险承受能力较小的空头不得不先平仓出场，市场形成一边倒的局势：多头大举使用赚来的浮动盈利继续开新仓，剩余空头的浮亏则在不断加大。

Ⅲ. 在行情末期，受多头继续增仓的逼迫，空头浮亏过大，最终止损或被强平出场。空头平仓等同是在做多单，将行情进一步推高。

那么什么时候到顶呢？就是一方主力被彻底歼灭——所谓的“空头不死，多头不止”。待空头的财产被分配殆近的时候，行情也就结束了。

豆油价格从10000元/吨涨到了14000元/吨以上，这个过程大约转移了80亿的资金。

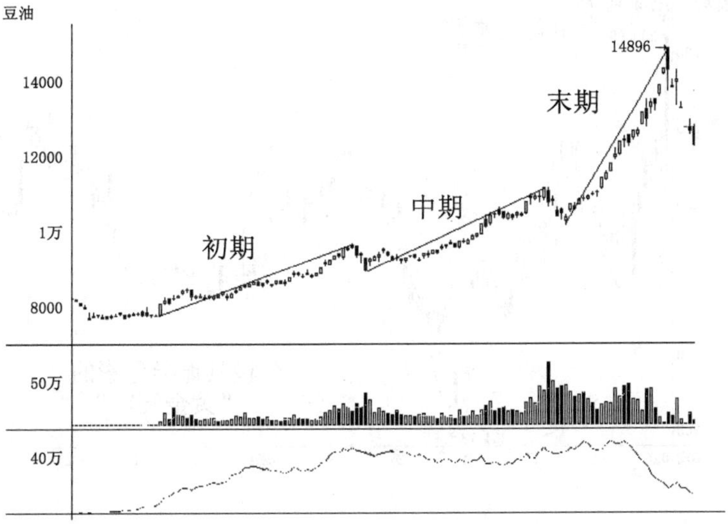

在波浪理论里，行情的初期、中期和末期分别体现在第一、三、五驱动浪上。

在市场的起伏中，财富被残忍地、淋漓尽致地分配着。

黄金上市首日为何下跌？

基本面全部看涨。

为什么涨不上去——原因在于市场上没有实质性的空头，因此无法分配财富。

所以在开盘后，很微弱的涨停平衡被打破，价格便开始暴跌，做多的人开始互相踩踏，钱像水一样扔出去。几天后黄金价格从230.99元/克跌到204.72元/克，跌幅达到11.4%（按12%的保证金计算，本金正好亏完）。第一批财富被彻底地分配之后，价格就开始见底上涨了。

黄金期货初上市几日的60分钟K线，还构成了一个充满诡异色彩的笑脸，她到底在笑什么呢？

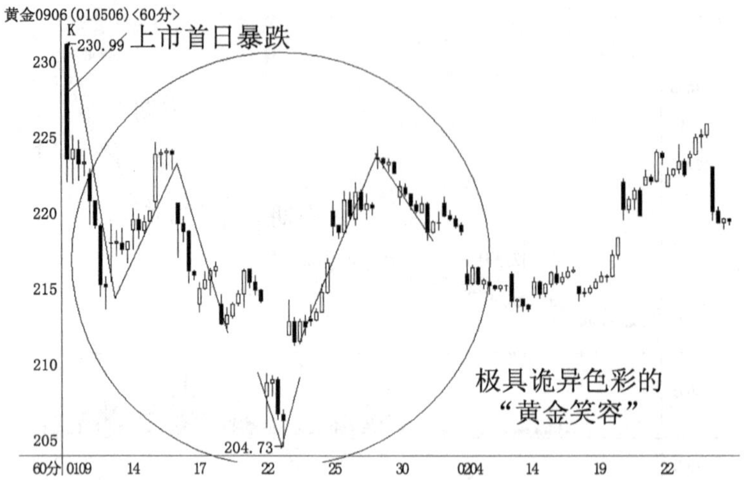

股指期货为什么是特别大的机会？

市场要行使财富分配的功能，前提是必须要有足够多的财富。期货市场的资金在300亿～400亿之间，证券市场的资金一般认为是在3万亿左右。按照国外股指期货的惯例，参与股指的资金会是整个股票市场的10％左右。也就是说，中国一旦推出股指期货，这其中有3000亿的资金将会逐渐流入等待分配，资金规模是现在期货市场的5～10倍。

所谓“弱水三千，只取一瓢饮”。就专业操作来说，在3000亿资金专注于单一注码的市场自然比在小资金的市场容易取得财富。

为什么股指期货仿真交易容易获得暴利？

股指仿真交易从2006年下半年就开始运行。我们看到一些比赛数据，有参赛者的资金已经从100万赚到几亿以上了。笔者也曾参加过，还拿了奖——2个月时间，资金从100万翻到2100万。做了才知道，仿真的行情是相当容易赚钱的。

有人说，仿真的行情，除了钱以外，其他的所有都是真实的。

一样是涨涨跌跌，有什么不同？

不同的关键就在于“钱是假的”。经纪公司可以无限制地向中金所申请虚拟资金。在无限的资金市场里，亏钱没有关系，反正是假钱；赚钱，就有资格获得比赛奖金。等于一个无限的财富池可以让你分配，就这个微小的差别，造就很多财富“神话”。

所以仿真交易能赚钱的人，实盘未必能够获利。

股市是否也像期市一样分配财富？

从2004年底股票牛市形成初始一直到2007年10月，所有做股票的人，似乎都形成了一种观念：股票买就能赚，你买我也买，大家都赚钱。股价在市场每个人的哄抬之下急速上涨。大家都觉得股市是一个共同创造财富的地方，而并非在分配财富。

2007年10月17日，股票开始全面下挫，半年时间跌掉指数的一半。这时大家又都发现：财富正从每个人的口袋里流失，找不到赚钱的人。

股市也像期市一样在分配财富吗？

——是的。

股市和期市的不同在于：期市的每日无负债制度决定了期货每天的浮动盈亏都是已经结算掉的；股票投资的盈亏却是未兑现的虚值，只有在你出场的那一天财富才被真正分配（具体我们在另一本书《股票和期货的108个差别》里再行阐述）。

◆ 如何在价格行为中找到趋势？

提供几种简单的方法和思路：

1. 价格数值持续变大为上涨，数值持续变小为下跌；

时间/品种	PTA0809	铜 0808	胶 0809
2008 年 4 月 30 日	8170	65370	21890
5 月 9 日	8156	63280	22445
5 月 16 日	8480	62800	24610
5 月 23 日	8752	62310	24840
5 月 30 日	8848	60560	25240
6 月 6 日	9298	60640	24950

6 周内三个品种的每周最后一笔价格

比如一个人一周询问一次商品报价。单纯从数值中，他就可以知道：在六周时间里，PTA 是上涨的，铜是下跌的，橡胶先涨后跌。

2. 报价箭头向上为上涨，箭头向下为下跌；

3. 行情报价红色为上涨，报价绿色为下跌；

4. K 线图阳线为上涨，阴线为下跌；

5. 均线斜率 >0 为上涨，斜率 <0 为下跌；

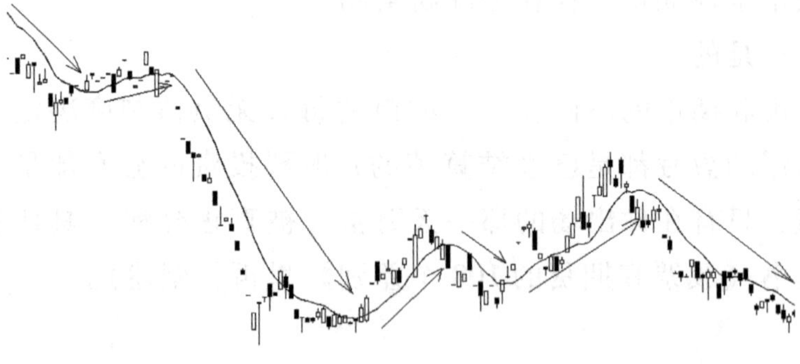

均线斜率对应趋势

6. K 线在均线之上为上涨，在均线之下为下跌；

7. 短期均线在长期均线以上为上涨，在长期均线以下为下跌；

8. 相对高点/低点逐渐抬高为上涨，逐渐降低为下跌；

……

◆ 套利的深层次理解

2007 年某次期货从业资格考试上有这样一条题目：

（单项选择）套利的特点是：

A. 风险小　　B. 收益大　　C. 保证金低　　D. 费用低

出题人的意思实际上是要选择 A，但是实际上从操作层面上看，这条题目没有一个正确答案！

没有现货背景的套利其实是一个收益有限、风险无限、占用资金、低胜率且费用昂贵的操作行为。

传统意义上的三大套利理论基础都不成立：

1. 跨市套利

一般认为，同一个商品品种如果在两个不同市场存在一定差价或比价，可以买入低价市场合约同时卖出高价市场合约，等价格趋同平仓，获取收益。

这样套利的无风险基础并不成立，原因在于：

（1）国内一个品种只在一个交易所上市，所以如果要达成所谓的跨市套利，就得在中国和外国两个市场上同时操作。而实际上在国外开户的手续相当麻烦，所以一般投资者用跨市套利的思路，只在国内市场做了单边的头寸，这是一种简单的看着外盘做内盘的方法（我们在第五章详细讨论过）。

（2）就算在国内、国外同时开户，也同时操作了。但是由于纯投机散户没有国际现货交割的可能，所以不可能存在将国内交割拿到的现货运到国外抛出进行交割的可能。而且国内外价差关系非常复杂（见第五章），在这样的情形下，就不得不面临为赚取一点小利润而冒上极大风险的严峻现实。

（3）实际上，如果按照国内外期货价差进行跨市套利，最近几年都会去买国内商品、抛国外商品，按照第五篇的统计数据，亏损将会极其惨重，如国储抛铜事件，就是典型的例子。

（4）2006年以前，业界公认的规律——内外盘铜的比价（数值之比）会在11:1~9:1之间，并围绕10:1做上下波动，否则就会产生套利区间。但是从2006年以后，这个“规律”就被彻底打破了。

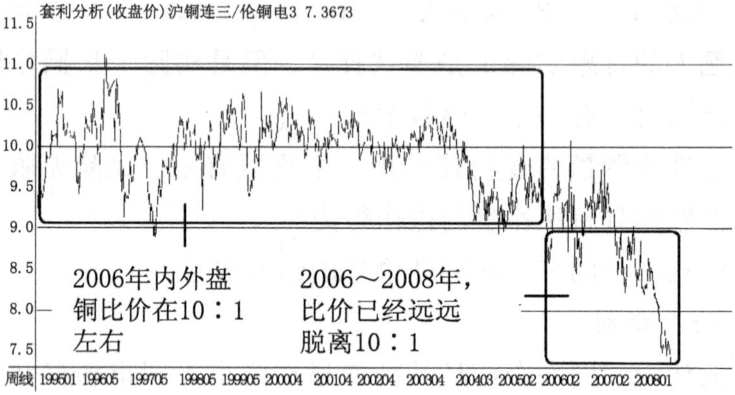

1995~2008年内外盘铜比价

2. 跨品种套利

一般认为，一些品种之间呈现相关性或者替代性，价差会在一定范围之内。如果其中一个品种上涨，会带动其他品种一起上涨。

跨品种套利的可行性更低：

（1）在2005年以前，有一个公认的套利规律——铜铝价差在1200~12000元之间，而且是经过所有历史数据检验过的。理由也很简单，铜主要用于做电线电缆，铝比铜便宜，但是导电性比铜差。一旦铜价过高，铝就被作为铜的替代品生产电线。所以铜铝差价的正常区间一般在10000元以内。当2004年底铜铝价差达到12000元时，很多权威机构都出具报告，指出这是“历史性的套利机会”。结果到2005年之后，铜铝价差疯狂拉大，最高达到52000元，并且长期稳定在40000元以上。也就是说，投入1手铜1手铝共2.5万套利资金可能会产生20万的亏损！

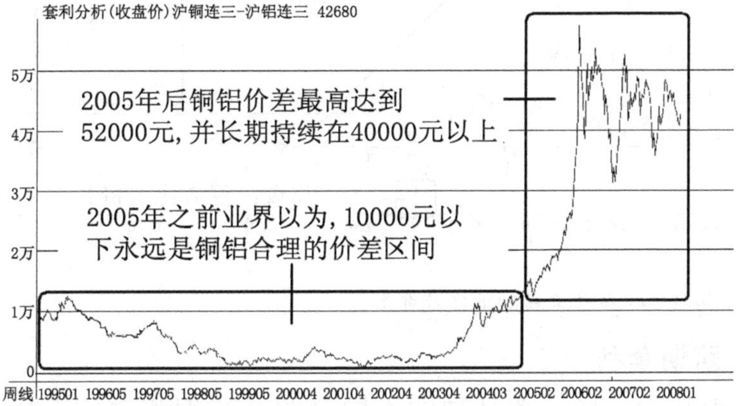

1995～2008年国内铜铝差价

（2）研究过黄豆和豆粕基本面的人肯定都知道一个压榨公式：黄豆价格=豆粕价格×0.84+豆油价格×0.16+加工费。按历史统计数据和此公式推算，得出一个公认的道理：黄豆和豆粕价差的合理区间为250～450元，如果价差过大，油脂企业会亏损倒闭；如果价差过小，油脂企业就可获得暴利。但是2004年9月，由于豆粕近月合约逼仓，看似最无风险的套利机会，却发生了最没道理的事情——豆粕居然比豆贵!!而2008年后，豆和豆粕的价差更是稳定在1000元以上甚至达到1800元！豆、豆粕和豆油价格都在剧烈波动的今天，已经没有什么价差和价比是不可能的了！

（3）其实问题的根源很简单，上述的几个品种之间本身就没什么必然的联系。而且你的交割更成问题：比方买铝抛铜套利，你可以用交割来的铝交货给需要铜的人吗？谁愿意要？再比如买粕抛豆套利，你可能用交割来的豆渣去交货给需要豆的人吗？

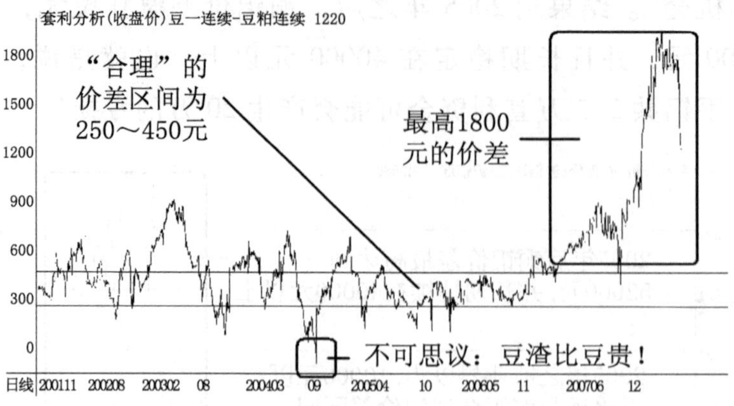

2001～2007 年豆与粕最近月价差

3. 跨期套利

一般认为，同一个品种的不同合约是高度相关的，如果同一个品种不同合约差价过大或过小，都可以通过现货交割获取无风险利润。

跨期套利同样没有固定规律可言。

（1）期货各个品种的合约是升水排列还是贴水排列没有必然的规律，任何情况都是可能的。

（2）如果近期合约在向远期迁仓，可能导致远强近弱；如果近期多头逼仓或者有轻度逼仓，可能就是近强远弱。

（3）各个合约之间的等级未必一样，如强麦 7 月合约。

（4）交割环节可能不畅通，如棉花品种、黄金、2004 年的橡胶等。

（5）现货升水的市场，还没有办法掉期互换来实现无风险套利过程。

（6）即使价差回归到“正常范围”，中途也很有可能发生极端事件或是经历很长时间，可惜我们的时间和金钱都是非常有限的。

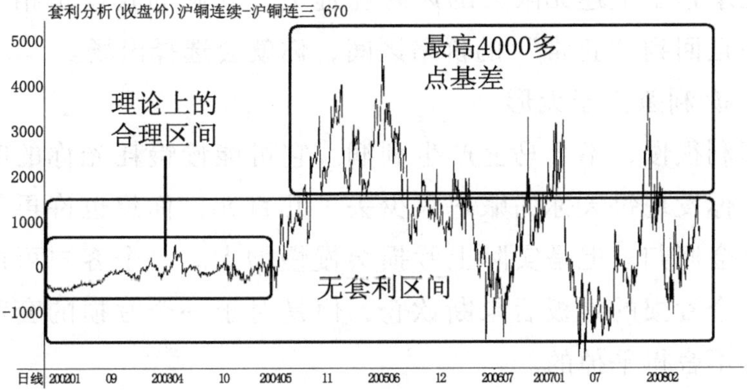

2002～2008 年铜现货月合约与现货后两个月的合约价差

传统意义上的套利的八大死穴

1. 传统意义上的套利是非常典型的“逆势”操作思路！

我们在寻找“套利机会”的时候，恰恰就是市场走出与之前不寻常的走势的时候，因此我们预期市场会从不寻常回复寻常。但是，“存在即是合理”，如果本身这样的价差不合理，它为什么会存在呢？既然存在，而且长期持续存在，就一定有它存在的道理。

2. 套利正确率低

套利介入的时间往往是价差格局发生巨大改变的初期，改变可能要发生很长时间并永不回头，这时候介入是很危险的。

3. 套利风险无限

在套利上止损是件极度艰难的事情。比如你认定铜和铝的合理价差是 10000 元，现在价差是 20000 元，你认为这是很好的机会；到了 30000 元的时候，你会认为是更好的机会；到了 40000 元就是绝妙的机会……可惜价差到 30000 元的时候你已经是巨亏了，你应该在 30000 元止损，还是在 30000 元加码？

4. 套利收益有限

在承担了上述无限大的风险前提下，套利的收益是相当有限的，一旦回到“正常”的价格区间，你就会选择出场。

5. 套利杀人于无形

套利很慢，不会马上产生利润。它可能慢慢耗光你的时间和金钱，你发现每天你的账户只少去了几百元，你想也许再等一天价差就会回归。但是实际上亏损会慢慢增大。一个客户可能会在吃了一个亏损的停板后果断砍仓，但是对于一个亏损的套利头寸是非常不舍得平掉的。

6. 套利的头寸难度

套利实施的细节上也有很多不能解决的问题。套利是套价差，还是价比？如果你认为铜铝价格不会相差太大，铜 20000 元的时候铝 10000 元，是该卖 1 手铜买 1 手铝还是卖 1 手铜买 2 手铝？铜 80000 元铝 20000 元的时候，是卖 1 手铜买 1 手铝还是该卖 1 手铜买 4 手铝？

7. 套利的点位、仓位难度

什么价差才是一个可以进场的价差？比如铜铝合理价差为 10000 元，现在价差是 20000 元，现在适合进吗？很多时候想，如果价格到 30000 元的话，还有资金需要准备补仓吗？但是如果仓位过小的话，套利本身利润就低，就变得毫无意义了。

8. 套利的交割难度

即使具备现货交割的条件，套利交割也有很大难度。由于是双边合约，一旦临近交割月保证金就会大幅增加。而且只要交割环节里稍有不畅，套利的条件就会被打破。最大的问题在于套利的利润一旦要通过交割实现，利润至少 90% 以上会被摊薄！而且，由于是用全额资金去获取小利润，需要涉及增值税、仓单、保管费、运费、机会资金成本等一系列复杂的问题，交割结果与预期将有很大的差异。

有可以获利的套利吗？

有，两种模式。

（1）投资组合上自然形成的套利（第二篇）；（2）价格延迟发现上的套利。

请看以下两个例子：

案例①期货涨停可以追的情况：同一品种两个合约，一个先涨停，另一个价格在上攻，可以追先涨停的合约（因为它更强势）。

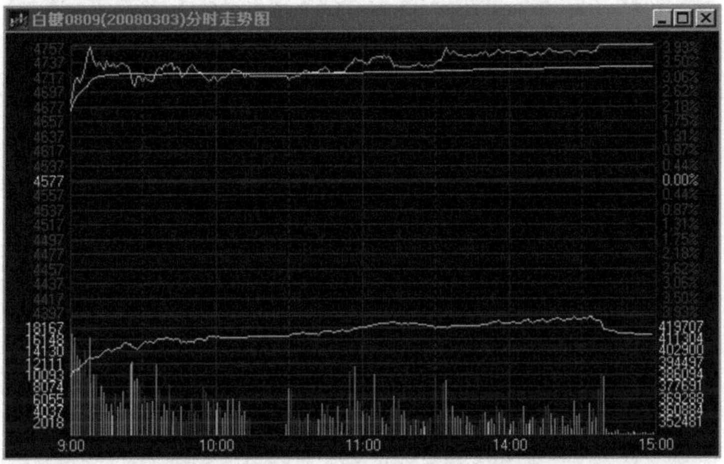

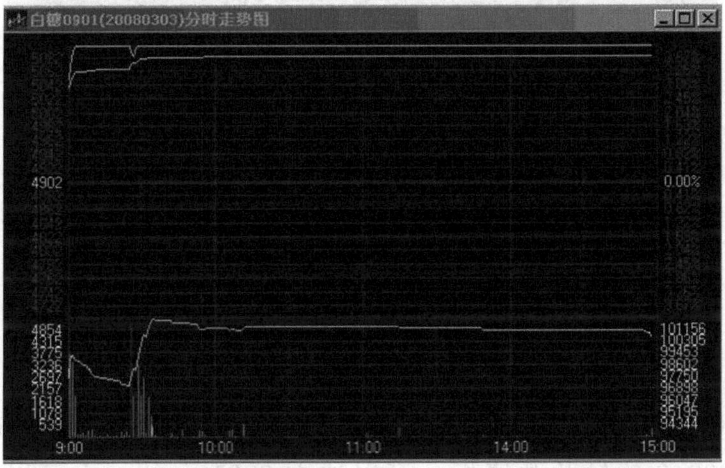

2008年3月3日白糖走势，0901合约先涨停且强势，可以追买涨停板；也可以在已经持有涨停多单的前提下抛0809合约于涨停板。

案例②期货跌停板可以追的情况：同一品种两个合约，一个先跌停，另一个价格在下压，可以追先跌停的合约（因为它更弱势）。

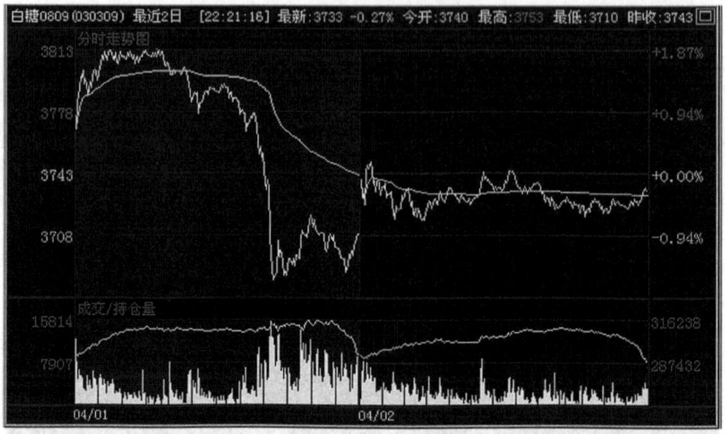

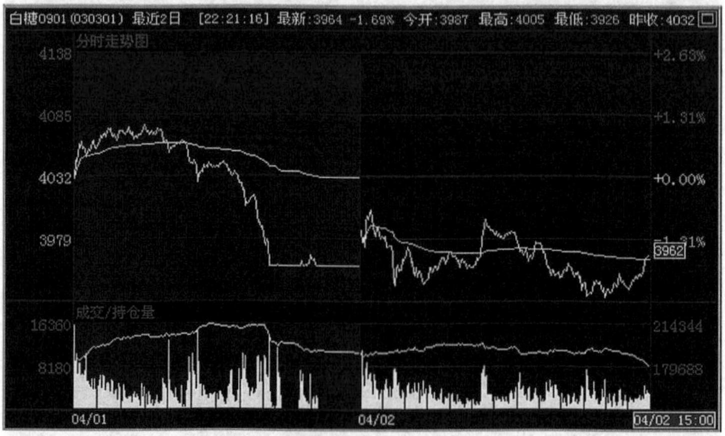

2008年4月1～2日走势，在4月1日0901合约率先跌停，随后0809合约触及跌停板。可以追空0901合约，也可以在持有0901合约的前提下买入0809合约于跌停板。

价格延时发现的本质在于结算价结算方式以及涨跌停板限制，这样的限制一般在随后的一个交易日的开盘时间就能纠正。所以这样的套利根本不是按照盈亏多少点数或者利润为出场条件，而是以价格延时发现被纠正的第一时间——次一个交易日的开盘时间作为出场条件。

凡顺势的、风险可控的、收益大的套利都是可行的，本篇就不再赘述。

◆ 几条趋势格言

1. 关于“趋势”

（1）价格是按趋势变化的。

（2）趋势一旦形成，则更容易延续而非反转。

（3）历史会重演，历史又是不断被创造的。

2. 关于“牛熊市”

（1）牛市不言顶，熊市不言底。

（2）牛市无调整，熊市无支撑。

（2）牛顶和熊底都是很久以后才知道的。

3. 关于“追涨杀跌”

（1）底不可抄，涨可以追。

（2）可以落井下石，不要螳臂挡车。

（3）追在天花板，天花板上还有天堂；空在地板，地板下面还有地狱。

追涨杀跌本质上是趋势行为，高抛低吸本质上是逆势行为。做期货投资，必然要承认市场是按趋势变化的。市场从来就没有绝对的高点，也没有绝对的低点。

【本篇小结】

1. 每次都亏的原因在于每次都是逆势。

2. 顺势交易赢面更大。

3. 期货有四大功能——价格发现、套期保值、金融窖藏、财富分配。其中“财富分配”是核心。

4. 找趋势的8种简单方法。

5. 传统意义上的套利不具备可操作性的根源在于逆势。

【告兵法读者】

1. 找到趋势。

2. 顺应趋势。

3. 不要轻易做套利。

4. 追涨杀跌本质上是趋势行为，高抛低吸本质上是逆势行为。做期货投资，必然要承认市场是按趋势变化的。

5. 市场从来就没有绝对的高点，也没有绝对的低点。

6. 市场过去没有发生过的事情，不代表以后不会发生。

期货兵法 Qi Huo Bing Fa

《期货兵法》十三篇（之七）——“进退之法”

志曰：让自己超越止损止盈的范畴

——只设定进出标准，不设定盈亏标准

做期货的一开始，你的投资顾问就会教你如何设置止损。止损，也就是风险控制，或者叫生存控制，它是入门第一课。期货是个风险市场，同时你的时间和资金都是有限的。战场上一个失误可能会令你全军覆没，命丧黄泉；期货市场不注意风险控制同样能使你一次就输光。

巴菲特说过自己的三大投资准则。第一是资金安全，第二是资金安全，第三是牢记一二两条。

索罗斯说过，投资本身没有风险，失控的投资才有风险。

所有的期货高手都在强调风险控制的重要性。

但是仅仅控制风险，是不够的。

投资市场如果是简简单单设置一个止损点，就没有投资的意义。

投资目的是为了获利，为了分配财富，不是为了亏钱。

巴菲特和索罗斯是狡黠的，他们告诉你要限定亏损，却没告诉你怎么去限定亏损，更没有告诉你怎么去盈利。

亏损了，我知道要砍仓出场；盈利了，又要在什么情形下出场呢?

交易法则成熟的前提下，盈亏数额是不需要我们具体设定的。在保持与市场节奏一样的前提下，我们就可以超越盈亏的范畴，让市场来为我们设定过程和结果。

一个物体的初始状态如果是确定的，受力情况是确定的，那么一段时间后它的状态也是唯一确定的。——牛顿

一个交易方法的可行性如果是确定的，它的执行层面是确定的，那么一段时间后它的收益也是唯一确定的。——方志

◆ 传统止损的设置

肯设置止损的，总比不设置止损的好，这一点是要肯定的。

当然设置的止损未必是合理的。

1. 亏损百分比止损（或叫亏损金额止损）：交易前就设置好，一笔交易亏损百分之多少砍仓，或者亏损了多少金额就砍仓；

2. 点数止损：根据各品种的标的设置，例如某人设置日内短线铜 100 点；胶、锌、棉 50 点；豆、粕等农产品 10 个点……；

3. 技术点位止损（以重要的阻力和支撑作为止损）：如以前高点前低点为止损、趋势线均线黄金分割比例止损，等等；

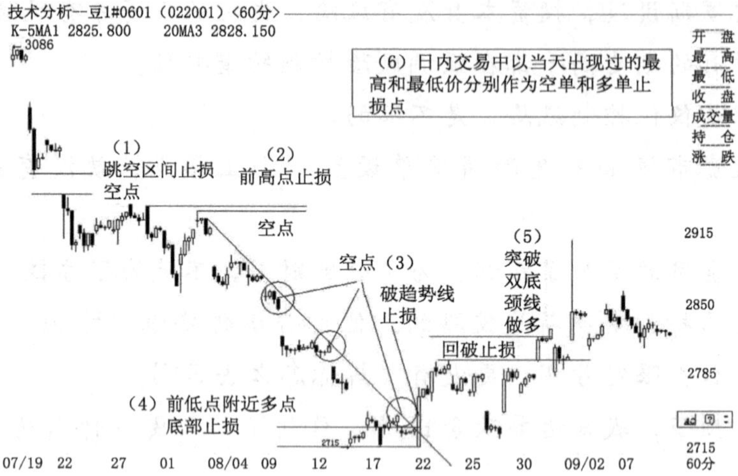

技术点位止损示意图

4. 时间止损：规定时间出场，如收盘前为回避隔夜风险而止损；

5. 隔夜止损：隔夜单只要亏损，不计点位开盘止损；

……

◆ 传统止损设置的困惑

1. 止损往往止错，砍在天花板或者地板；

2. 止损的大小很难设置；

3. 止损次数频繁；

4. 预期止损的位置常因为跳空缺口、行情暴涨暴跌、不可抗力等而执行不了；……

为什么止损这么困难？——问题的关键在于：传统的止损是以自己出发，没有从市场出发。一切设置都是根据自己的成本、喜好而来，和市场的步调往往是不一致的。

更严重的是，止损还有方法可循，止盈就难了。有的人知道严格止损，可是不知道如何止盈，结果是亏损的时候砍掉，盈利的时候走得太快。结果，该亏的时候亏了，该赚的时候没赚，仍然是死路一条。

◆ 盈亏要有个比例

举例：某人制定了自己的原则，日内交易铜期货，盈利或亏损相同点数出场。假设判断正确率为 50%，铜日内交易 30 个点手续费，10 个点点差（这边所说的点是指元/吨，铜最小波动价格为 10 元/吨）。我们可以近似地计算在设定不同的出场目标后盈亏的数额比例。

设定进出点	看对获利	看错亏损	盈亏比
10	-30	-50	—
20	-20	-60	—
30	-10	-70	—
40	0	-80	—
50	10	-90	1:9
60	20	-100	1:5
70	30	-110	1:3.67
80	40	-120	1:3
90	50	-130	1:2.6
100	60	-140	1:2.33
200	160	-240	1:1.5
300	260	-340	1:1.31
……	……	……	……
1000	960	-1040	1:1.08

从这个表格可以发现：

1. 如果把盈利或亏损的目标设定得过小（40点之内），则无论判断是对是错，结果总是亏损的。

2. 如果把盈利或亏损的目标设定得稍大（50～80个点），发现有盈利的可能，但是盈利的金额远小于亏损的金额。

3. 如果将盈亏目标设定得尽可能大，则发现盈亏的数额比例趋向于1:1，即盈利和亏损数额相当，盈利或亏损的结果完全取决于判断正确率。

◆ 盈亏临界模型

为自己的交易设置一个盈亏临界公式：

设判断正确率X%，品种手续费P，止损点N，点差C，盈亏比a，则若要盈利必须符合以下条件：

$$(aN-P-C)\times X\%-(N+P+C)(1-X\%)>0$$

做铜的日内短线，依照上述公式。

（1）如果50点止损，同样获利50点出。

计算$(50-30-10)\times X\%-(50+30+10)(1-X\%)>0$，

解得$X\%>90\%$。

（2）如果500点止损，同样获利500点出。

计算$(500-30-10)\times X\%-(500+30+10)(1-X\%)>0$，

解得$X\%>54\%$。

所以越是短线，对投资者的判断正确率要求越高。

据统计数据发现，成功的操盘手正确率大都低于30%，那么他们是如何获利的呢？

仍然以公式$(aN-P-C)\times X\%-(N+P+C)(1-X\%)>0$，看设$N\gg P$，$N\gg C$，则上述公式简化为：$aN\times 30\%-N(1-30\%)>0$，消去N，简化为：$a30\%-70\%>0$，即：$a>2.3$。

结论：尽量使自己的盈亏比在2.3∶1以上！

其实止盈止损的概念是可以模糊化的，市场没有该让你盈或该让你损的规则，只有该你进、该你出的规则。严格跟随市场指示，你就知道，按照市场规则运作的结果是唯一确定的，不用刻意在意盈亏。盈亏的数据统计自然是会符合交易模型的。就像打仗，你若太在意士兵具体伤亡的人数是打不好的。你具体要知道的是在什么情况下怎么打——什么时候进攻、什么时候防守，最终才可以取得预期的胜利。

◆ 怎样才可以让盈亏比扩大？

就单笔交易来说，可以以盈利空间来推算风险空间，也可以以风险空间来推算盈利空间，例如以风险空间推算：

（1）下单前确定本单的周期是长线、中线，还是短线；

（2）根据（1）设相应范围的止损点；

（3）以重要阻力位、黄金分割等方法估计获利空间；

（4）放弃盈亏比不协调的机会。

如图，在16625，决定买进，须根据长中短线计划来决策出场位置：

① 超短线以16595止损，目标位16700；

② 短线以16550止损，目标位16800；

③ 中线以16120止损，目标位16270（不值得做）；

④ 长线以15640止损，目标位19700以上。

实际上单笔交易有很大的随机性。盈亏比是事后大量数据测试的总结果，就单笔盈亏具体值的设定有很大不确定性，更不具备概率特征。但是可以近似以盈亏比设定的思路编制完整的交易系统，如果一种交易方法从直观上都不能具备2.3∶1以上的盈亏比，则几乎不可能根据此编制出符合稳定盈利要求的交易系统。

橡胶 0511 合约 2004～2005 年走势

第六篇里我们讨论了把握趋势的重要性。而趋势相比于振荡最大的特点就是趋势的盈利空间很大。振荡走势本身的盈利空间就很小，按盈亏比设定的思路，如果最后能够盈利，风险就要控制在非常之小的范围，难度就大大增加了。

◆ 盈亏的四个阶段

在实际建立交易体系的过程中，投资者盈亏幅度的把握一般要经历四个阶段。

第一阶段：小盈大亏

对交易结果期望的理想化使得心理有“小盈”的倾向；对风险控制的漠视则是“大亏”的必然结果。

所谓“初生牛犊不怕虎”，许多新手在市场盈利的期待和诱惑下，贸贸然就杀入期货市场。一开始总觉得赚钱相当容易，人也很浮躁，一有盈利马上就平仓。每天都在计算，如果每天赚500元（和讯有个著名的圈子就叫“每天赚500”），一年我就可以赚12万，日子也还不错，我刚做期货的，不用贪心。

有一次突然发现：不对啊，我判断明明要涨的啊，为什么跌？我去搜一下网络、我去找一下专家——证明跌是暂时的。问了好多人，终于找到很多人看涨，给自己点信心。

直到越亏越多，经纪人提醒我，要注意风险控制了。想想算了，砍就砍吧。

第二阶段：大盈大亏

对行情判断的进步加长了持仓周期和持仓比例，知道风险控制但执行很难。盈亏都被放大，最终结果往往在一次失误中覆灭。

经历了亏损，开始学习专业的投资理念和投资技巧，开始了解止损和止盈的重要性。知道期货要赚钱，得把握大势。之前亏损掉的钱，希望一次性可以赚回来。于是埋头研究各种图标，埋头做各种技术分析，然后重仓介入高风险品种，持有大量隔夜单——每天享受赌博的快感。有时候资金增长快速，一度也可能翻上几倍。但是只要突然的一次失误，过夜就被封在反向的板里，心如刀割，万念俱灰。

第三阶段：小盈小亏

对市场已经形成的心理恐惧必然会导致盈亏都遭压缩。

对市场极度伤心，但是又很不甘心，直到一段时间之后经历了思想的折磨、资金的筹集和艰苦的学习，终于鼓起勇气重新进入期货市场。

这时候对风险已经没有什么承受能力，对市场非常认真、做单非常谨慎，也不敢留单过夜。严格执行交易计划，严格控制风险，资金安全放在了第一位。但是由于过度小心，盈利的单子也拿不长，控制住风险的同时，也限制住了盈利。这个阶段就从以前的无知无畏，变成畏首畏尾。越做越胆小的心理往往使资金无法长期增长，资金曲线也逐步变动到了“小盈小亏”。

第四阶段：大盈小亏

交易理念上升为交易哲学的过程。

经过长时期的磨炼，经历了大牛市——→大熊市——→大牛市的完整轮回，投资者才对机会和风险有到位的认识，才分得清什么时候该坚持、什么时候该放弃。到了这个阶段，适合本人的完整的交易系统已经建立，盈亏亦尽在掌握之中，开平有序、进退自如。不需要再预期盈利和亏损的具体金额，资金曲线呈稳定上涨的趋势。

总的看来，交易是个艰辛的过程，历练的过程不可缺少。这四个阶段，前三个阶段都有可能直接将你账户的资金彻底吞噬，如此你就没有办法到达第四个阶段。但是如果你从一开始就端正投资观念，严格规范自己的交易行为，那么前三个过程是可以跳过或是快速走过的。唯有到达了第四阶段，即稳定盈利，钱生钱的美好生活才从此开始。

【本篇小结】

1. 传统设置止损的方法只限定亏损，没有给出盈利目标。
2. 盈亏比和盈亏空间有相关性。
3. 以盈亏平衡公式限定交易。
4. 盈亏的成长分四个阶段。

【告兵法读者】

1. 不要机械地设置止损。
2. 将自己的交易系统化。
3. 诊断自己的交易盈亏模式。

期货兵法 Qi Huo Bing Fa

《期货兵法》十三篇（之八）——“调遣之法”

志曰：你不能控制市场的走势，但你可以控制手中的资金

——灵活运用资金

金融是什么？其实金融就是资金游戏。通过各种包装，来获得实质性的资金需求：现金、权益、资产。

参与到期货市场，可能真正对铜、玉米、小麦等品种感兴趣的人很少，来这个市场自然是冲钱来的。

基督教认为，唯一可以和上帝抗衡的东西，就是财力。

玩转三金（黄金 Gold、黑金 Oil、美金 Dollar），就等于玩转上帝（GOD）！

没有什么比金融衍生品的资金管理更具有魔幻色彩了。灵活的交易模式，让资金管理成为期货交易中最深的学问。难怪说期货是经济的最高形式！

战争，怎么样利用自己有限的实力去获得最大的胜利？——全在于主帅如果调兵遣将、如何排列组合、如何首尾照应、如何聚散有序。

调遣得当，千骑铁甲，可胜百万雄兵。

◆ 资金管理的重要性远远超过趋势和止损

例：一个赌徒，1 赔 1 赌硬币正反。起初押 100 元，假定运气（或技术）好，赢了第一次，赌注变 200 元；再对，变 400 元；以此类推……n 次都对，共获得 100×2^n 元。

如第 n+1 次输了，则全部赔光。所以，即使一个人判断行情正确率达到 99.99%，如果缺少好的资金管理模式，仍旧可能一招错而全盘皆输。简单来说，资金管理在整个交易过程中拥有“一票否决权”。

◆ 为什么期货资金可以灵活运用？

以下是 4 个主要方面的特点，是股票交易不能实现的（我们会在《股票和期货的108个差别》中用多个章节详细展开讨论）。

1. “T+0”的交易制度

当天开仓，当天就可以平仓；然后可以再开仓……理论上单笔资金一天可以成交无数次。即100万资金如果一天交易100次，可以产生相当于1亿元资金的流量。

2. 双向交易机制——做多、做空

多、空交易均可开仓，交易机会增加一倍。资金可以为多头属性，也可以马上变成空头属性。同一品种的多个合约，也可以部分做多，部分做空，形成套利交易。

3. 保证金制度

期货采用10%左右的保证金制度，在交易中只需要支付交易额10%左右的资金就可全额进行交易。如果最大限度地使用保证金的杠杆功能，理论上可以动用本金十倍的资金，即100万资金最大可以持有1000万资金的头寸。对于这种杠杆机制，你可以选择使用，也可以不使用。

4. 浮动盈利可以加仓

期货浮动盈利的部分可以作为新的可用资金参与交易，大大增加了交易的后备资金（详见以下“口袋理论”）。

◆ 口袋理论

期货有三个口袋：第一个口袋放可以划出账户又可建仓买卖的钱；第二个口袋放筹码（买单或卖单）和对应的保证金；第三个口袋放浮动盈亏。

1. 持有期货买单合约的情况

当价格上涨时会出现浮动盈利：

浮动盈利 = 持仓筹码的保证金 × 价格涨幅 × 10

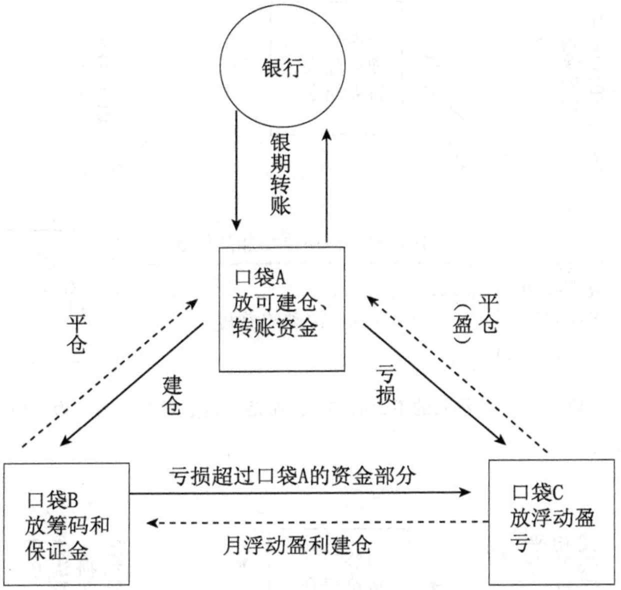

注：以上期货账户三个口袋之间关系的说法是简化的，不一定完全准确，这么说是为了方便读者理解。而由于期货价格的涨跌会影响持仓筹码所需保证金的多少，实际上浮动盈亏对各个口袋中资金的影响是比较复杂的。

由于价格上涨，持仓筹码的保证金也需要增加，因此在口袋C中显示的浮动盈利的1/10会被冻结在口袋B中，作为持仓筹码所需增加的保证金，另外的9/10则作为可用浮动盈利（可用于加仓）。也就是说整个账户，可加仓的资金增加了浮动盈利的9/10。

当价格下跌时会出现浮动亏损：

浮动亏损 = 持仓筹码的保证金 × 价格跌幅 × 10

由于价格下跌，持仓筹码所需的保证金就减少了，因此口袋C显示的浮动亏损的1/10对应的是持仓筹码保证金的减少部分，是直接从口袋B中扣除的，另外的9/10则扣除口袋A中的可用资金。如果口袋A资金不够，不够的部分会从口袋B中的保证金中扣除。也就是说，口袋A依然有余额的情况下，整个账户可加仓的资金减少了浮动亏损的9/10。

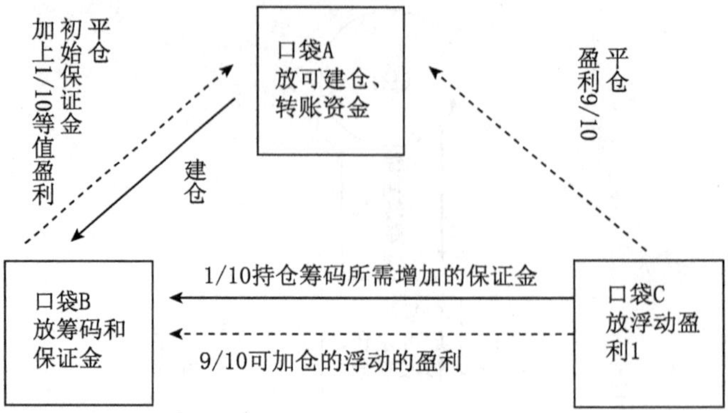

注：此处浮动盈利“1”，代表的不是数量1，而是一定数量的金额，为了便于分析而用“1”替代。

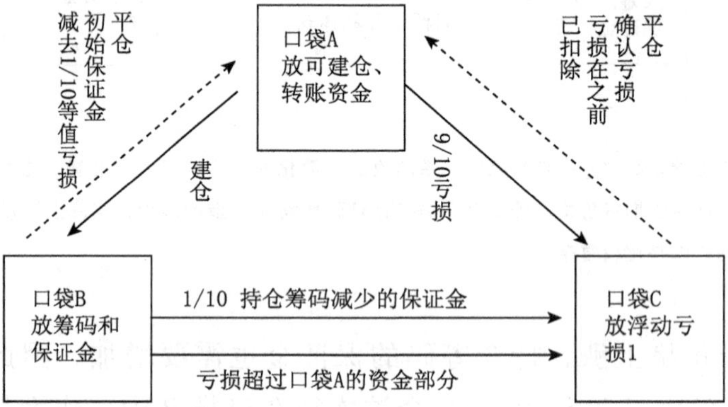

2. 持有期货卖单合约的情况

当价格上涨时会出现浮动亏损：

浮动亏损 = 持仓筹码的保证金 × 价格涨幅 × 10

由于价格上涨，持仓筹码所需的保证金也需要增加，因此除了口袋 C 中显示的浮动亏损的全部要在口袋 A 中扣除，还需要从口袋 A 中扣除持仓筹码因价格上涨所需增加的保证金，划入口袋 B（增加的保证金 = 浮动亏损的 1/10）。如果口袋 A 资金不够，不够的部分会从口袋 B 中的保证金中扣除。也就是说，口袋 A 依然有余额的情况下，整个账户可加仓的资金减少了浮动亏损的 11/10。

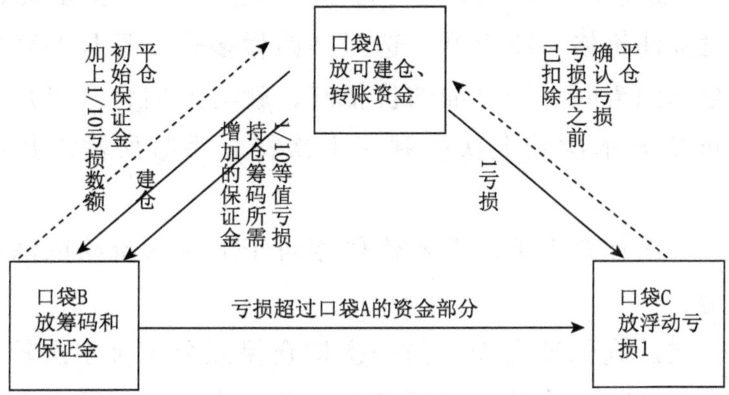

当价格下跌时会出现浮动盈利：

浮动盈利 = 持仓筹码的保证金 × 价格跌幅 × 10

由于价格下跌，持仓筹码的所需的保证金也就下降了，因此除了口袋 C 中显示的浮动盈利可用（可用于加仓），口袋 B 中持仓筹码因价格下跌所多出来的保证金会划入口袋 A 中，作为可用资金（减少的保证金 = 浮动盈利的 1/10）。也就是说整个账户，可加仓的资金增加了浮动盈利的 11/10。

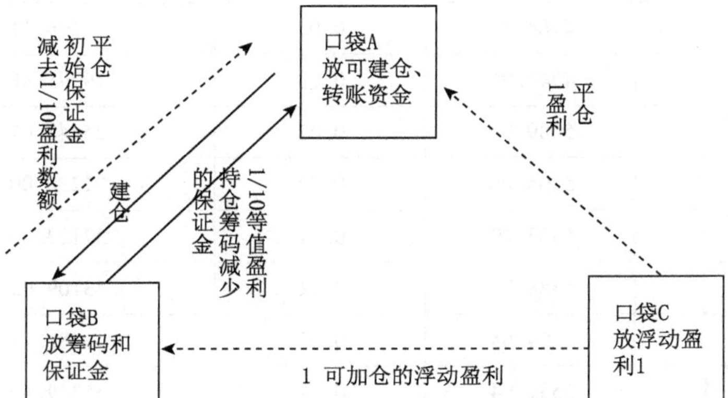

让我们举两个例子来具体阐述期货浮动盈利不断用于加仓的理论收益（假定最小变动价位为无限小）：

1）豆油期货 4000 元/吨（每手 10 吨），账户初始资金 4000 元，假设豆油价格一路上升，选择一路做多；并且只要账户可加仓的资金达到当时 1 手豆油的价格时，就马上加仓（可加仓资金 = 本次价格 = 本次较上次盈利 - 上次持仓手数所需增加的保证金）。

则每一次加仓 1 手，需要价格相对于上一次价格的涨幅的计算方程为：

前一次持仓保证金 M + 前一次持仓保证金 M × 本次较上次涨幅 X × 10 = （前一次持仓保证金 M + 前一次持仓保证金 M × 本次较上次涨幅 X）÷ 前一次总持仓数（N - 1）× 本次总持仓数 N

即第一次加仓所需的涨幅为：

$$4000 + 4000 \times X \times 10 = (4000 + 4000 \times X) \div 1 \times 2$$

$$X = 1/8 = 12.5\%$$

总持仓手数（N）	价格（P）	较上次涨率（X）	总资金即总持仓保证金（M）
1	4000.00	0.00	4000.00
2	4500.00	0.12	9000.00
3	4764.70	0.05	14294.11
4	4947.96	0.03	19791.85
5	5089.33	0.02	25446.67
6	5205.00	0.02	31230.00
7	5303.20	0.01	37122.45
8	5388.74	0.01	43109.95
9	5464.64	0.01	49181.77
10	5532.94	0.01	55329.49
……	……	……	……
259	7991.39	0.00	2069770.42
260	7994.82	0.00	2078653.55
261	7998.23	0.00	2087540.48

续表

总持仓手数（N）	价格（P）	较上次涨率（X）	总资金即总持仓保证金（M）
262	8001.64	0.00	2096431.20
263	8005.04	0.00	2105325.69
264	8008.42	0.00	2114223.94

如果价格一路上升，可据此得出：当价格涨一倍的时候，理论盈利是 (2096431.206 − 4000) ÷ 4000 = 523.1 倍

2）豆油期货 8000 元/吨（每手 10 吨），账户初始资金 8000 元，假设豆油价格一路下跌，选择一路做空；并且只要账户可加仓的资金达到当时 1 手豆油的价格时，就马上加仓（可加仓资金 = 本次价格 = 本次较上次盈利 + 上次持仓手数减少的保证金）。

则每一次加仓 1 手，需要价格相对于上一次价格的跌幅的计算方程为：

前一次持仓保证金 M + 前一次持仓保证金 M × 本次较上次跌幅 X × 10 =（前一次持仓保证金 M − 前一次持仓保证金 M × 本次较上次跌幅 X ）÷ 前一次总持仓数(N − 1) × 本次总持仓数 N

即第一次加仓所需的跌幅为：

$$4000 + 4000 \times X \times 10 = (4000 - 4000 \times X) \div 1 \times 2$$

$$X = 1/12 = 8.33\%$$

总持仓手数（N）	价格（P）	较上次跌率（X）	总资金即总持仓保证金（M）
1	8000.00	0.00	8000.00
2	7333.33	0.08	14666.66
3	7014.49	0.04	21043.47
4	6808.18	0.02	27232.73
5	6656.89	0.02	33284.45
6	6538.01	0.01	39228.10
7	6440.43	0.01	45083.05
8	6357.86	0.01	50862.92

续表

总持仓手数（N）	价格（P）	较上次跌率（X）	总资金即总持仓保证金（M）
9	6286.42	0.01	56577.86
10	6223.56	0.01	62235.65
……	……	……	……
1232	4001.10	0.00007	4929356.08
1233	4000.80	0.00007	4932993.17
1234	4000.51	0.00007	4936630.00
1235	4000.21	0.00007	4940266.56
1236	3999.92	0.00007	4943902.85
1237	3999.62	0.00007	4947538.88

如果价格一路下跌，可据此得出：当价格跌一半的时候，理论盈利是（4940266.565 − 8000）÷8000 = 616.5 倍

在价格呈现单边剧烈走势时，由于期货的“口袋”特点，使得在盈利头寸上不断加仓有了产生超额收益的可能（我们放在《股票和期货的 108 个区别》里详细讨论）。

◆ 盈亏不对称理论

在期货的投资资金数额一定的前提下，盈利和亏损是不对等的，而且永远是盈利更难。这在风险承受度的设计上就十分关键。

我们从两个方面来分析这个问题：

1. 先盈后亏

设定总资金为 X，盈利比例为 y%，盈利 y% 后亏回本金的亏损比例为 k%

则：$k\% = X \times y\% / X(1 + y\%)$

即：$k = y/(100 + y)$

而且 $y\% - k\% = k\% \times y\% > 0$

即：$y > k$

我们以总资金 X 为 100 万元为例，列出以下表格：

盈利或亏损金额	盈利率 y%	亏损率 k%	盈亏难度比 y/k
1 万	1%	0.99%	1:0.99
2 万	2%	1.96%	1:0.98
5 万	5%	4.76%	1:0.95
10 万	10%	9.09%	1:0.91
20 万	20%	16.67%	1:0.83
50 万	50%	33.33%	1:0.67
100 万	100%	50.00%	1:0.50
200 万	200%	66.67%	1:0.33
500 万	500%	83.33%	1:0.17
1000 万	1000%	90.91%	1:0.09
……			
∞	∞	100%	∞

2. 先亏后盈

设定总资金为 X，亏损比例为 k%，亏损 k% 后盈回本金的比例为 y%

则：$y\% = X \times k\% / X(1 - k\%)$

即：$y = k/(100 - k)$

而且 $y\% - k\% = k\% \times y\% > 0$

即：$y > k$

我们以总资金 X 为 100 万元为例，列出以下表格：

盈利或亏损金额	亏损率 k%	盈利率 y%	盈亏难度比 y/k
1 万	1%	1.01%	1:0.99
2 万	2%	2.04%	1:0.98
5 万	5%	5.26%	1:0.95
10 万	10%	11.11%	1:0.90
20 万	20%	25.00%	1:0.80
50 万	50%	100.00%	1:0.50
80 万	80%	400.00%	1:0.20

续表

盈利或亏损金额	亏损率 k%	盈利率 y%	盈亏难度比 y/k
90 万	90%	900.00%	1:0.10
95 万	95%	1900.00%	1:0.05
98 万	98%	4900.00%	1:0.02
99 万	99%	9900.00%	1:0.01
100 万	100%	∞	∞

从上面两个表格我们可以发现：

（1）盈亏难度比恒大于1，即赚钱难度永远比亏钱大；

（2）盈亏比例越小，越接近1，即盈亏值最小的时候，盈亏难度也越接近；

（3）在先盈利的情况下，要注意保护本金，不要亏回本金之下；

（4）先亏损的幅度一定要控制，一旦亏损较大，赚回来的难度会非常大；

（5）先盈后亏相同金额比先亏后盈相同金额保持盈利更容易；

（6）以期货基金平均年收益预期在30%左右来看，资金累计回撤额度应尽力控制在20%～30%以内，这样一旦资金亏损达到30%，通过一年的时间也许可以挽救。

◆ 期货交易的仓位设置

1. 风险角度

（1）如果仓位越小，同等行情下，单笔风险越小（趋于0%的仓位风险度最低）。

（2）10%以下资金买入做多的话，无论行情如何下跌（即使商品价格跌到0），资金权益仍然是正数。

用数学表达式说明：

X 为总资金，d% 为下跌幅度，用 10% X 资金进行交易，

期货亏损总额为（1/10%）× d% × 10% X = d% × X

d 值区间为 0 ~ 100，所以 d% × X 必然为正值。

当使用资金小于 10%，则亏损值更小。

（3）p% 资金卖出做空的话，行情涨幅度达到 10/p 倍以上的时候，仍然可能爆仓。

用数学表达式说明：

X 为总资金，u% 为上涨幅度，用 p% X 资金进行交易，

期货亏损总额为（1/10%）× u% × p% × X = 10 × u% × p% × X

u 值区间为 0 ~ ∞，所以在 u% > 10/p 时，亏损总额会超过本金。

2. 收益角度

（1）盈利的话，同等行情下，仓位越大越好（趋于 100% 的仓位盈利率最高）。

（2）即使最终盈利，中间要经得起回撤。即每次开仓的数量在实现增长前是能保持一致的，否则盈利的可能会大大降低。比如 100 万回撤到 10 万，回撤幅度是 90%，而 10 万赚回 100 万，盈利率就是 900%。

3. 综合角度

（1）仓位不能过大（仓位过大则风险大），也不能过小（仓位过小则收益小）。

（2）资金要有合适的使用率（尽量 60% ~70% 以上）。

（3）我们可以做一个投资组合，每个品种 10% 资金，组合 7 个品种；或者每个品种 7% 资金，组合 10 个品种。总之 N 个品种（N 值区间为 3 ~ 30），每个品种 p% 资金（p 值区间为 2% ~ 20%），使得 N × p 值趋向区间 60 ~ 70。

这里面或许有个疑问，从风险的角度看，60% 的风险显然是太大了。那就用“交叉融资理论”来解决这个疑问。

◆ 交叉融资理论

持仓和现金都可以作为非同一性质的交易准备金。

我们先看一下到底应该用多少比例的资金操作一个品种会安全呢？

例如，某参数均线系统经过 50 年的数据测试，有这么几个数据：

1. 正确率 40%；
2. 单笔最大回撤率 120%；
3. 最大连续回撤率 300%；
4. 最大连续盈利次数 6 次；
5. 最大连续亏损次数 8 次；
6. 平均盈利率 80%；
7. 平均亏损率 20%；
8. 平均交易频率 10 次/年；
9. 最大回撤周期 8 个月。

我们不难发现，这是一个盈利的系统。而且年盈利率为（80% ×40% －20% ×60%）×10 =200%

推算一下比例：

1. 如果 100% 资金投入，出现一次性回撤 120% 的事件的话，本金将亏光，并且亏光后不得翻身。

2. 如果 10% 资金投入，可以顺利达到 200% ×10% =20% 的收益。但是收益偏低，而且期货保证金交易的功能丝毫没有体现，相当于在做现货买卖。

3. 如果 33% 以上资金投入，遇到最大的连续亏损的话，也可能全部亏光。

一般我们设置某账户资金的风险极限为 30%，这样的话，单

笔投入的保证金占总资金比例、单笔亏损占保证金比例和最大连续亏损次数之积应为30%

单笔保证金占总资金比例	单笔亏损占保证金比例	最大连续亏损次数
30%	100%	1
30%	50%	2
30%	10%	10
10%	100%	3
10%	50%	15
10%	10%	30
3%	100%	10
3%	50%	20
3%	10%	100

实际交易中可以发现，连续亏损达到30次的可能性是存在的。所以想要彻底规避回撤至风险底线的风险，应该选择单笔交易保证金小于10%，单笔亏损占保证金比例小于30%的交易方式。

我们在前面讨论过了，对于单个品种来说10%的持仓是安全的；那么用另外10%组合第二个品种，把仓位加大到20%，是否把风险也增加了一倍呢？

——不是的。

理由如下，我们把两个品种分别定义成A和B：

1. 只有A持仓的情形下，空余90%资金，A是安全的；

2. 因为A本身的风险是控制的（10%～50%，一般不超过100%），所以对于A来说，至少有连续亏损20～100次的空间，而很快用到这20～100次的可能性非常小。

3. B另使用的10%资金可以看做临时借用。因为期货资金是可以随时兑现的，一旦出现风险，仍然可以平仓后随时兑现现金。

4. A、B是不同品种，不同时间进场，也不同时间出场，相互可以独立。

5. 用10%资金做A之后，再用10%的资金做B，对整个账户来说增加的风险很微小，而且是完全可控的。同样道理再用另外4个10%的资金分别做C、D、E、F品种，增加的风险也是有限的、可控的。

6. 只用一笔资金做完A再做B再做C，和用三笔资金同时做A、B和C，对整个账户来说其交易累计的正确率、风险率都是一样的。重点是——同时交易，争取了更多资金、争取了更多时间，更重要的是争取了更多盈利的空间。

◆ 拆分加减仓理论

传统加减仓理论认为，金字塔式加仓风险小，倒金字塔加仓风险大。

其实无论金字塔式还是倒金字塔加仓，都是加大风险的（因为叠加仓位）。

按照第二篇的投资组合理论，如果把多个交易系统叠加起来，加减仓就不是刻意地加大风险，反而会减小风险、增加收益。

举个例子：

以短期均线上穿长期均线为买进点，以短期均线下穿长期均线为卖出点（这里的系统属于在市系统，即永远有持仓。买进点的操作为空单平仓同时多单开仓；卖出点的操作为多单平仓同时空单开仓）。

1. 调整均线的参数，可以得出很多的具体交易指令。比如给出其中4个（ma代表均线，数字代表日参数）：

①ma5上穿ma10，买进；ma5下穿ma10，卖出；

②ma5上穿ma20，买进；ma5下穿ma20，卖出；

③ma5上穿ma40，买进；ma5下穿ma40，卖出；

④ma5上穿ma60，买进；ma5下穿ma60，卖出。

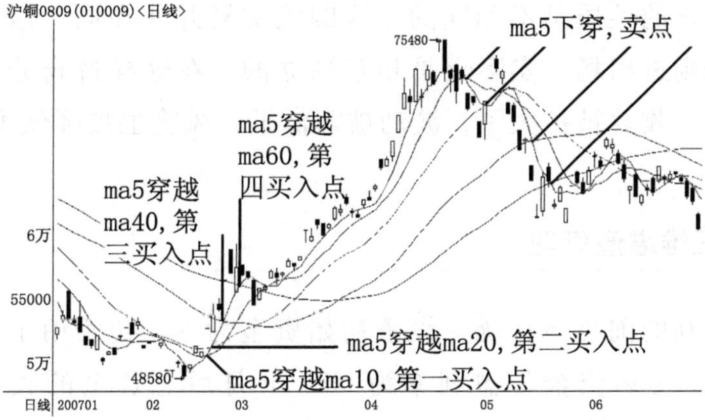

2. 在一波行情由空头转向多头的过程中，短期均线 ma5 最早发生转折，其后依次是 ma10，ma20，ma40，ma60，所以四个买进点依次出现。在空单依次变为多单的过程中，有以下几点变化：

（1）空单数量逐渐变少；

（2）多单数量逐渐变多；

（3）总持仓数量不变；

（4）在持仓都为同向的情形下，收益一般呈现增长，在多空持仓转变的过程中，收益会有小幅度回撤或停止不前。

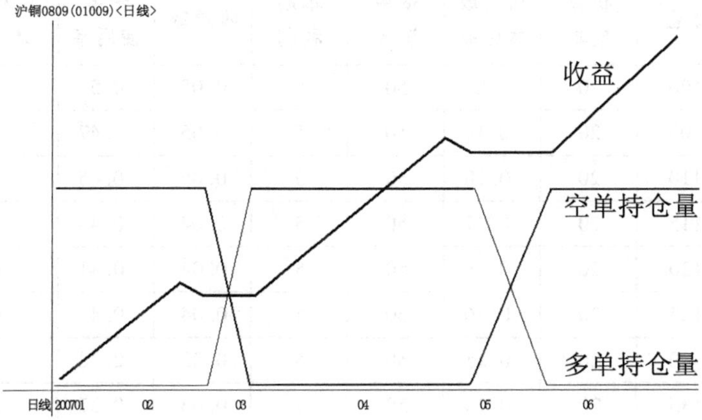

（5）随着空头持仓向多头转变的结束，收益又重新呈现增长。在整个过程中，看似一个多头不断“加仓”的过程。这和传

统的加减仓的性质是不相同的。这四笔交易并非在同一时间，按照同一规则进出场，实际上是相互独立的。在这样持仓分开的投资组合下，收益被扩大了，波动被降低了，风险也被降低了。

◆ 资金三维增值模型

在盈利的前提下，统一设置初始资金为 X，初始用于交易的资金为 x，交易资金月盈利率为 t%。n 月后总资金的收益率为 ξ_n%，当期资金收益率 μ%，最大回撤率 h%，账户可承受最大风险为 r%，风险使用系数为 λ，交易资金的最大亏损不能超过账户可以承受的最大风险，则 x × h% = X × r%。

1. 算术增长

用于交易的资金量始终是固定的。例如 100 万资金，始终只使用 50 万保证金，无论资金增长至多少，始终只用 50 万资金交易。

收益率 $\xi_n\% = x \times n \times t\% / X = n \times r \times t\% / h$

操作时间	本金	机会成本	机会成本比率	使用资金	本期利润	收益率	资金使用率	最大风险下本金剩余
1	100	20	0.2	50	5	0.05	0.5	80
2	105	20	0.19	50	5	0.05	0.47	85
3	110	20	0.18	50	5	0.05	0.45	90
4	115	20	0.17	50	5	0.04	0.43	95
5	120	20	0.16	50	5	0.04	0.41	100
6	125	20	0.16	50	5	0.04	0.4	105
7	130	20	0.15	50	5	0.03	0.38	110
8	135	20	0.14	50	5	0.03	0.37	115
9	140	20	0.14	50	5	0.03	0.35	120
10	145	20	0.14	50	5	0.03	0.34	125
11	150	20	0.13	50	5	0.03	0.33	130

续表

操作时间	本金	机会成本	机会成本比率	使用资金	本期利润	收益率	资金使用率	最大风险下本金剩余
12	155	20	0. 13	50	5	0. 03	0. 32	135
13	160	20	0. 12	50	5	0. 03	0. 31	140
14	165	20	0. 12	50	5	0. 03	0. 30	145
15	170	20	0. 12	50	5	0. 02	0. 29	150
16	175	20	0. 11	50	5	0. 02	0. 28	155
17	180	20	0. 11	50	5	0. 02	0. 27	160
18	185	20	0. 11	50	5	0. 02	0. 27	165
19	190	20	0. 11	50	5	0. 02	0. 26	170
20	195	20	0. 10	50	5	0. 02	0. 25	175
21	200	20	0. 10	50	5	0. 02	0. 25	180
22	205	20	0. 10	50	5	0. 02	0. 24	185
23	210	20	0. 10	50	5	0. 02	0. 23	190
24	215	20	0. 09	50	5	0. 02	0. 23	195

说明：

本表格设置举例：本金 100 万元，固定机会成本为 20 万元。使用资金亏损极限为 40%，使用资金的盈利率为 10%/月。

2. 几何增长

用于交易的资金比例始终是固定的。例如 100 万资金，始终以 50% 资金交易，则第一次投入的资金为 50 万。如果盈利到 105 万，则下一周期用 52. 5 万进行交易。

$$收益率\ \xi_n\% = (rt\%/h)^n$$

操作时间	本金	机会成本	机会成本比率	使用资金	本期利润	收益率	资金使用率	最大风险下本金剩余
1	100. 00	20. 00	0. 4	50. 00	5. 00	0. 05	0. 5	80. 00
2	105. 00	21. 00	0. 4	52. 50	5. 25	0. 05	0. 5	84. 00
3	110. 25	22. 05	0. 4	55. 12	5. 51	0. 05	0. 5	88. 20
4	115. 76	23. 15	0. 4	57. 88	5. 78	0. 05	0. 5	92. 61
5	121. 55	24. 31	0. 4	60. 77	6. 07	0. 05	0. 5	97. 24
6	127. 62	25. 52	0. 4	63. 81	6. 38	0. 05	0. 5	102. 10
7	134. 00	26. 80	0. 4	67. 00	6. 70	0. 05	0. 5	107. 20

续表

操作时间	本金	机会成本	机会成本比率	使用资金	本期利润	收益率	资金使用率	最大风险下本金剩余
8	140.71	28.14	0.4	70.35	7.03	0.05	0.5	112.56
9	147.74	29.54	0.4	73.87	7.38	0.05	0.5	118.19
10	155.13	31.02	0.4	77.56	7.75	0.05	0.5	124.10
11	162.88	32.57	0.4	81.44	8.14	0.05	0.5	130.31
12	171.03	34.20	0.4	85.51	8.55	0.05	0.5	136.82
13	179.58	35.91	0.4	89.79	8.97	0.05	0.5	143.66
14	188.56	37.71	0.4	94.28	9.42	0.05	0.5	150.85
15	197.99	39.59	0.4	98.99	9.89	0.05	0.5	158.39
16	207.89	41.57	0.4	103.94	10.39	0.05	0.5	166.31
17	218.28	43.65	0.4	109.14	10.91	0.05	0.5	174.62
18	229.20	45.84	0.4	114.60	11.46	0.05	0.5	183.36
19	240.66	48.13	0.4	120.30	12.03	0.05	0.5	192.52
20	252.69	50.53	0.4	126.34	12.63	0.05	0.5	202.15
21	265.32	53.06	0.4	132.66	13.26	0.05	0.5	212.26
22	278.59	55.71	0.4	139.29	13.92	0.05	0.5	222.87
23	292.52	58.50	0.4	146.26	14.62	0.05	0.5	234.02
24	307.15	61.43	0.4	153.57	15.35	0.05	0.5	245.72

说明：

本表格设置举例：本金 100 万元，固定机会成本为总资金 20%。使用资金亏损极限为 40%，使用资金的盈利率为 10%/月。

3. 线性增长

账户可以承受的风险资金的比例始终是固定的。例如 100 万资金，可以承受风险为 20%，则以 20 万为风险基准配置资金比例。如果账户盈利了 5 万，则可承受资金的风险为 25 万，以 25 万为风险基准配置资金比例。

收益率

（1）当 $(X\times r\% + x_{n-1}\times t\%)\times t\%\times\lambda/h\% < X_{n-1}$ 时，

$\mu_n\% = (X\times r\% + x_{n-1}\times t\%)\times t\%\times\lambda/(h\%\times X_{n-1})$

（2）当 $(X\times r\% + x_{m-1}\times t\%)\times t\%\times\lambda/h\% > X_{m-1}$ 时，

$\mu_n\% = t\%$

操作时间	本金	机会成本	机会成本比率	使用资金	本期利润	收益率	资金使用率	最大风险下本金剩余
1	100.00	16.00	0.40	40.00	4.00	0.04	0.40	84.00
2	104.00	19.20	0.40	48.00	4.80	0.04	0.46	84.80
3	108.80	23.04	0.40	57.60	5.76	0.05	0.53	85.76
4	114.56	27.64	0.4	69.12	6.91	0.06	0.60	86.91
5	121.47	33.17	0.4	82.94	8.29	0.06	0.68	88.29
6	129.76	39.81	0.4	99.53	9.95	0.07	0.77	89.95
7	139.71	47.77	0.4	119.43	11.94	0.08	0.85	91.94
8	151.66	57.33	0.4	143.32	14.33	0.09	0.95	94.33
9	165.99	68.79	0.4	165.99	16.59	0.10	1.00	97.19
10	182.59	82.07	0.4	182.59	18.25	0.10	1.00	100.51
11	200.85	96.68	0.4	200.85	20.08	0.10	1.00	104.17
12	220.94	112.75	0.4	220.94	22.09	0.10	1.00	108.18
13	243.03	130.42	0.4	243.03	24.30	0.10	1.00	112.60
14	267.33	149.87	0.4	267.33	26.73	0.10	1.00	117.46
15	294.07	171.25	0.4	294.07	29.40	0.10	1.00	122.81
16	323.47	194.78	0.4	323.47	32.34	0.10	1.00	128.69
17	355.82	220.66	0.4	355.82	35.58	0.10	1.00	135.16
18	391.41	249.12	0.4	391.41	39.14	0.10	1.00	142.28
19	430.55	280.44	0.4	430.55	43.05	0.10	1.00	150.11
20	473.60	314.88	0.4	473.60	47.36	0.10	1.00	158.72
21	520.96	352.77	0.4	520.96	52.09	0.10	1.00	168.19
22	573.06	394.45	0.4	573.06	57.30	0.10	1.00	178.61
23	630.37	440.29	0.4	630.37	63.03	0.10	1.00	190.07
24	693.40	490.72	0.4	693.40	69.34	0.10	1.00	202.68

说明：

本表格设置举例：本金 100 万元，机会成本为总资金承受最大极限的 80%，初始资金可以承受的最大风险为 20 万。使用资金亏损极限为 40%，使用资金的盈利率为 10%/月。

比较一下三种维度的资金策略：

1. 资金增量

（1）几何增长模式永远比算术增长模式快；

（2）线性增长模式——开始增长最慢，之后增长最快。

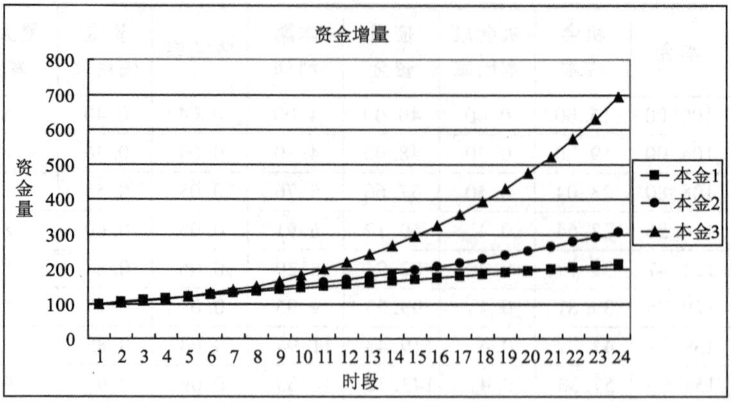

2. 风险

（1）一开始算术增长模式风险最大，第 3～11 个月风险最小，最终风险最大；

（2）一开始几何增长模式风险中等，第 2 个月风险最大，第 11 周期后风险最小，最终风险中等；

（3）一开始线性增长模式风险最小，第 3～22 个月风险最大，最终风险最小。

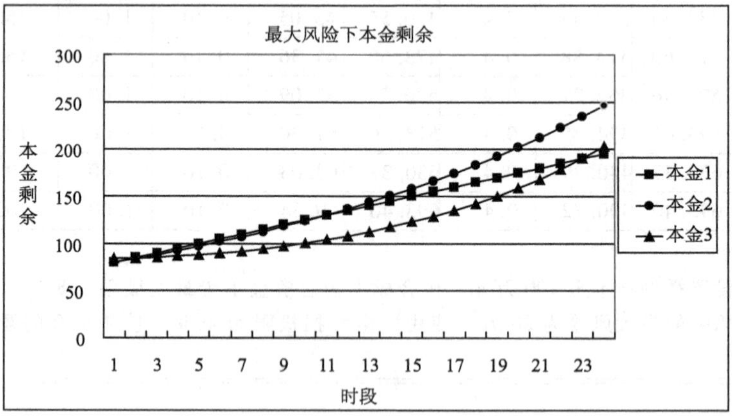

3. 资金使用率

（1）算术增长模式资金使用率越来越低；

（2）几何增长模式资金使用率永远不变；

（3）线性增长模式资金使用率一开始最小，之后最大。

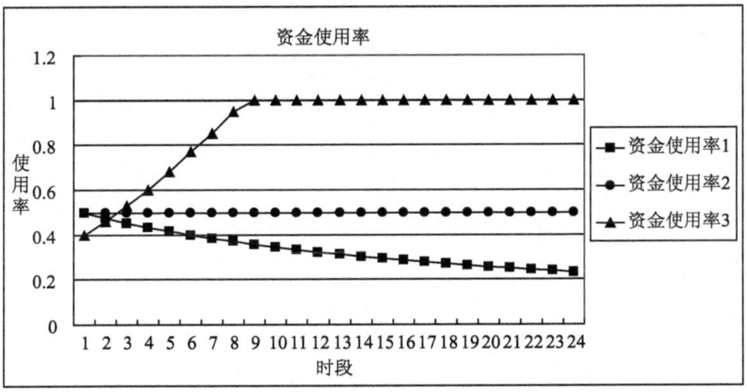

【本篇小结】

1. 资金管理在交易中的重要性是最高的。

2. 期货资金灵活的特点源于其特有的规则。

3. 期货特有的“口袋理论”——浮动盈利灵活运用。

4. 盈亏不对称理论：盈利永远比亏损难，可以通过资金管理改变盈亏系数。

5. 设置交易仓位是要平衡风险和收益。

6. 交叉融资理论：持仓可以互作风险准备金。

7. 拆分加减仓理论：拆分交易参数的加仓可以减小风险、增大收益。

8. 资金三维增值模型：线性增长模型最终将取得最高回报、最大资金使用率和最低风险。

【告兵法读者】

1. 规划自己交易的资金，远比规划行情重要得多。

2. 投资理财的本质就是资金管理，资金管理的能力直接决定了理财的结果。

期货兵法 Qi Huo Bing Fa

《期货兵法》十三篇（之九）——“行军之法”

志曰：做长线还是短线，交给市场决定

——把握交易节奏

日升月落，春去秋来，自然界的运行，遵循着自己的规律。

涨涨落落的K线，如同五线谱的音符，按照自己的节奏，谱写着动听的乐章。

一本曲谱，用不同乐器、不同节拍来演奏，所演奏出的音乐感受可能有很大差别。

我们在期货市场，又该用怎样的节拍去演奏呢？

《艾略特波浪理论》是本研究市场节奏的书，只是比较可惜，没有把交易的节奏阐述清楚，而把焦点集中在时间和点位的预测上，大大降低了实用价值。

期货交易中对长线和短线的界定从来都不是很清楚的，这给投资者造成了很大困惑，甚至有人得出了非常错误的结论：赚了我就马上走掉做短线；亏了我就放着做长线，熬到解套为止。

这种不控制风险的做法当然不值得一提，而且这样做的人过不了多久就会纷纷输光离场。我们所要讨论的是在盈利大于亏损的前提下如何设置交易频率。

行军打仗，讲究张弛自如——随势而动、随机应变，静如处子、动如脱兔。

◆ 期货的哪些特点在影响交易频率

1. 保证金交易特点：决定了期货不能像股票那样拿多久都可以，因为如果行情持续朝持仓相反的方向走而不注意风险控制的话，会产生巨大亏损，甚至爆仓；

2. “T+0”交易特点：决定期货的换手率很高，交易频率偏高（如锌合约换手率是200%～400%/天，即锌的合约市场平均持仓时间为1～2小时）；

3. 低手续费的特点：期货手续费为本金的1‰～4‰，交易费用基本可以忽略，交易频率一定程度上有所增加；

4. 当天平仓不收费的特点：客观上鼓励和促使交易者当天平仓做短线；

5. 到期交割的特点：决定期货合约的时间长度一般不会超过一年（豆一合约除外）；

6. 流动性集中移动的特点：决定期货每个主力合约存在的时间都不长（最长6个月，一般为1~2个月）。主力合约一旦移仓，原持有的期货合约将面临流动性不足的问题，一般情况下也得随之移仓；

7. 隔夜跳空的特点：决定期货不是可以无条件地做隔夜持仓的，否则今天涨停的持仓明天可能直接跌停，而没有可以控制风险的手段和过程。

◆ 定义长线和短线

1. “超长线”：平均持仓1个月以上的交易方式。

超长线比较难实现，有以下几点原因：

（1）合约会遇到流动性问题：尤其是工业品，换仓特别快，比如铜12个合约，基本上每个月都要换一次主力合约。如果持仓达到一个月以上，很快就会遇到流动性不足的问题，进得去，出不来。相对来说农产品活跃时间久一些，因为农产品一般有三个合约是活跃的——1月合约、5月合约、9月合约，平均可以活跃2~6个月。资金一旦迁仓之后，实际上是另一个独立的合约，所以超长线的可行性比较低。

（2）一旦持仓时间过长，比如持仓是2个月，按系统交易，如果有连续4笔亏损，单个品种连续亏损的时间就将长达8个月。

（3）超长线对进出场是极不敏感的，回撤幅度也可能达到持仓保证金的数倍，可能无法有效地控制风险。

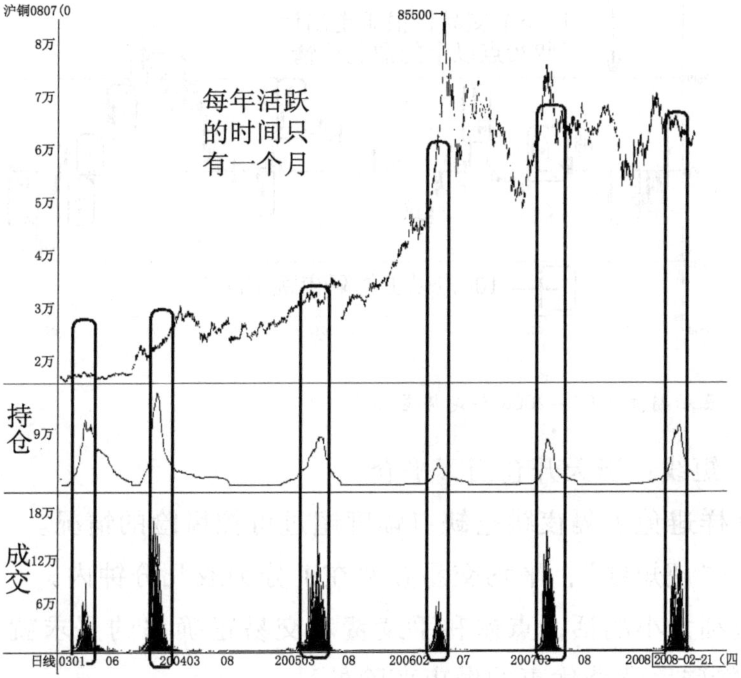

上海铜期货每年活跃时间示意图

2. 长线：持仓时间平均在一周以上至1个月。

长线是可以成立的，比如10天均线交叉20天均线的交易系统，信号发出频率为3周左右。

3. “中线”：平均持仓1～5天。

平均持仓1～5天是可能存在的，但其风险和回报的比例比较尴尬。

主要是因为隔夜可能产生的风险太大，而一周的平均回报未必能弥补损失。比如豆粕隔夜跳空缺口常有100点以上，但是1～5个交易日几乎无法达到230点的波动，即于风险报偿2.3倍的盈利（在第七篇已提到好的交易模式需具备2.3:1以上的盈亏比）。所以基本上按照1～5天的频率设计的交易系统在豆粕的品种上难以有长期稳定的收益。

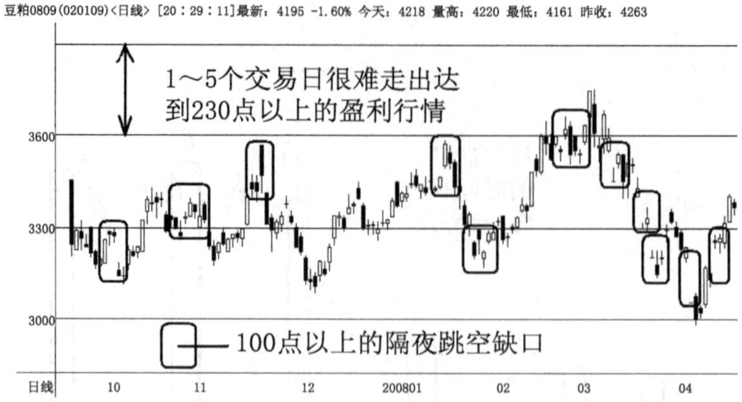

豆粕期货 2007～2008 年走势图

4. 短线：当天开仓当天平仓。

这样避免了隔夜跳空缺口幅度超过可控风险的情况。

5. “超短线”：平均交易频率在 1 分钟或几分钟内。

盈利太小的话，点差和手续费对交易正确率的要求就相当高（享有特殊手续费优惠的做市商除外）。

请见接下来详细阐释的“点差费理论”。

◆ 点差费理论

这边为了解释超短线交易成本，要引进两个概念——“点差费”及“点差费率”。

1. 点差费

其概念是：截取一个时点，在这个时点最低卖价和最高买价之间的差值（即点差），加上进、出场总的手续费，就是点差费。点差费代表在交易中即时进、即时出损失的金额总值。在一个活跃的市场，点差在绝大部分时间是基本等于最小跳动价位的；但是在一个不活跃的市场里，由点差产生的损失可能相当巨大。

举个例子：一个铜远期合约 CU0905，昨天结算价 60000，今天涨停板价 62400，跌停板价 57600。

情形 1：

最高买价	买量	最低卖价	卖量
60000	200	60010	200

情形 2：

最高买价	买量	最低卖价	卖量
57600	1	62400	1

在情形 1 中，为求立即成交可以买在 60010；如果要卖出，就卖在 60000。损失点差为 10 元/吨，即一手 50 元。损失手续费 180 元，点差费共 230 元。

在情形 2 中，为求立即成交则必须买在 62400；如果要立刻卖出，就卖在 57600。损失 4800 点，也就是每手 24000 元；损失手续费 180 元，点差费共 24180 元。

2. 点差费率

其概念是点差费与投资本金两者的比率。

点差费率 =（最小波动价位 × 每点金额 + 手续费）/投资本金

由公式可推出：

（1）最小波动点越小，则其点差费率越小；

（2）每点金额越小，则其点差费率越小；

（3）手续费越低，则其点差费率越低；

（4）投资本金越大，则其点差费率越小。

各品种点差费率见下表：

品种	最小波动点	每点金额	最小跳动金额	手续费	总费用	本金	点差费率	亏光次数
燃油	1.00	10	10	6	16	5000	0.0032	313
橡胶	5.00	5	25	15	40	12000	0.0033	300
豆油	2.00	10	20	18	38	10000	0.0038	263
豆	1.00	10	10	12	22	5000	0.0044	227

续表

品种	最小波动点	每点金额	最小跳动金额	手续费	总费用	本金	点差费率	亏光次数
铝	5.00	5	25	15	40	9000	0.0044	225
黄金	0.01	1000	10	90	100	20000	0.0050	200
糖	1.00	10	10	12	22	4000	0.0055	182
锌	5.00	5	25	45	70	10000	0.0070	143
铜	10.00	5	50	180	230	30000	0.0077	130
玉米	1.00	10	10	6	16	1700	0.0094	106

（取2008年初近似数据）

由表格一目了然：玉米、铜、锌的点差费率很大，在超短线交易中损失会很大。如玉米，即时进、即时出106次就会亏光本金。相对地，燃油、橡胶的点差费率最低。

◆ 长线 & 短线的优劣势比较

项目	长线	短线
周期	长	短
单笔回撤	大	小
连续亏损时间	长	短
手续费	少	多
要求关注度	低	高
网络、系统稳定要求	低	高
进出场时机要求	低	高
机会把握	少	多
杂波干扰	小	大
收益、风险	（不一定）	（不一定）
可能连续亏损次数	（不一定）	（不一定）

期货本质上是个偏短线的投资，这就是为什么说“做期货一年，像经历了人生十年”。

交易频率和交易系统的盈利能力有密切关系。交易频繁是在争取更多机会，以尽力满足“一定赚钱方法”中的“时间无限”的条件。长线交易是在节省市场成本。如果一个系统是可以盈利的，自然是频率高一些，最终收益相应也更高。

操作中，交易频率没有绝对。上述分析的是统计数据而非设计数据，长和短应该更多地由市场行为决定：趋势翻转了就马上砍仓（短线）；趋势持续就一直持有（长线）。

【本篇小结】

1. 期货的特性决定了期货是偏短线的交易。

2. 期货只有“长线”和“短线”在理论上是盈利的，而超长线、中线、超短线都几乎注定亏损。

3. 点差费率对交易频率的设计有重要的参考意义。

4. “长线”和“短线”也没有绝对，可以统一在一个账户中操作。

【告兵法读者】

1. 要对自己的交易频率有个衡量。

2. 设计交易频率时考虑实际点差费因素。

期货兵法 Qi Huo Bing Fa

《期货兵法》十三篇（之十）——“持久之法”

志曰：宁可做错，不可错过

——永远追随市场本质

期货看似简单。比如有一天某品种涨停，有人就想，我一年只做这一次，一次满仓就能有40%收益，也就够了。再比如豆油，去年到今年从5000涨到14000，满仓可以有三五百倍收益，一辈子只做这一单也够了。

事实是，这样的人还真的找不到。如果一开始就因偶然的运气有了高收益，因为人有着追求利益的本能，一般是不会马上收手的，反而会变本加厉增加投入。如果之前的收益是偶然的，靠运气的，那么利润是迟早要吐回去的。

那么如果静静守候，“在震荡的时候按兵不动，在趋势行情的时候大举跟进”，是不是一个最佳策略呢？

问题在于你并不知道什么时候是震荡，什么时候是趋势。震荡和趋势都是事后确定的。就同样是震荡来说，窄幅度震荡和宽幅震荡也很难界定。

震荡之中也会有趋势行情，趋势里面亦有震荡。

定义震荡和趋势的最好办法，就是从你趋势交易系统的历史账单中归纳——连续亏损的时期基本是震荡行情；连续盈利的时期基本是趋势行情。

“静静守候，看准趋势，把资金孤注一掷”在操作中有极大的不确定性。首先，“基本上所有人都是认为自己会盈利才下单，但是事实是大部分人都是亏损的”——从这点就很清楚，你所谓的“把握”没有增加。一年交易100次正确50次，和10年交易10次正确5次，正确的概率是一样的。

战争中将军不能因为害怕失败就永远按兵不动。时间和军力都是有限的，必须在严格控制风险的前提下把握每一个机会，才可以争取最终的胜利。

◆ 交易没有早晚，只有有无

做过模拟单或者仿真交易的人可能都知道，赚钱是比较容易的，翻几倍几十倍甚至数百倍的都大有人在。然而当大家满怀信心拿出自己厚厚的钞票来做实盘的时候，却发现远不如之前好做。

于是大家就得出了一个共同的结论：真钱比较怕亏，所以做不好。如果能把钱当成数字（就像模拟单和仿真单那样），就好做了。

想把钱当成数字，恐怕是不容易的事情：

——对于穷人，你亏不起。所以你赚的时候，你很紧张，一有钱赚就马上落袋为安；

——对于富人，你亏得起。所以你亏的时候，钱不当钱，只要不解套就死撑到底甚至还加仓。

举个例子：

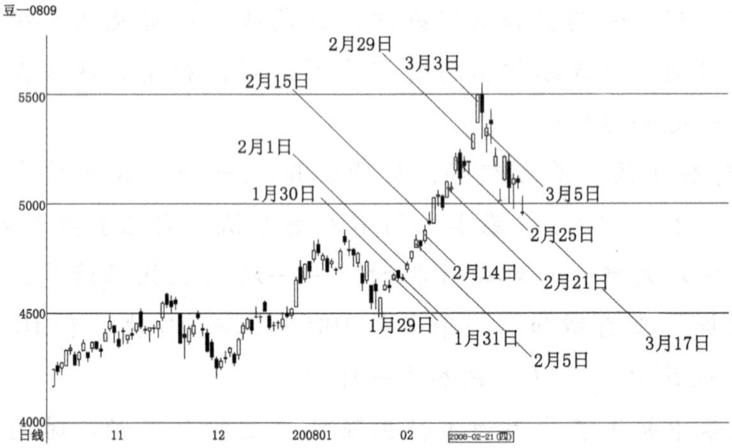

黄豆期货 2007～2008 年走势图

1 月 29 日。

客户 Y 问：可以买什么？

我说：豆，现在 4660。

Y说：等一等，我逢低买。

1月30日，豆到了4690。

我说：你可以买。

Y说：真后悔，昨天买就好了，今天已经涨起来了，等回调我就买。

1月31日，豆跌到4650。

我问：你买进去了吧？

Y说：没，调整没结束，肯定可以更低，我看看再买。

2月1日，到了4700。

我说：现在还可以买。

Y说：现在太高，等这次调下来我一定买，今天冲一下明天肯定会回调的。

2月5日，4850。

Y说：TMD怎么天天在涨？

我说：早告诉你可以买了！

Y说：是啊是啊，现在怎么看？

我说：怎么看？继续买啊！

2月14日，4890。

我问：怎么样，今天做进去了吧？

Y说：是啊。

我问：赚多少？

Y说：套住了！

我说：啊？今天一直涨也没调整过，怎么会亏呢？

Y说：我看它涨这么厉害，肯定要回调的，我空下去了……

2月15日，4950。

我问：砍了没有？

Y说：没关系，套一点无所谓，肯定要调的。

2月21日，5100。

Y问：怎么看啊？

我说：什么怎么看啊，不是明摆着的嘛，天天在涨啊！

Y问：还会涨吗？

我说：谁知道呢。

2月25日，5200。

Y说：我砍掉了。

我说：没关系。

Y说：你说得太准确了，都怪我没听你的，你现在怎么做？

我说：我4660的单子拿着，没动。

Y问：那现在做多还迟吗？

我说：一直都是多单啊，你想跟着我做的话，就买。

2月29日，5300。

我说：你一定还没买。

Y说：是啊，真可惜，又没来得及，你看会涨到多少啊？

我说：在还没结束之前，都是涨的。

3月3日，5400。

Y说：我买了，今天涨得真好。

我说：你已经漏掉750个点了，现在如果这笔是亏的你也不用后悔。

3月4日，暴跌至5300。

Y说：太倒霉了，我一买就跌下来。

我说：没关系，我也在缩水。

Y说：要砍吗？

我说：到5250我会出来。

Y说：那不一样啊，你的单子的成本是4660的，我的成本可是5400买的啊！

我说：一样，都是多单。

3月5日，5250。

我说：我出掉了。如果你跟着我做的话，现在也应该出。

Y 说：那不是亏啦？

我说：常事。

Y 说：我看还要上的。

3 月 17 日，价格跌回 5000。

……

每个人都可能遇见这样的尴尬：看到一波大行情天天大涨，因为没有在“低位”买，在“高处”就觉得“不胜寒”，不敢买；而看到位置很低的一直没涨的，就心安地买进去。结果是没买的涨得更凶，买进去的却始终不涨。

我们来一个个剖析下这些问题：

问题一：高位能不能涨？

比如 2004 年铜从 10000 到了 30000，历史高位，还能不能涨？因为它强，所以它涨。如果没到 30000，显然它在一定周期内向上涨 20000 点（到 50000）的概率要比向下跌 20000 点的概率（到 10000）的概率要大。所以即使赌博，赌涨赌跌的话，当然应该赌涨。

所以：高位能涨，而且涨的可能性很大。

问题二：高位向上空间小，向下空间大？

记住：高位的定义是每个人自己定义的。创新高是高位、接近前高点是高位、下跌中反弹了一大段也可以算是高位。有些人为了突出高的恐怖，还经常加上“历史高位”来吓唬投资者。在铜 2004 年到 2006 年的上涨中，几乎每天都是历史高位，你不敢买是吧？豆油从 2007 年 3 月以来，价格已经从 4900 最高涨到 14000，不断创出历史新高，你不敢买是吧？

往往，追涨杀跌总是赢面更高（详情可以参阅第六篇《歼敌之法》）。

问题三："高位"如果跌下来怎么办？——砍！

问题四：看着它一天天在涨，可以不买吗？

对一个紧密跟随市场的交易者来说，不可以！在线交易者是一定有持仓的，如果手上没有多单，就一定是空单。如果看着它涨手上没有多单，就等同你拿着空单，行情一天天上涨你却始终没有砍仓——是不可原谅的。

问题五：错过在低位的最佳买入时机，在高位买的话，是不是仓位少一点，止损就小一点？

不对！可能有人认为："我在4000买的，他在5000买的，最后大家到了4900都平仓，我是赚的他是亏的。所以在低位买的可以把止损设大一点，高位还要和低位设一样的止损的话，会赔死。"

投资因为有周期才有意义，任何单次的涨跌输赢都是随机事件而非概率事件，研究与运作随机事件就没有意义了。因此我们希望能把投资放到一个大的历史时间来看：

在一个历史时间之中，如果两个账户是用同一个系统交易的，只有一开始的进场时间有差别，后面就再无差别了。

我们可以令后进的账户补足这1000个点的盈利（想象假设以入金的形式注入账户），还有什么差别吗？

所以按一种方法交易，不管你是先买，还是因为某些原因后买，都一样操作就好：仓位相等，出场点位也相等。

人呢，往往喜欢和钱过不去，老是想着自己的成本是多少。

成熟的交易系统一定和成本是没有关系的。原因很简单：成本是你自己的操作决定的，行情是市场自己走出来的！

以你自身出发而不是以市场本身为编写系统的依据，未免就太"掩耳盗铃"了！

所以呢，你要买就买，要砍就砍。进和出没有差别，开仓和平仓也没有差别。止赢和止损本来就是一回事，早进晚进都是进。

只要关注现在的市场状况，不要想太久远的历史情况。

——交易没有早晚，只有有无。

◆ 倡导“持久持仓”理念的理由

概括地说，就是尽力争取去放大有限的时间和资金。

1. 期货品种少，大机会数量有限，持仓等于在争取更多的时间、更多的机会。

2. 期货只要抓住大行情，即使很小的仓位，也可以有惊人回报。

3. 期货有做多做空双向交易机制，上涨、下跌行情都可以获利。上涨的时候持多单，下跌的时候持空单。

4. 震荡和趋势是区分不清楚的，主观判断什么是震荡、什么是趋势有很大的不确定性。

5. 期货行情变化快，如果没有事先持仓，很容易错过。

6. 持仓的同时可以抓住每个行情，提高资金效率。

◆ 持仓须知

1. 分散组合前提；

2. 单个品种小仓位前提；

3. 平仓当即反手；

4. 抓住每个行情的代价是承担一切不利行情的亏损（前提是严格控制风险）。

只要系统模式是盈利的，持久持仓可以让你的资金效率得到最大发挥，并取得最终收益。

期货是场持久战，而非一次性赌博。所以不能靠运气，要有长期盈利的操作方式。

◆“市场本身出发”理念

因为市场是不可预测的，是按照趋势的，是我们交易所要依托的，所以一切应从市场本身出发。

1. 不以个人因素设置进出场

（详见上述“交易没有早晚，只有有无”）

2. 不以主观臆想设定盈亏值

每个人进出场和盈亏都不尽相同，进出场不是因为我们自己的单赚多少、亏多少，我们要做的仅仅是在市场趋势发生改变的时候相应地调整一下方向。

3. 预测、看法

即使你的看法非常有道理，可是一旦市场的走势超出了你的预估，你绝对不能怀疑市场，“小道消息”、“内幕消息”、“大户动向”都没有必要去看，价格本身的走势就可以最清晰地告诉你什么是消息。你要承认“存在即是合理的”，并做出相应的措施。

4. 保持节奏协调

和市场保持节奏协调，避免交易频率过高或过低。

5. 少看指标

市场最本质的东西是价格的变动，而非各种指标。指标都是经过价格处理的，有时代表的并不是价格本身。

威廉（LarryWilliams）是研究和创造指标最多的人，但是他自己也不敢使用自己的指标，更没有办法获利。

期货上常用的反趋向指标有：BIAS（乖离率）、KD或KDJ（随机指标）、RSI（相对强弱指标）、WR或LWR（威廉指标）、ROC（变动速率），等等。它们的本质是“反趋势”，即在一波上涨中给出“超买信号”、一波下跌中给出“超卖信号”。非常典型的逆势思想。为什么这样的指标居然还能存在并且那么多人还在使用？因为在震荡行情中，它们看上去还有“很高的正确率”。很多人的逆势思想，根源的罪魁祸首就是这些反趋向指标。

期货上常用的趋向指标有MA（均线）、MACD（指数平滑移动平均线）、BOLL（布林线）、RAIL（火车轨）、DMI（趋向指标）、PBX（瀑布线）、SAR（抛物转向）、BBI（多空指数）、DDI（方向标准离差指数）、DMA（平均线差）、MTM（动力指标），等等。趋向指标的原则是跟随市场趋势，这一点倒不像“反趋向”指标那么恶劣。但是，趋向指标仍然不及市场本身有效。我们以最常见最常用的指标均线来加以说明：

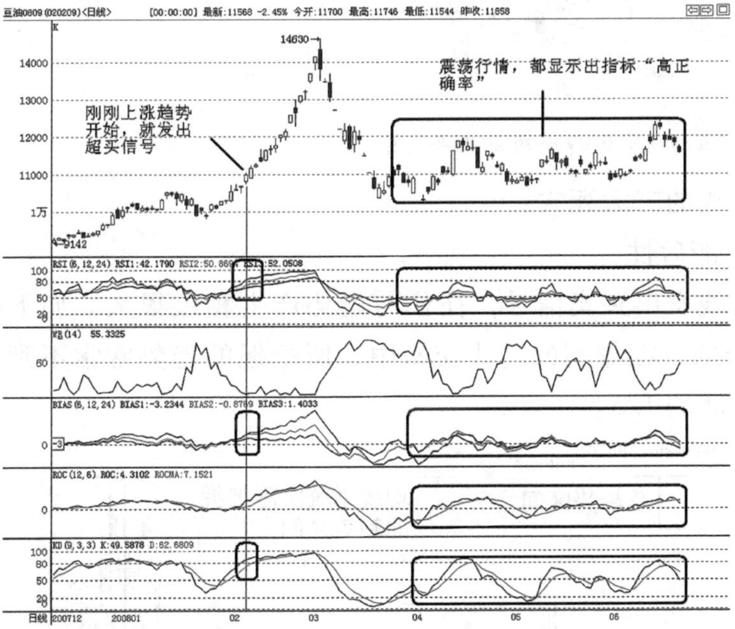

反趋向指标与行情研判

◆ 价格的重心——均线

均线是最古老也最好用的指标。其合理性在于：一能跟随趋势；二能去除杂波。和本书强调的趋势思维和市场节奏是一致的。

均线本身代表的是价格的重心。比如20天均线，就是将从今天向前数 20 天，每天的收盘价取平均值。这个价格代表这 20 天所有人交易的平均价格，即在此价格，所有人盈亏绝对值的总和最低。

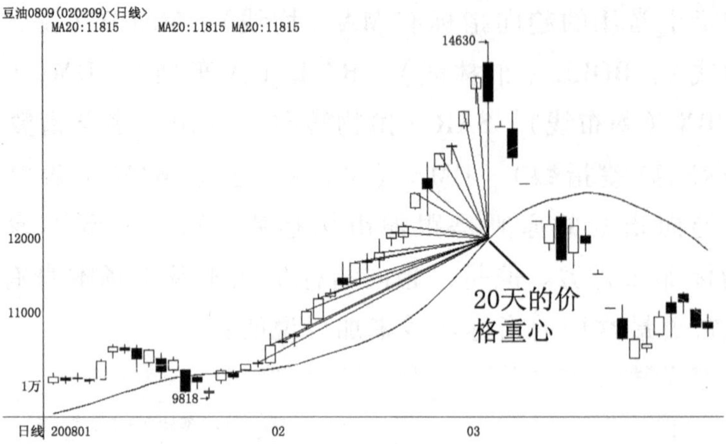

豆油期货 0809 合约 2008 年走势

均线的三大死穴：

1. 滞后性

均线发出买卖信号，往往与趋势产生相差很久。如下图白糖 0809 合约，在盈利的均线交易中，所把握的趋势常常不到总的高低点区间的 1/5。

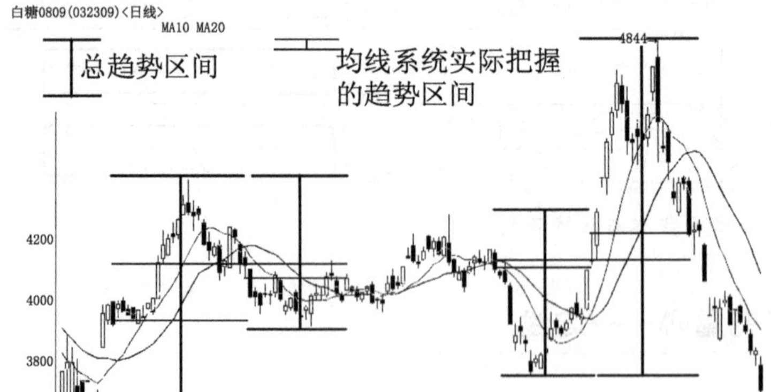

白糖 0809 合约 2007 ~ 2008 年走势

解决办法：使用短期均线。代价：高交易成本、承受杂波亏损。

2. 风险性

由于均线的不敏感，如果在某个不恰当的时点按均线进入，可能导致亏损额巨大。而且均线是不设定具体止损金额的，也就是说，单笔亏损额度是无法估量的。

如下图豆油 0809 合约，如果从 2008 年 3 月 3 日开始，以 10 日均线和 20 日均线交叉为买卖依据，则实际可能的亏损将达到 3250 点，即每投入 14152 元就要亏损 32500 元，亏损率达到 230%，即只要以 43% 以上仓位操作，就会爆仓。

解决方法：低仓位操作、投资组合。

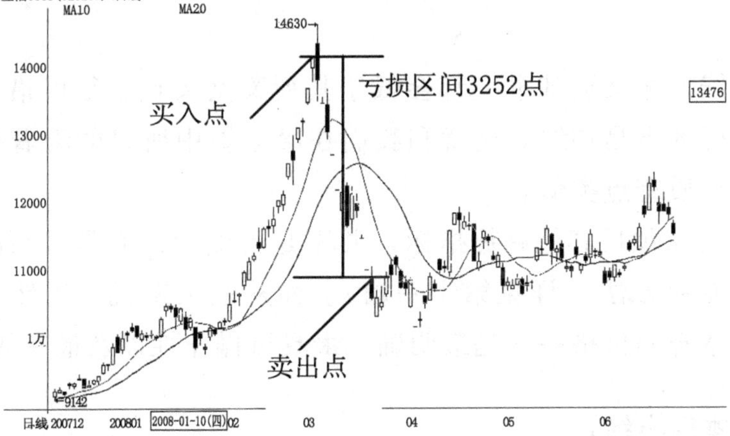

豆油期货 0809 合约 2008 年走势

3. 回撤性

如果行情进入震荡（如下图豆粕 0809 合约），均线系统一般都会亏损，而且连续亏损次数有时可以高达 10 次以上，回撤周期或可长达 1 年以上。

解决方法：低仓位操作、投资组合。

均线交易产生问题的根源：

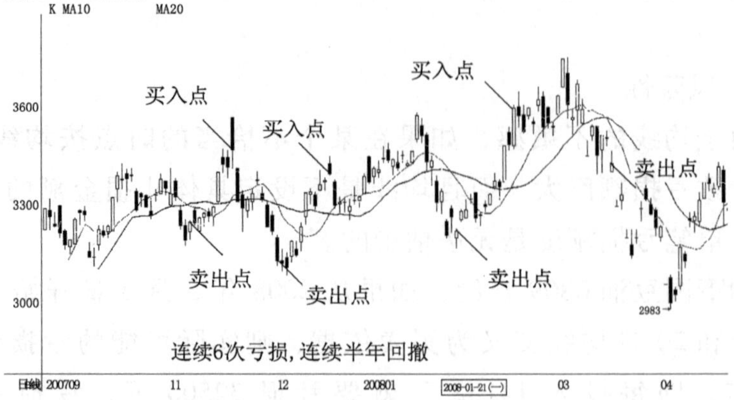

豆粕 0809 合约 2007～2008 年走势图

我们买卖的不是均线的交叉点，而是与均线交叉同一时间的价格点。

均线的金叉点基本上都会低于其死叉交叉点，很可惜，我们的交易标的不是均线。这就和我们在第五篇中所讲的看着外盘做内盘的性质有点类似。

均线（包括其他趋势指标）并不是不能用，而是必须配备系统化的专业方法（详见第十一篇）。而从效果来说，当然是交易标的物本身的价格——是最明确、最具可操作性以及最有效率的。

【本篇小结】

1. 交易没有早晚，只有有无。
2. 持久持仓为突破时间和资金的有限。
3. 持久持仓是有前提的。
4. 市场价格本身至上。
5. 均线可以使用，但是效率偏低。

【告兵法读者】

1. 在做任何交易行为之前，都可以思考一下自己是否是从市场本质出发。

2. 要长期存在在期货市场上，就必须有所承担。

期货兵法 Qi Huo Bing Fa

《期货兵法》十三篇（之十一）——“谋攻之法”

志曰：战术定下来之后，把战略形成体系

——制订交易系统

宇宙是一个由宇宙空间、物质、物质运动和时间组成的系统；地球是一个由地核、地幔、地壳和大气层组成的系统；人体是一个由骨骼、肌肉、血管、神经等组成的系统；企业是一个由人力、物流、资金等组成的系统……

系统就是相关事物按一定的关系组合成的整体，其整体效率大于各部分效率之和。

产生一个系统之后，可以稳定运行、可以自我更新、可以实现价值转变等。

因为期货交易存在行情的不确定性、盈利持续性要求和风险可控性要求，所以期货的专业性根本不体现在行情分析上，而是体现在交易系统的搭建上。一旦搭建了一个可以持续性盈利的交易系统，有着这样那样主体意识的“人”就可以从市场的纷争中解脱出来了。

开始搭建交易系统，才可以算是期货交易真正的入门。本篇接下来要做的，就是把前十篇的内容组合起来，成为一个系统。

要赢得战争，必须要有一整套治军、用兵、作战的流程。将帅一人要统帅千军万马，要应对瞬息万变的战况局势，如果没有系统化的管理，失败是早晚的事。

◆ 交易系统须知

1. 交易系统应该包括的内容

（1）买入卖出点；

（2）交易的开仓平仓性质；

（3）交易头寸大小；

（4）交易时机（现价还是收盘价）；

（5）连续同方向信号是否加仓；

（6）流动性指示下的持仓换月条件。

2. 好的交易系统应该满足的条件

（1）适合任何品种；

（2）适合任何时期；

（3）指令发出频率适当；

（4）总体是盈利的；

（5）平均盈利率大于平均亏损率；

（6）平均亏损率一般不能太大（比如不能大于30%）；

（7）单笔最大亏损率一般不能太大（比如不能大于投入资金200%）；

（8）连续亏损次数一般不能太多（比如连续亏损次数小于10次）；

（9）最大回撤时间一般不能太长（比如回撤小于半年）；

（10）资金最大回撤幅度不能太大（比如回撤幅度不能超过50%）；

（11）增长曲线的斜率比较平稳；

（12）多空头交易次数基本平衡。

3. 制定交易系统的一些参考

（1）均线斜率、区间、平行均线、均线交叉等；

（2）设定基准价格以及进出场周期；

（3）N日最高最低点为进出场的临界位；

（4）听从某些专家的持续性消息；

（5）与某些“稳定亏损”的客户反向操作。

4. 编写交易系统时候的注意事项

（1）理论上符合逻辑和概率的一般条件；

（2）不要刻意给定某个参数；

（3）测试数据时不能只测试指数或单个合约；

（4）如果设置以现价交易，必须对盘中频繁发出的信号给予处理方法；

（5）如果设置收盘价交易，必须考虑涨跌停板时无法成交的特殊情况；

（6）必须考虑实际操作中的执行成本；

（7）测试历史数据时应注意一个问题：过去没发生过的事情，不见得以后不会发生。

制定交易系统并非想象中那么简单，而是将前面诸篇所说予以提取整合，包括对策选择、趋势判断、盈亏控制、资金管理，等等。当然，设计中针对具体情况，设计的条件在各个维度上的参数都会有调整的可能。只有符合这一系列的先决条件，所制定的交易系统才有可实施的前提。

◆ 一个完整交易系统的编制过程

第一步　给出逻辑上一个顺势交易的判断依据。

例如：均线系统是个趋势系统，10 日均线穿越 20 日均线作为买卖的信号。

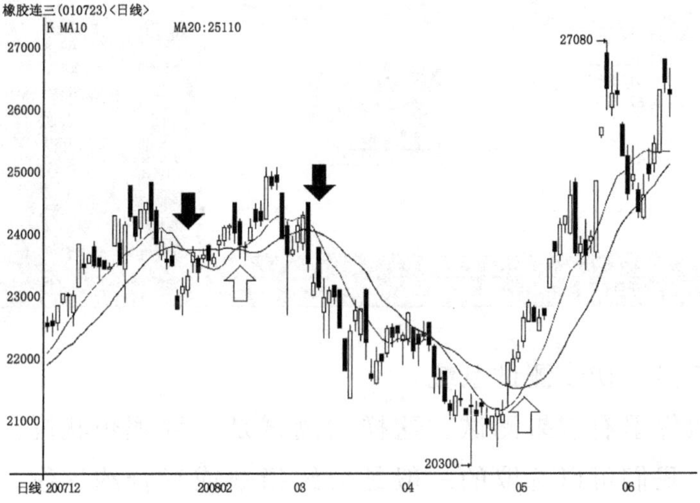

第二步　编写系统语言。

例如：在文华财经的“程序化交易”窗口中，新建一个交易模型“均线模型”，并编写交易语言。

我们的均线系统——如果 10 日均线向上穿越 20 日均线，空单平仓多单开；如果 10 日均线向下穿越 20 日均线，则多单平仓空单开。

编写步骤：

1. 定义参数 N1. N2（取值范围：最小值 1，最大值 100），N1 默认参数为 10、N2 默认参数为 20。

2. 定义两条均线：A 为短均线，B 为长均线。

3. 定义条件与指令：A 向上交叉 B，做多；A 向下交叉 B，做空。

4. 检测语法。

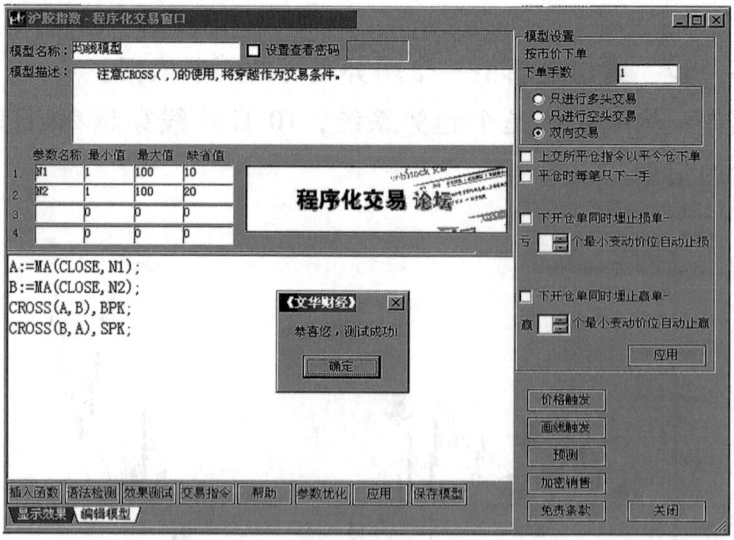

第三步　初步测试系统。

在软件里有效果测试，这样的测试是一种理想状况。有一点要注意：我们可以选取的一般是合约指数或者合约连续，这样的测试并非在测试实际交易的合约，存在一定欺骗性。

在进行系统测试时一定要严苛。如果系统在测试合约指数或者合约连续的情形下出现大幅度亏损，则系统一定存在问题，测试真实数据会更糟糕；相反，如果测试合约指数或者合约连续的情形下能够稳定盈利，测试真实数据则结果未必如此。我们将在下一个步骤里继续进行测试。

初步设置里有一些填写内容，应该注意：

1. 测试合约应选择测试合约指数或者合约连续；

2. 测试周期应设置为日线；

3. 测试尽量久的时间周期，如橡胶可以测试 1997 年至 2008 年 11 年的数据；

4. 初始资金以 10 万～100 万之内为宜；

5. 仓位模式选择实战模式，固定手数以尽量少为宜（如 10 万元初始资金永远做 1 手橡胶）；

6. 价位选择对自己最实际的价位：收盘价（实际上以满足交易条件的最新价为指令更为贴切，但是在软件测试上难以使用）；

7. 选择较高的保证金比例，较贵的手续费。

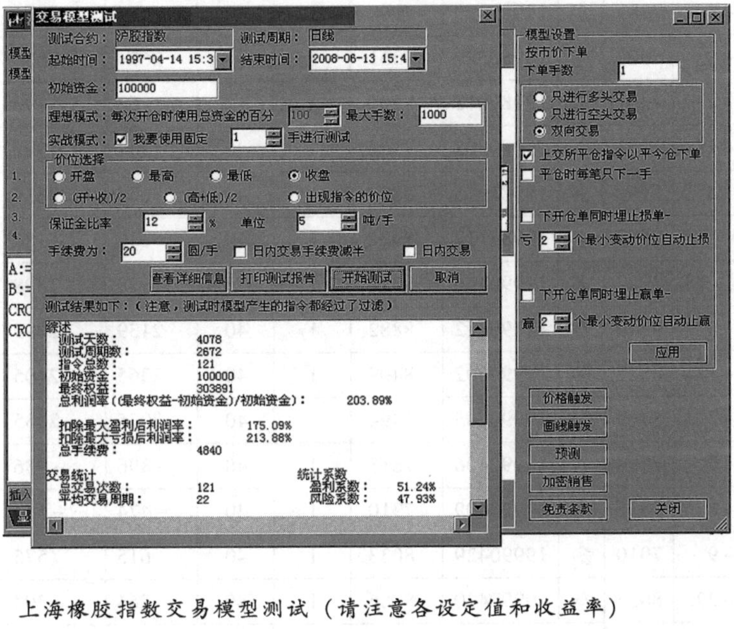

上海橡胶指数交易模型测试（请注意各设定值和收益率）

第四步　系统初步测试结果评估。

将测试结果导出，并对结果评估（上海橡胶指数交易模型测试，初始资金10万）。

测试交易数据：

开仓时间	开仓价格	类型	平仓时间	平仓价格	手数	手续费	盈利	扣除手续费后盈利	总资金
1997-4-28	10823	多	19970514	10439	1	40	-1916	-1956	98044
1997-5-14	10439	空	19970604	10568	1	40	-643	-683	97360
1997-6-4	10568	多	19970618	10348	1	40	-1101	-1141	96219
1997-6-18	10348	空	19971022	7950	1	40	11989	11949	108167
1997-10-22	7950	多	19971029	7550	1	40	-2000	-2040	106127
1997-10-29	7550	空	19971114	7899	1	40	-1746	-1786	104341
1997-11-14	7899	多	19971128	7637	1	40	-1309	-1349	102992
1997-11-28	7637	空	19980116	7582	1	40	275	235	103227
1998-1-16	7582	多	19980305	7910	1	40	1639	1599	104826
1998-3-5	7910	空	19980320	7885	1	40	126	86	104912
1998-3-20	7885	多	19980323	7900	1	40	75	35	104947
1998-3-23	7900	空	19980522	7361	1	40	2694	2654	107601
1998-5-22	7361	多	19980618	7351	1	40	-53	-93	107508
1998-6-18	7351	空	19980803	7162	1	40	941	901	108409
1998-8-3	7162	多	19981015	8893	1	40	8654	8614	117023
1998-10-15	8893	空	19981118	8922	1	40	-146	-186	116837
1998-11-18	8922	多	19990106	9310	1	40	1938	1898	118735
1999-1-6	9310	空	19990212	8882	1	40	2139	2099	120834
1999-2-12	8882	多	19990302	8409	1	40	-2365	-2405	118429
1999-3-2	8409	空	19990405	7994	1	40	2075	2035	120464
1999-4-5	7994	多	19990406	7815	1	40	-896	-936	119528
1999-4-6	7815	空	19990409	7910	1	40	-474	-514	119014
1999-4-9	7910	多	19990429	8033	1	40	615	575	119588
1999-4-29	8033	空	19990430	8086	1	40	-264	-304	119284
1999-4-30	8086	多	19990531	8659	1	40	2868	2828	122112

续表

开仓时间	开仓价格	类型	平仓时间	平仓价格	手数	手续费	盈利	扣除手续费后盈利	总资金
1999-5-31	8659	空	19990609	8981	1	40	-1610	-1650	120461
1999-6-9	8981	多	19990625	8553	1	40	-2141	-2181	118280
1999-6-25	8553	空	19990803	8279	1	40	1369	1329	119610
1999-8-3	8279	多	19990920	8651	1	40	1857	1817	121427
1999-9-20	8651	空	19990930	9203	1	40	-2763	-2803	118623
1999-9-30	9203	多	19991123	9397	1	40	968	928	119551
1999-11-23	9397	空	20000117	9720	1	40	-1613	-1653	117898
2000-1-17	9720	多	20000215	9862	1	40	709	669	118567
2000-2-15	9862	空	20000218	9773	1	40	444	404	118972
2000-2-18	9773	多	20000301	9543	1	40	-1150	-1190	117782
2000-3-1	9543	空	20000508	9086	1	40	2284	2244	120026
2000-5-8	9086	多	20000518	8762	1	40	-1620	-1660	118366
2000-5-18	8762	空	20000704	8600	1	40	812	772	119138
2000-7-4	8600	多	20000830	9175	1	40	2878	2838	121976
2000-8-30	9175	空	20000908	9278	1	40	-514	-554	121422
2000-9-8	9278	多	20000925	9036	1	40	-1212	-1252	120170
2000-9-2	9036	空	20001027	9110	1	40	-374	-414	119756
2000-10-27	9110	多	20001110	8900	1	40	-1050	-1090	118665
2000-11-10	8900	空	20001127	9197	1	40	-1485	-1525	117140
2000-11-27	9197	多	20001218	8146	1	40	-5254	-5294	111846
2000-12-18	8146	空	20010207	8177	1	40	-152	-192	111654
2001-2-7	8177	多	20010222	8042	1	40	-675	-715	110939
2001-2-22	8042	空	20010709	7311	1	40	3654	3614	114553
2001-7-9	7311	多	20010719	7149	1	40	-810	-850	113703
2001-7-19	7149	空	20010907	6862	1	40	1436	1396	115100
2001-9-7	6862	多	20011026	7044	1	40	910	870	115969
2001-10-26	7044	空	20011105	7344	1	40	-1501	-1541	114428
2001-11-5	7344	多	20011120	6933	1	40	-2053	-2093	112335
2001-11-20	6933	空	20020110	6642	1	40	1455	1415	113750

续表

开仓时间	开仓价格	类型	平仓时间	平仓价格	手数	手续费	盈利	扣除手续费后盈利	总资金
2002－1－10	6642	多	20020208	6867	1	40	1123	1083	114833
2002－2－8	6867	空	20020221	6935	1	40	－340	－380	114453
2002－2－21	6935	多	20020416	7772	1	40	4187	4147	118601
2002－4－16	7772	空	20020530	8225	1	40	－2264	－2304	116297
2002－5－30	8225	多	20020705	9174	1	40	4745	4705	121002
2002－7－5	9174	空	20020807	9556	1	40	－1910	－1950	119052
2002－8－7	9556	多	20020926	9819	1	40	1317	1277	120330
2002－9－26	9819	空	20021030	9731	1	40	444	404	120733
2002－10－30	9731	多	20030313	15018	1	40	26439	26399	147132
2003－3－13	15018	空	20030317	15281	1	40	－1315	－1355	145776
2003－3－17	15281	多	20030408	13283	1	40	－9990	－10030	135746
2003－4－8	13283	空	20030526	11735	1	40	7742	7702	143448
2003－5－26	11735	多	20030602	11627	1	40	－542	－582	142866
2003－6－2	11627	空	20030715	10313	1	40	6569	6529	149395
2003－7－15	10313	多	20030910	13475	1	40	15810	15770	165165
2003－9－10	13475	空	20030915	13746	1	40	－1353	－1393	163772
2003－9－15	13746	多	20031110	14888	1	40	5710	5670	169442
2003－11－10	14888	空	20031209	14934	1	40	－230	－270	169172
2003－12－9	14934	多	20040209	15160	1	40	1131	1091	170264
2004－2－9	15160	空	20040219	16499	1	40	－6698	－6738	163526
2004－2－19	16499	多	20040311	15985	1	40	－2572	－2612	160914
2004－3－11	15985	空	20040330	15887	1	40	489	449	161363
2004－3－30	15887	多	20040405	15971	1	40	421	381	161744
2004－4－5	15971	空	20040526	14669	1	40	6511	6471	168215
2004－5－26	14669	多	20040616	14622	1	40	－236	－276	167939
2004－6－16	14622	空	20040624	14913	1	40	－1455	－1495	166445
2004－6－24	14913	多	20040708	14264	1	40	－3243	－3283	163161
2004－7－8	14264	空	20040831	12515	1	40	8747	8707	171869
2004－8－31	12515	多	20040908	12387	1	40	－640	－680	171189

续表

开仓时间	开仓价格	类型	平仓时间	平仓价格	手数	手续费	盈利	扣除手续费后盈利	总资金
2004－9－8	12387	空	20040923	12643	1	40	－1282	－1322	169867
2004－9－23	12643	多	20041111	12824	1	40	905	865	170732
2004－11－11	12824	空	20050121	12131	1	40	3464	3424	174156
2005－1－21	12131	多	20050331	13288	1	40	5783	5743	179899
2005－3－31	13288	空	20050517	12926	1	40	1809	1769	181668
2005－5－17	12926	多	20050810	15840	1	40	14567	14527	196195
2005－8－10	15840	空	20050901	16481	1	40	－3206	－3246	192949
2005－9－1	16481	多	20050926	17038	1	40	2788	2748	195697
2005－9－26	17038	空	20050927	17226	1	40	－940	－980	194717
2005－9－27	17226	多	20051031	17490	1	40	1318	1278	195995
2005－10－31	17490	空	20051201	16887	1	40	3017	2977	198971
2005－12－1	16887	多	20060223	20881	1	40	19969	19929	218901
2006－2－23	20881	空	20060405	20052	1	40	4144	4104	223004
2006－4－5	20052	多	20060615	24154	1	40	20512	20472	243476
2006－6－15	24154	空	20060706	25441	1	40	－6437	－6477	236999
2006－7－6	25441	多	20060719	23984	1	40	－7286	－7326	229673
2006－7－19	23984	空	20060925	18224	1	40	28803	28763	258436
2006－9－25	18224	多	20061009	19466	1	40	6213	6173	264610
2006－10－9	19466	空	20061016	19503	1	40	－183	－223	264387
2006－10－16	19503	多	20061106	18826	1	40	－3386	－3426	260961
2006－11－6	18826	空	20061211	18239	1	40	2934	2894	263855
2006－12－11	18239	多	20070306	21080	1	40	14207	14167	278022
2007－3－6	21080	空	20070328	21799	1	40	－3592	－3632	274390
2007－3－28	21799	多	20070426	20836	1	40	－4813	－4853	269537
2007－4－26	20836	空	20070529	19632	1	40	6019	5979	275516
2007－5－29	19632	多	20070604	19885	1	40	1266	1226	276742
2007－6－4	19885	空	20070720	18901	1	40	4922	4882	281625
2007－7－20	18901	多	20070817	18129	1	40	－3861	－3901	277724
2007－8－17	18129	空	20070904	19772	1	40	－8217	－8257	269467
2007－9－4	19772	多	20071030	22663	1	40	14455	14415	283882

续表

开仓时间	开仓价格	类型	平仓时间	平仓价格	手数	手续费	盈利	扣除手续费后盈利	总资金
2007-10-30	22663	空	20071105	22475	1	40	940	900	284782
2007-11-5	22475	多	20071116	21213	1	40	-6313	-6353	278429
2007-11-16	21213	空	20071205	21627	1	40	-2073	-2113	276316
2007-12-5	21627	多	20080125	23671	1	40	10220	10180	286496
2008-1-25	23671	空	20080214	23826	1	40	-772	-812	285684
2008-2-14	23826	多	20080306	23343	1	40	-2415	-2455	283229
2008-3-6	23343	空	20080506	22701	1	40	3207	3167	286396
2008-5-6	22701	多	20080613	26208	1	40	17535	17495	303891

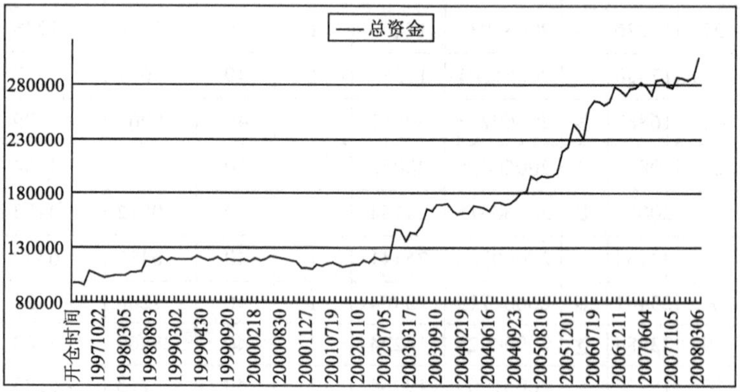

上海橡胶指数交易模型测试总资金走势图

分析如下：

项　目	数　据	合理数据	评　估
测试天数	4078	至少超过2年	时间长达11年，测试数据样本量充足
测试周期数	2672日		
指令总数	121	至少20个以上	
初始资金	100000	10万~100万	资金适当
最终权益	303891	超过初始本金，越多越好	单利、1/10资金能保持每年18.45%的收益，是相当可观的
总利润率（单利系统）	203.89%	每年10%以上，11年在110%以上	

续表

项　目	数　据	合理数据	评　估
扣除最大盈利后利润率	175.09%	与总利润率相差不大	基本上和总利润率相差不大，即：最终收益产生不是集中在单笔投资的成败上
扣除最大亏损后利润率：	213.88%		
总交易次数：	121	至少20次以上样本	交易数量和交易频率均符合要求
平均交易周期	22日	至少1次/两个月	
胜率	51.24%	10%以上，50%左右为宜	一般高胜率对应低收益率；此系统赢率稍高，也在正常范围内
赔率	47.93%	90%以下，50%左右为宜	
平均利润率	1.69%	为正数	正常
总盈利	335.19%	总盈利大于总亏损，总盈利在总亏损2.3倍以上为宜，越大越好	总盈亏比为2.65∶1，符合要求
总亏损	-126.45%		
平均盈利率	3.22%	平均盈利大于平均亏损，平均盈利在平均亏损2.3倍以上为宜，越大越好	平均盈亏率比为2.42∶1，符合要求
平均亏损率	-1.33%		
最大盈利率	21.90%	最大亏损率小于10%，最大盈利率大于最大亏损率，最大盈利在最大亏损两倍以上为宜，越大越好	最大盈亏率比为3.2∶1，符合要求
最大亏损率	-6.85%		
盈利平均周期	31	平均亏损周期不超过半个月，越短越好，盈利平均周期应在亏损平均周期两倍以上	平均亏损周期为11天，过大。盈亏周期比为2.81∶1，符合要求
亏损平均周期	11		
最大盈利周期	88	最大亏损周期不超过一个月，越短越好，盈利最大周期应在亏损最大周期两倍以上	最大亏损周期为33天，过大。盈亏周期比为2.67∶1，符合要求
最大亏损周期	33		
最大连续盈利次数	5	最大连续亏损次数低于30次，越小越好	符合要求
最大连续亏损次数	8		
最大连续亏损幅度	9.0%	低于20%，越小越好	符合要求
最大总亏损幅度	9.1%	低于30%，越小越好	符合要求

续表

项　目	数　据	合理数据	评　估
最大回撤周期	21 个月	不超过 6 个月，越短越好	21 个月，近两年时间，几乎不可能承受
多头交易次数	60	基本相当（多头开、多头平两次操作作为一次多头交易。最后一笔多单未平掉。）	本系统为永远持仓交易系统，多空交易交替出现，次数一定相同或相差 1 次
空头交易次数	60		
多头盈利次数	32	多空盈利次数相当	多空盈利次数相当表明经历过机会相等的牛熊市周期，并非只在同一种趋势行情中能获利。符合要求
空头盈利次数	30		

第五步　测试实际操作数据。

需要强调的几点：

第四步测试如果无法盈利，则第五步测试一定无法盈利；

第四步测试如果盈利，第五步测试未必盈利；

第五步测试如果无法盈利，则实战一定无法盈利；

第四、第五步测试都盈利，实战盈利可能性很大，但是仍然无法确保一定盈利（过去没发生过的事情，不代表以后不会发生）。

第五步测试和第四步内容类似，但是有几个方面要调整：

1. 不能测试指数或者连续合约，而必须测试每一个时期的活跃合约，即实际在交易的合约。我们交易的不是指数，所以其结果是有很大差异的。

2. 考虑交易的点差费成本（见第九篇）、执行成本。

3. 加入涨跌停板无法在当日成交的因素调整实际成交价位。

4. 加入流动性因素，检查开仓数量是否能安全进出场，剔除一些实际不发生的交易。

5. 把同一种方法扩展到多个品种进行检测。

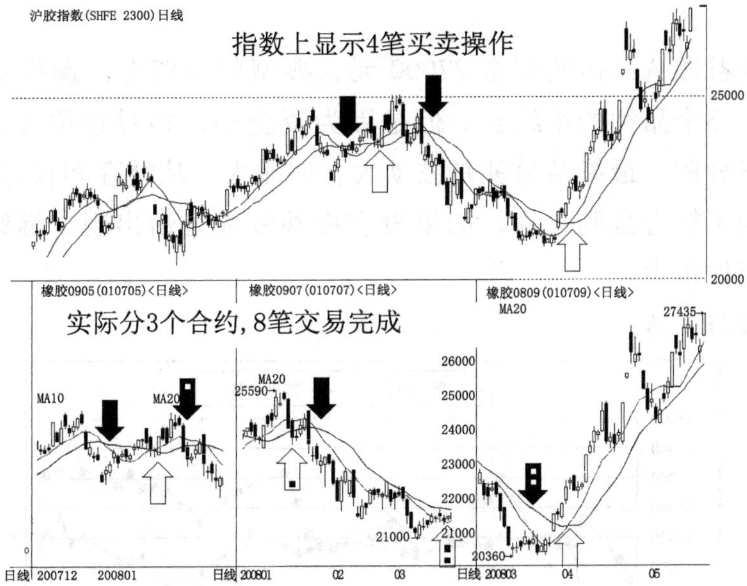

橡胶指数与橡胶0805合约、0807合约、0809合约2007～2008年走势图

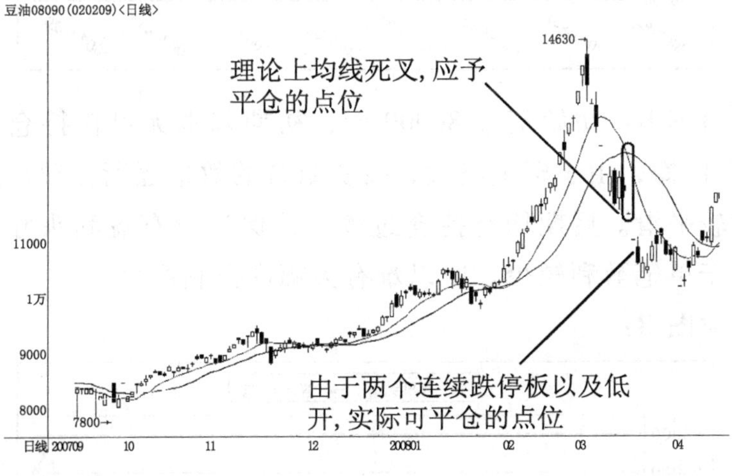

豆油0809合约2007～2008年走势图

第六步　实战检测。

做好前五步详细的测试后，严格按照编制的交易系统进行交易。并统计实际交易数据，最终将交易系统完善。

以下是几个账户的资金权益与结存情况（权益－结存＝浮动

盈利）：

收益图 A：初始资金 27000 元，典型的小资金。操作上也采用了2～3个品种的小组合。但是因为资金小，相对仓位大，组合又不够分散，最终结果就是波动大，回撤大。从结存和权益上看，注意到了持有盈利头寸，如果没有极端亏损行情出现，继续盈利的可能性很大。

收益图 A：

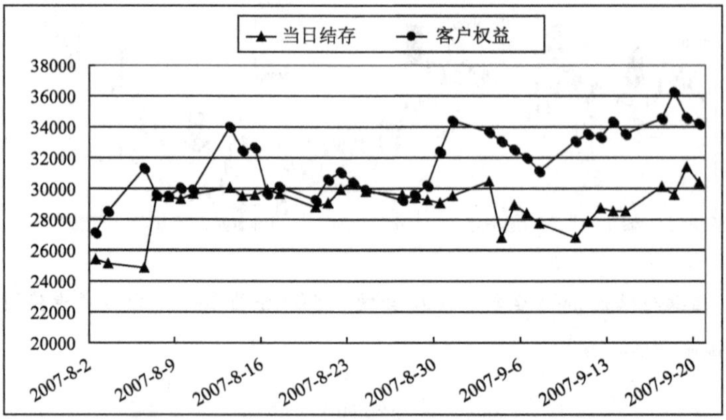

收益图 B：初始资金 80000 元，初期基本无过夜持仓，并有8%左右回撤，由于资金略大，投资组合的效果逐渐显现，盈利曲线相对较平滑。后期均有持仓过夜，并保持持有盈利头寸。不足之处在于单笔盈利较少。所以难有大幅度盈利产生。

收益图 B：

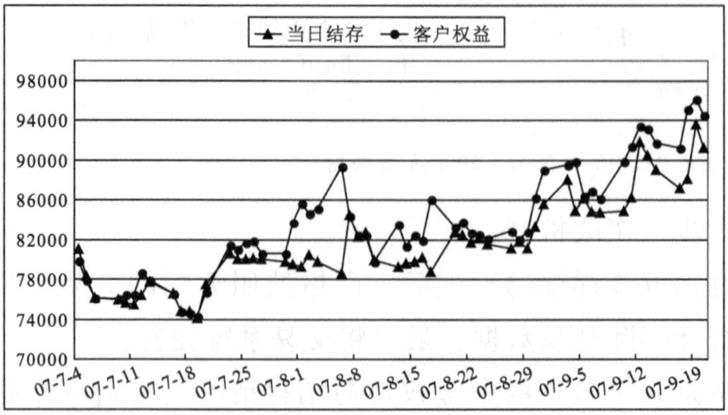

收益图 C：起始资金 220000 元，资金更多，组合的余地更大。在一波牛市里，基本上保持了持仓非常耐心持有，并中途不做短线。只有在合约迁仓远月的时候，调整一下头寸。在一波单边趋势行情中，耐心持有盈利头寸会使盈利不断扩大。由于对行情波动的极不敏感。也可能在一个振荡格局里产生长时间的资金横盘。

收益图 C：

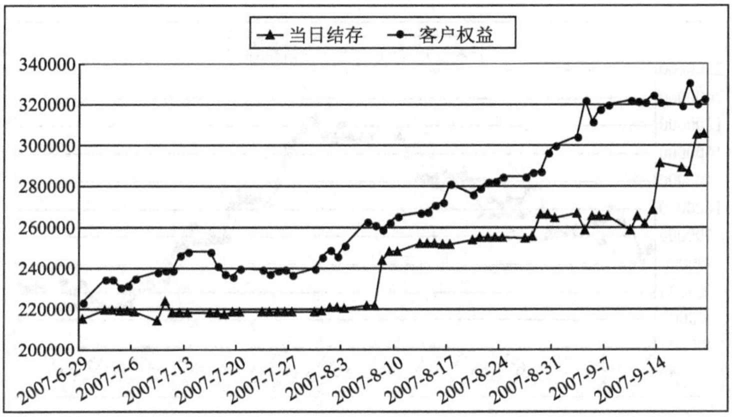

收益图 D：起始资金 300000 元，基本上可以组合所有品种，操作灵活度很大。权益基本能保持在结存之上，是个长期盈利的操作模式。由于加入的套利的换手交易，结存波动会呈现非正常。

收益图 D：

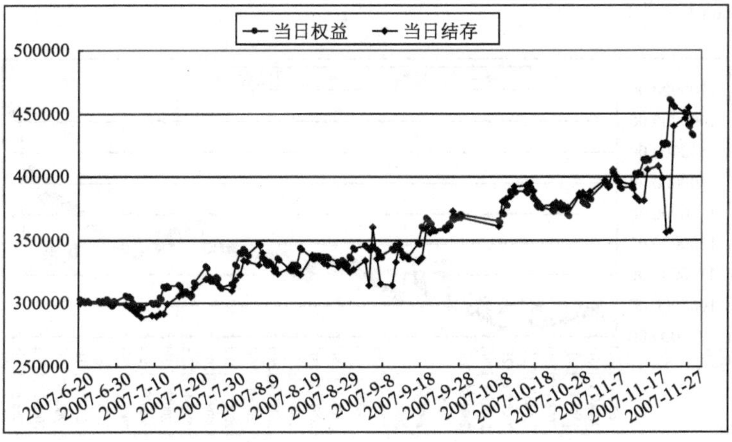

收益图 E（失败例子）：起始资金 900000 元，操作属于激进型。大仓位操作单个品种。尝试单次行情，结合换仓。可以发现，权益始终能保持在结存的曲线之上，能够注意到盈利仓位持有，在短时间（1 个半月）内有超过 100% 盈利。后期仍然用相同手法操作，但未能随着行情扭转作出相应调整，可以发现权益基本上都处于结存之下，最终利润亏完，还亏到初始本金之下。

收益图 E：

收益图 F：初始资金 1000000 元，采用了相当复杂的组合模式。资金的风险得到极大的控制。行情中的长期振荡可以回避掉，最终在市场走出单边趋势的时候大量的浮动盈利会产生，即权益会远远领跑于结存。

收益图 F：

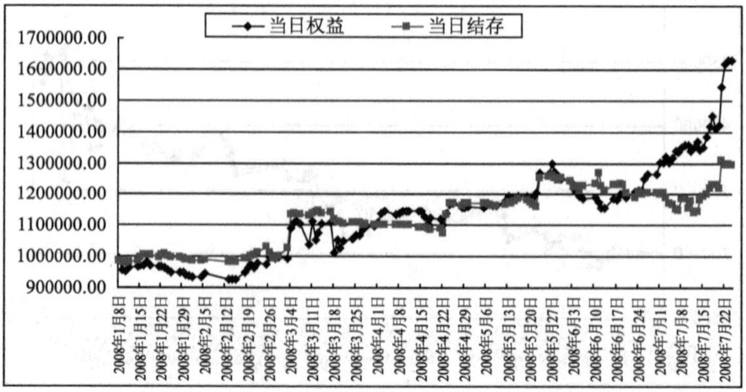

【本篇小结】

1. 了解系统编写的元素、原则、注意事项。

2. 建立交易系统，包括上述拟订、编写、测试、分析、细化、实测、完善几个步骤。

【告兵法读者】

1. 尝试以前面十篇的观念建立一个系统。

2. 系统编写和测试是个相当严谨、相当复杂的过程，是实现自由交易所必须的工作。

期货兵法

Qi Huo Bing Fa

《期货兵法》十三篇（之十二）——“肃纪之法”

志曰：战争军令如山，期货指令必达

——规则制胜：了解规则、制订规则、执行规则

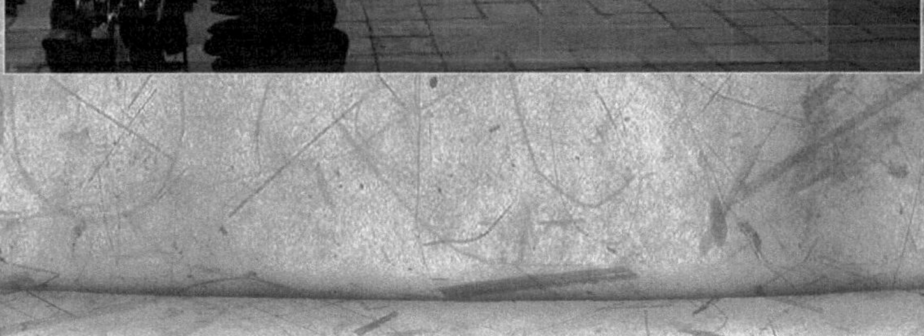

规则是规定出来供大家共同遵守的制度或章程。

没有政府、法律、国家机器、道德伦理，就没有人类的文明。

世界正常运转，是存乎规则之中的。

日夜轮流，四季更替；新陈代谢，生老病死——这是自然的规则。

行情变换，趋势更替；多空博弈，胜者为王——这是期货的规则。

韩信点兵，多多益善；田忌赛马，赢在规则。谁制定游戏规则，谁就是最大的赢家。

期货或许是场游戏，开始如果你连游戏规则都不清楚，你凭什么和人博弈？

我们中的大多数人是市场规则的执行者，不是制订者。

有三条出路可供：

一、熟悉市场规则；

二、利用市场规则；

三、制订和执行自己的规则。

规则制胜——一切好的交易方法、好的交易模式、好的交易理念、好的交易系统，若脱离了规则、脱离了执行，就都是空谈。

◆ 期货规则制胜

这里所列举的所有规则都会在《股票和期货的108个区别》一书中详细论述，在此仅作简单列举：

期货规则或现象	意义及相应策略
T+0，当天开仓当天可以平仓	资金的可流动速率大大增加，可以反复使用同一笔资金争取更多机会，缩短投资周期，加大投资频率
10%左右保证金交易	资金的融资功能大大加强，可以通过投资组合获取更多投资机会，并在风险可控的前提下不断放大投资杠杆
做空机制	资金的系统性风险可以有效降低，组合性收益可以大大增加，也有更多投资机会可以把握
浮动盈利可以开仓	加大资金的连续复利效应，在风险不增大前提下，可以利用浮动盈利扩大资金杠杆，增加收益
封闭式集合竞价	不确定性大，鼓励少参与竞价
成交价格优先、时间优先	在抢价格时，以市价报入可以确保马上交易（封板除外），并可能达成优惠的价格
封板平仓优先	亏损单遭遇反向停板马上砍仓
到期交割	务必在交割月到来之前将头寸了结（想要实物交割的除外、股指期货除外）
涨跌幅度3%～5%	密切注意可能触板合约，控制交易风险
各个合约最小变动价位不尽相同	注意报价，如果报错可能成交不了
披露活跃合约的每天成交持仓排名	观察多空持仓集中度、观察是否是做市商做出的虚假成交量，判断是否是流动性好的可以参与的合约
品种数量少（商品期货共19个品种）	尽量都关注，都组合，都把握
做市商制度	甄别真正活跃的品种合约
三个同向板休市一天	赚三个板即可平仓或换仓
新品种涨跌停幅度大	不参与首日竞价
换手率高	调整交易节奏，偏短期交易
多空主力存在	紧密跟随胜利一方
投机者、套保者为参与主体	投机性质空单持仓较多的品种容易产生上涨大行情
大量的隔夜跳空缺口	1～5天的“中线”很难成立
行情周期一般在一个月左右	单个合约不要过久持仓
图形突破成功率很高	追涨杀跌
老鼠仓不易建立	不参与任何所谓的老鼠仓

续表

期货规则或现象	意义及相应策略
市场多空容量无限	不要相信某个主力的消息
与外盘联动有限	不要简单的看着外盘做内盘
有八种成交性质	在停板上特别注意封板性质，不追虚板
没有权威指数	不要简单按照多头思路配置各个品种的投资组合
同一品种有多个合约	如果有多个活跃合约，则可把每个活跃合约当成独立品种编入投资组合
市值不变	砍仓无须手软，浮动亏损就是已经发生的亏损
品种资金容量在不断变化	随时根据合约流动性作持仓调整
近年来国家政策强力支持	可以增加在期货上的资产配置
和汇率相关	人民币升值整体压制国内期货价格
和银行政策相关	银根收紧逼迫实体资金转向虚拟市场
和股票弱相关	不要以股票走势分析期货价格
农产品期货与粮食相关	国家粮食政策压制基础农产品价格
金融机构资金不允许进入	市场成熟度较低，有很大投资机会
有保证金监控中心	不要妄想通过期货市场洗钱
战争、自然灾害相关性复杂	更多是影响人们预期，不能简单按常理买进
每日无负债结算制度	不要满仓或大仓位操作，有强平风险
以前一天结算价结算涨跌	可以根据前一天结算价计算次日风险空间
停板平仓优先	亏损单果断离场。利用锁单平仓可以优先进场
成交价格优先	活跃合约以市价委托往往更合算
时间优先	波动率小的品种如玉米，挂价方式不损失点差但可能会等待很久成交甚至不成交；市价委托能马上成交但必须损失点差，所以少做超短线。
成交价与前一笔相关	冷僻合约少参与，且不宜报市价或优惠价
浮动盈利不能出金	平仓再开仓可以保留仓位并出金
一档报价	价格信息简单，就以当前一档价格作为交易参考
交易损失手续费和点差	避免过频、过小幅度交易
无利息、无税	资金闲置有成本，应尽量使用资金
可以在多家公司开户	大资金可以合法分仓交易
可以指定指令下达人代理	可以以私人形式委托专家理财
入市门槛比较高	入市前详看《期货兵法》，或购买期货理财产品

◆ 做好期货应有的素质

1. 诚信

言出必践，计划一定执行。

2. 负责

对所做的交易负责，不逃避亏损。

3. 忍耐

在不利的时期和状态下坚持规则。

4. 勇敢

符合规则时勇敢进场，亏损时勇敢砍仓。

5. 果断

决策清晰，当机立断。

6. 勤奋

努力学习，不断提高。

7. 乐观

盈亏都是数字。

8. 包容

容纳意外和市场风险。

……

◆ 直觉交易

大师们的交易常常是很简单的，没有详尽的技术分析，没有繁杂的基本面资料。好像凭“直觉”在交易，就可以举重若轻，探囊取物。见招拆招，恰恰是大师的执行力所在。

其实大师们的交易心得是历经了艰辛的过程，在一次次失败的经验中总结出来的，是在一次次挫折中逐步完善自己的交易系统。对于交易系统、交易规则早已了然于胸，最终达到“手中无剑，剑在心中”的境界。

正所谓：

参禅之前，见山是山，见水是水；

参禅之中，见山不是山，见水不是水；

参禅之后，见山仍是山，见水仍是水，但此山非彼山，此水非彼水。

【本篇小结】

1. 期货市场因其特殊特点，有很多特有的交易规则或现象。
2. 执行力是决定成败的关键。

【告兵法读者】

1. 熟悉规则。
2. 找寻规则中的有利对策。
3. 提升自己的执行力。

期货兵法

Qi Huo Bing Fa

《期货兵法》十三篇（之十三）——“止戈之法”

志曰：大道至简，大智若愚，大巧不工，有容乃大

——释放自我，完善人格

期货所以迷人，因为期货是一个梦想中可以一夜暴富的天堂、一个成就奇迹的地方。

期货是人的战役。在一个充满金钱诱惑的战场，人性的弱点会淋漓尽致地暴露出来。

期货是投资吗？对有的人来说，需要将青春与金钱挥霍一空，付出最昂贵的代价；对有的人来说，却是最残酷的炼狱，妄图在生死轮回间得到涅槃……

期货看似简单，只有多空两个方向，实则相当复杂。你具体要选择什么品种、多大仓位、什么时间进、什么时间出等至少4个变量。

期货看似复杂，实则又简单，只要顺势、组合、配资，并形成一个可持续的系统。

期货最终带给人最大的收益不是金钱，而是智慧的悟彻、人性的归真。

战争的最高境界，是为不战；交易的终极目标，是为自由。

如何实现？

——止于至善，仁者无敌。

◆ 兵法各篇章对三大前提的实现过程

1. 投资于交易，而非投资于品种

我们信息有限、资金有限、风险承受有限，我们做不成市场所谓的“主力”，我们无法清晰地研究各交易品种，但是我们可以清晰地研究交易方式，并让交易本身产生出持续稳定且相对高额的回报。

第一篇——“预测之法”：市场不可预测，所以我们只研究对策。

第二篇——“分兵之法”：利用投资组合争取更多的交易

机会。

第三篇——“分析之法”：行情无法通过基本面简单分析。

第四篇——“区分之法”：品种没有差别，同一种交易方式可以适应所有品种。

第七篇——“进退之法”：让交易自然产生盈亏比例。

第八篇——“调遣之法”：行情不可控制，控制手中资金。

第九篇——“行军之法”：设置适当的交易频率。

第十一篇——“谋攻之法”：将交易系统化。

第十二篇——“肃纪之法”：让交易规则顺利执行。

2. 只以市场为出发点，忽略自身因素

我们资金有限、风险承受有限、影响有限，我们甚至要避免对市场产生任何影响。在市场面前要忘记我们的存在，以市场当前的发生为唯一事实，保持与市场的高度一致。

第一篇——“预测之法”：市场怎么走就怎么看，操作之前不作估计。

第四篇——“区分之法”：品种没差别，只要是市场发生，我们就参与。

第五篇——“校参之法”：不看外盘，只看所做的标的本身。

第六篇——“歼敌之法”：与市场趋势保持高度一致。

第七篇——“进退之法”：让市场来设置单次的盈亏。

第九篇——“行军之法”：让市场行为来设置交易频率。

第十篇——“持久之法”：永久跟随市场。

3. 尽力突破时间和资金的有限

我们资金有限、时间有限、风险承受有限，无法简单从事传统意义上的“价值投资”。我们只能运用期货本身的性质和规则，在有限的资金和时间中，寻求无限的可能。

第一篇——“预测之法”：不在预测上耗费时间精力。

第二篇——“分兵之法”：细分资金，争取更多的资金和时间。

第四篇——“区分之法”：不分品种，同一时间争取更多机会。

第五篇——“校参之法”：不在参考外盘上耗费时间精力。

第八篇——“调遣之法”：调整资金的使用方式使其使用率最高。

第九篇——“行军之法”：调整资金使用频率来争取更多时间。

第十篇——“持久之法”：永远跟随市场，争取每一个机会，节省时间。

第十二篇——“肃纪之法”：保证自己的时间和资金能按计划发挥效力。

◆ 期货的诸多矛盾与统一

1. 坚定执行规则，灵活调整持仓

规则制定了就要严格执行，这是意志上的坚定；从来不要坚定地看好某个行情，方向错了就要马上砍仓，这是意识上的不坚定。所以在期货上，坚定和不坚定是既矛盾又统一的。

2. 淡薄金钱观念，却为盈利努力

交易中要摒弃人性弱点，要把账户里的资金当成数字，同时又要为盈利努力。完全淡薄金钱的人，也就不做期货了。所以在期货上，弃利和逐利也是既矛盾又统一的。

3. 想要快速盈利，却要耐心做起

做期货的人没有一个不想发财，但是又不能跟市场急。市场没有机会的时候，要非常耐心地等待或者耐心地尝试；市场机会来了又必须迅速地牢牢把握。所以在期货上，急和缓也是既矛盾又统一的。

4. 以确定规则，对待不确定行情

行情是千变万化，不可预测的，充满不确定性；我们的规则却是事先制订好的，是确定的。以不变应万变。所以期货上确定和不确定也是既矛盾又统一的。

5. 想要最终盈利，必须追逐亏损

几乎每个人都认为自己下的是盈利的单子才会去做，但是市场上绝大多数人是在亏损的。其实，如果每笔交易追逐到小亏损就平掉，不亏损就耐心“耗着”（重新设立基点），如此“追逐亏损”的理念才是最终盈利的唯一方法。所以期货上，亏损和盈利也是既矛盾又统一的。

6. 只有成全别人，才能成全自己

交易是培育市场、耕耘市场的过程，只有在不断的小损失中把该给的钱给市场，市场才终究会在某个时刻给你丰厚的回报。倘若每次都想在最低点买进、最高点卖出，把钱都赚足了而不给别人机会，注定最终会一败涂地。所以某种意义上，亏钱是一种责任。期货上，利人和利己也是既矛盾又统一的。

7. 战略上的重视，战术上的藐视

对策的选择、趋势的判断、盈亏的控制、资金管理等这些战略的制订一定要非常慎重。在此前提下，制订灵活的符合自己的交易系统才有价值。在大战术、大原则没错的前提下，一些战略上大胆的发挥可能会带来更好的结果。期货上，重视和藐视也是既矛盾又统一的。

8. 谦卑对待市场，自信对待交易

一方面，我们交易的前提是：一切都以市场出发，即谦卑地对待市场，不夹杂个人的成分，忘却自己的存在，避免对市场产生影响，更不要试图去控制市场。另一方面，对自己制定的规则要有信心，严格按规则执行。期货上，谦卑和自信也是矛盾统一的。

9. 通过复杂实践，归纳简单真理

期货可能是很复杂的：交易形式很多，影响因素复杂。但是经过体会，一切的复杂都可以归到最简单的道理上。你会发现，越简单的方法越可以解决复杂的问题。所以期货上，复杂和简单也是既矛盾又统一的。

战争的最高境界是“不战而屈人之兵”；而期货的最终成功，也一定是最简单、最平静、最和谐、最包容的。

【本篇小结】

1. 本书三大前提——投资于交易、以市场本身出发、突破时间和资金的有限。

2. 期货是多个矛盾的统一体。

【告兵法读者】

1. 期货并不复杂。

2. 排除一切干扰，从本质看期货。

3. 做好期货的过程，也是完善人格的过程。

期货兵法 Qi Huo Bing Fa

结束篇（跋）

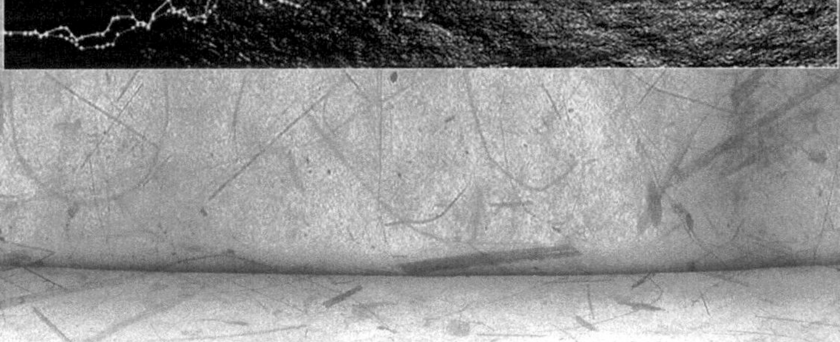

◆ 全书体系

Ⅰ 第一篇至第十篇：交易的基本理念，包括交易的判断、组合、持仓、设计等。

Ⅱ 第十一篇：通过对之前所有基本理念的提炼整合，最终形成自己的交易体系。

Ⅲ 第十二篇：贯穿始终地保障一切都“顺利执行”。

Ⅳ 第十三篇：最本质的交易哲学。

◆ 原创期货语录

● 投资小可养家糊口，大可富国安邦，不可不察也。

● 战略是要寻求必然性的，战术是寻求偶然性的。输掉一场战斗，不代表输掉整个战争。

● 如果你能预测未来，你就去买彩票。

● 如果一定要知道K线往哪走，只能肯定，是往右走。

● 期货市场能肯定的事情只有三个：一个是时间轴是向右的；一个是交易规则是制订好的；一个是财富是会被分配的。

● 简单的涨跌预测并不能给你带来任何收益，只会让你在期待和犹豫之间迷失自我。

● 总是以为市场可以预测、总是以为自己能预测、总是寻找自己想要的预测结果、总是寻找预测的方法和总是想用预测去赚钱——这是期货预测让人痛苦的五大根源。

● 兵贵随机应变，而非预知未来。

● 100%准确地预测市场，就会摧毁市场，哪怕他只有1万元就足可以毁灭这个市场，力求精准地预测市场是期货的魔道。

● 投资组合的必要性在于时间与金钱的稀缺性、风险和收益的不确定性。

● 如果时间和金钱都是无限的，我们可以确保一定胜利。

● 我们在研究市场，市场也在研究我们。

● 市场令人迷惑的地方就在于你似乎是可以看懂她的。

● 战场上杀死敌人或者杀死我们的，只有刀刃，或者子弹。

● 基本面的最大问题就是，基本面太复杂了。

● 你不可能知道所有的基本面——谁也不可能。

● 是因为油价上涨，所以布什干掉了萨达姆；还是因为布什干掉了萨达姆，所以油价上涨？

● 战场拼人数，拼智慧；期货拼资金，拼技巧。

● 最重要的基本面是资金面。

● 在资金面的不确定变化之中，一切基本面的影响可能都会被扭曲得面目全非。

● 投资评论家最喜欢做的事情有两个：一个是用已知的基本面做原因，去得出未来的走势结果；另一个是用已知的过去的走势为结果，去找出未知基本面的原因。

● 千军一律，万人顿首；知其本质，无往不利。

● 交易是对价值分配的提炼。

● 行情一定会在某段时间、某个品种上成全某些人；但是市场行为是在不断发生变化的，不会在所有时间成全同一类人。

● 只有在任何时间、任何品种上都适用的交易方法才是个长期盈利的方法；只有能应付任何敌人、任何方式进攻的将军才是长胜将军。

● 如果你外盘看得准，你就去做外盘。

● 中国期货和外盘期货的走势，短期可以南辕北辙，长期也可以互不相关。

● 把一切障眼法去掉，剩下价格的本质，你可以看得更清楚。

● 战场上一个失误可能会令你全军覆没、命丧黄泉；期货市场不注意风险控制同样会使你一次输光。

● 此消彼长，强者恒强——“趋势”由此而来。

● 因为你的时间和金钱有限，你不可能长期从一个随机市场里获利。

● 在一个不稳定的平衡下，一只蝴蝶煽动一下翅膀就可能导致一场台风；一手错单也可能是造成一波超级大行情的起因。

● 历史会重演，历史又是不断被创造的。

● 牛顶和熊底都是很久以后才知道的。

● 可以落井下石，不要螳臂挡车。

● 追在天花板，天花板上还有天堂；空在地板，地板下面还有地狱。

● 不用刻意在意盈亏，按照市场规则运作，结果是唯一确定的。

● 市场没有该让你损或者该让你盈的规则，只有该你进、该你出的规则。

● 一个交易方法如果可行性是确定的、执行层面是确定的，那么一段时间后它的收益也是唯一确定的。

● 市场过去没有发生过的事情，不代表以后不会发生。

● 你不能控制市场的走势，但是你可以控制手中的资金。

● 调遣得当，千骑铁甲，可胜百万雄兵。

● 如果收益是偶然的，靠运气的，那么利润是迟早要吐回去的。

● 期货不是一次性赌博，期货是场持久战，运气只能让你曾经拥有，规则才能让你天长地久。

● 同一交易系统下，任何时点上的行情，持仓方向是唯一的。

● 成本是以自己出发，不是以市场出发。

● 任何一笔交易是否盈利是市场决定，不能由你刻意要求。

● 以自己的状态出发的问题在于，人的状态常常是在变化的。

● 是做长线还是短线，交给市场决定。

● 行军打仗，讲究随势而动，随机应变，静如处子，动如脱兔。

● 宁可做错，不可错过。

● 要长期存在在期货市场上，就必须有所承担。

● 震荡和趋势都是事后确认的。

● 震荡之中也会有趋势行情，趋势里面也有震荡。

● 从你趋势交易系统的历史账单中归纳：连续亏损的时期基本是震荡行情；连续盈利的时期基本是趋势行情。

● 基本所有人都认为自己会盈利才下单，但是事实是大部分人是亏损的。

● 战争军令如山，期货指令必达。

● 交易没有早晚，只有有无。

● 韩信点兵，多多益善；田忌赛马，赢在规则。

● 交易规则早已了然于胸，见招拆招，恰恰是最强的执行力。

● 大道至简，大智若愚，大巧不工，有容乃大。

● 期货是投资吗？对有的人来说，需要将青春与金钱挥霍一空，付出最昂贵的代价；对有的人来说，却是最残酷的炼狱，妄图在生死轮回间得到涅槃……

● 期货最终带给人最大的收益不是金钱，而是智慧的悟彻、人性的归真。

● 战争的最高境界，是为不战；交易的终极目标，是为自由。

● 止于至善，仁者无敌。

● 某种意义上，亏钱是一种责任。

● 生活，不是只有交易。

● 战争的最高境界是不战而屈人之兵，期货的最终成功，一定是最简单、最平静、最和谐、最包容的。

期货兵法

Qi Huo Bing Fa

再读《期货兵法》篇——四年后的再思考

志曰：信手成败，无间是非

——对错自在人心

《期货兵法》批判了很多传统投资思想，也把投资变得似乎更加简单。但是这其中的一个问题在于，简单不是一开始就简单的，而是通过长期的积累与体会、大量的尝试与挫折、纷繁的了解与选择，最终提炼出来的。这一个过程，可能在实践中必不可少。所以《期货兵法》虽然为投资指出了一条明路，但是对于初学者来说，一开始就以《期货兵法》的思路来交易，多少会有种种的不踏实。而做过了一段时间期货，并且被市场整得死去活来的人来说，《期货兵法》就能大大地引起共鸣。

在此处加上再读篇，意在以另一个角度补充对《期货兵法》的说辞，让大家可以知其然，也知其所以然。多年以来，笔者一直身体力行《期货兵法》所阐释的观点，事实也证明了，《期货兵法》能够为交易带来长期的进步，并且能够创造释然且快乐的生活态度。

◆ 再读“预测之法”——“被预测”的群体

“预测”是期货投资的第一大忌，的确如此。但是在实际的“预测”人群中，其实又存在两类，“主动型预测”与“被动型预测”。

“主动型预测”是主动选择去预测行情走势，从而根据预测结果来部署交易过程的。此类人群占据了市场的绝大多数。

“被动型预测”是并不愿意以预测行情作为交易方向，但是又不得不选择“预测”行情，是一种无奈之举。按流行的说法，是“被预测”了。有这么两种情况：

1. 机构资金的流动性障碍

对于散户来说，做错了单子，出现了亏损，可以随时选择平仓。但是对于大资金来说，比如在一个品种持有了上万手持仓，出现行情反向行走的时候，是不能随便平仓反手的。例如在市场下跌的时候，大机构持有多单，如果每个盘口价位挂单是100手，而大机构持仓有10000手的话，如果一次性平仓，就会瞬间把市场价格往下打压100个价位，使得自己越平越亏，并且有可能自己把自己封在跌停板上，而且会引起市场新一轮的恐慌，使得自己亏损更加难以预料。

所以对于机构来说，如果要进行单边交易，则必须有一个长远的打算。包括资金进出的市场冲击、持有时间长度、预期市场目标以及资本回报结构等。而在市场出现巨大方向行情的时候，并不能简单止损，而是可能通过迁仓、对冲、补仓的形式来处理。

举两个例子。

对于公募基金而言，因为其市值极其庞大，A股市场出现下跌的时候，如果果断平仓，则会对市场造成巨大冲击，所以政策规定了公募基金最低持仓标准为70%仓位，就是这个道理。

国际知名的商品指数基金，就是一种预测商品必然上涨的投资模式。永远只做多，不做空。其存在的理由在于货币长期必然贬值的假设、无限制的延期以及低杠杆的使用。简单来说，满足了《期货兵法》“一定赚钱理论”的时间和资金无限的假设，所以这样的“预测”交易法也是可以长期盈利的。

2. 套保资金操作

对于套保性质的资金来说，也是一种“被预测”的交易。比如持有库存的企业，如果预测商品价格上涨，或者横盘不变，则没有必要做卖出套保。但是如果做了卖出套保，就必然抱有“价格下跌”的预测。

虽然在经典的套保理论里提示企业在价格上涨的时候也需要做卖出套保，但是绝大多数套保交易的发生都是发生在市场下跌开始之后，对市场产生强烈下跌预测的时候。

◆ 再读“分兵之法”——组合、套利、对冲

期货投资需要进行组合。组合可以增强收益，减小风险。但是组合并不能完全化解风险，尤其是系统性风险，这在我们交易的时候仍然需要高度重视。

为了进一步讨论收益和风险的话题，我们引入“对冲”的概念，虽然各本书对于“对冲”的解释不完全相同，本书中以这种方式为准：

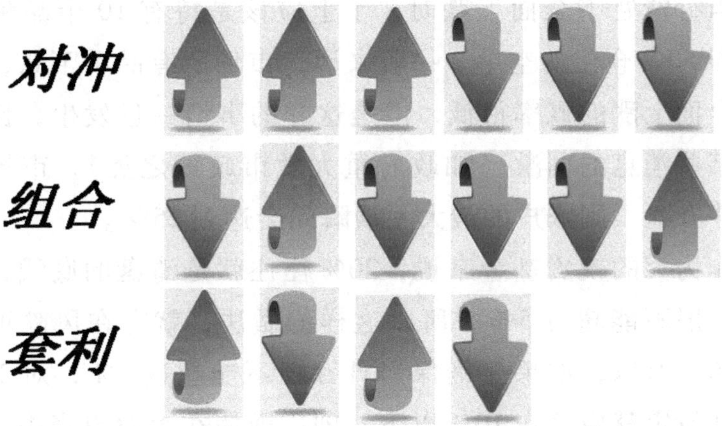

1. 对冲的特点，是一部分品种做多，一部分品种做空，以期达到一定程度的多空平衡，回避掉系统性风险；

2. 组合的特点，是各个品种按一定的规则各自操作。比如震荡市里，可能 6 个品种中，3 个持有多单，3 个持有空单；但是在大牛市中，往往就会 6 个品种全部为多单；

3. 套利的特点，若是跨品种套利，品种间的对应关系非常明确，以期固定的品种间的价差为目的进行的投机。

概括来说，组合可以不对冲，对冲可以不套利，套利可以不组合。

从收益性来看，组合大于对冲大于套利。

从平稳性来看，套利大于对冲大于组合。

为什么要在组合中加入对冲思想？

在为自己做小资金投资的时候，其实可以更多考虑如何组合，去提高最终的收益。但是在管理较大规模基金的时候，过程的重要性往往要高于结果。账户需要进一步平滑。

对于小资金组合来说，从熊市到牛市的过程，就是各个品种逐渐从空单变成多单的过程。但是大的、稳健型投资基金来说，是不允许有过大的风险敞口的。

简单来说，如果持有 50% 仓位，每个品种 5%，共 10 个品种。当行情处于全面下跌时，手上应该是持有 10 个品种全部空单，即 50% 仓位的空单。一般来说，市场所有品种下跌，第二天马上全面上涨的概率很低，但是这样的事情一旦发生，比如市场受到某些消息的刺激（如政府重大救市政策之类），市场第二天以涨停开盘，则账户的最大亏损瞬间会达到 25%。

作为大的投资基金来说，20% 往往就是清盘的底线，而当日亏损一般不能超过 5%，所以这样的做法，就存在风险可能失控的问题。所以，如果要确保当日亏损不能超过 5%，对于净持仓的标准设定就应该在 10% 以下。即，即使在大熊市当中，你也不能完全持有 10 个品种的空单，而只能最多持有 6 个品种的空单和 4 个品种的多单。

关于对冲和组合的结合，还有一个参照系，就是品种的相关度问题。

如果所有品种高度相关（即所有品种都是同涨同跌），则组合其实没有意义，做 N 个品种每个 1 份，等于做 1 个品种 N 份，风险性极大；做对冲同样没有意义，做 M 头寸多单 N 头寸空单就等于做 M－N 头寸的多单，收益性极低。

如果所有品种毫不相关，则组合收益性最好，风险最低；对冲的收益性最高，风险性也最高（各品种不能相互消化风险）。

实际上各个品种的情况是有限相关的，并且还会阶段性起一些变化，如图。

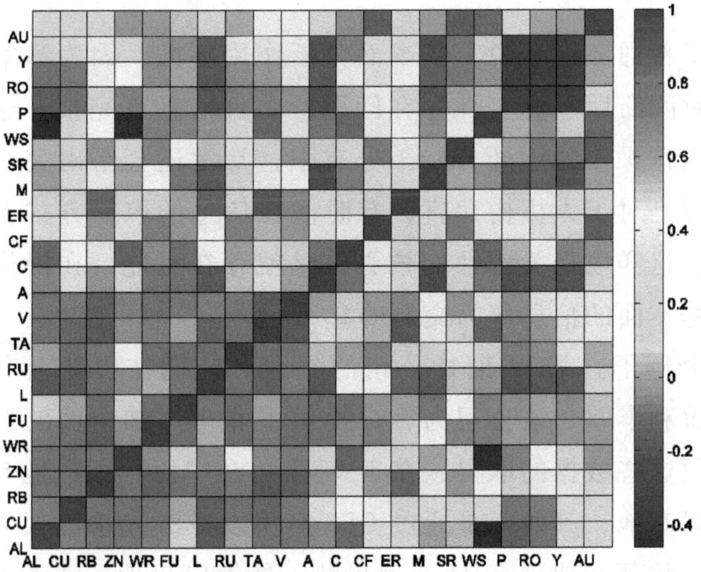

在不同的阶段，组合与对冲产生的效果是有差别的。

在大牛市或者大熊市阶段（如2005年－2007年），所有品种出现同一系统性方向行情，组合可以极大程度的利用资金，获得单边收益，收益率较高，而对冲由于存在较多是逆势头寸，收益较低；

在牛熊交替或者行情急速转折的时候（如2008年中），所有品种剧烈反向发展，组合在短期会面临突然的较大回撤，而对冲基本不受影响；

在行情无序震荡的时候（如2011年底），组合会因为追势策略而频繁出现止损与反手，从而资金出现亏损消耗，而对冲对于方向转变缓慢，交易频率低，基本不受影响；

在行情出现趋势且分化的时候（如2012年中），组合会极大程序利用资金，或者各品种单边收益，同时净头寸较低，风险较小；对冲这个时候的交易结果与组合极其类似，可以获得较大收益，同时风险仍然较小。

◆ 再读“分析之法”——基本面分析与左侧交易

对于普通散户来说，基本面分析作用不大，因为基本面信息获取的时间滞后，真实性存在问题，并且信息不完整。这样的基本面对实盘操作的用处自然十分有限，常常还会给出完全错误的提示。但是对于大机构而言，有时候在信息的取得方式上有独特的手段，这样取得关键性的核心信息就存在可能，在操作上就有可能以基本面的信息作为交易的参考标准。

举个例子。某 W 期货公司的大客户长期在白糖上交易量很大，且盈利丰厚。该公司为客户提供了非常详细全面的白糖分析数据。而这些数据的取得，在于 W 公司在广西甘蔗产地有专业的白糖调研基地，其研究员通过 GPS 定位以及激光检测仪器，在广西数十个甘蔗产地进行 24 小时检测，能够定量地、清晰地观测到甘蔗的生产状况。这样取得的第一手数据，能够非常清晰地反映白糖基本面的供应情况，在重大行情的研判方面提供了真实可信的分析根据。

基本面分析的有效性，在于其分析深度。对于一般散户而言，根本没必要指望基本面分析能给交易带来指导。一知半解的基本面分析，是极其危险的。

基本面分析在市场上其实一直占有非常高的比重。在一波明确的下跌行情中，我们也可以看到有多少空单，就有多少多单。如果每个人都在追逐趋势做空的话，市场就不会有成交。有时候我们在做空的时候，去想想这个时候这个价位为什么还有人做多，对你更深地理解市场是大有帮助的。如图。

对于小资金，以技术面分析为主的交易来说，右侧交易是比较明智的选择。但是对于大资金来说，在趋势形成之后再去追单，会使得点位成本太高，并且出场困难。所以就必然得在市场趋势

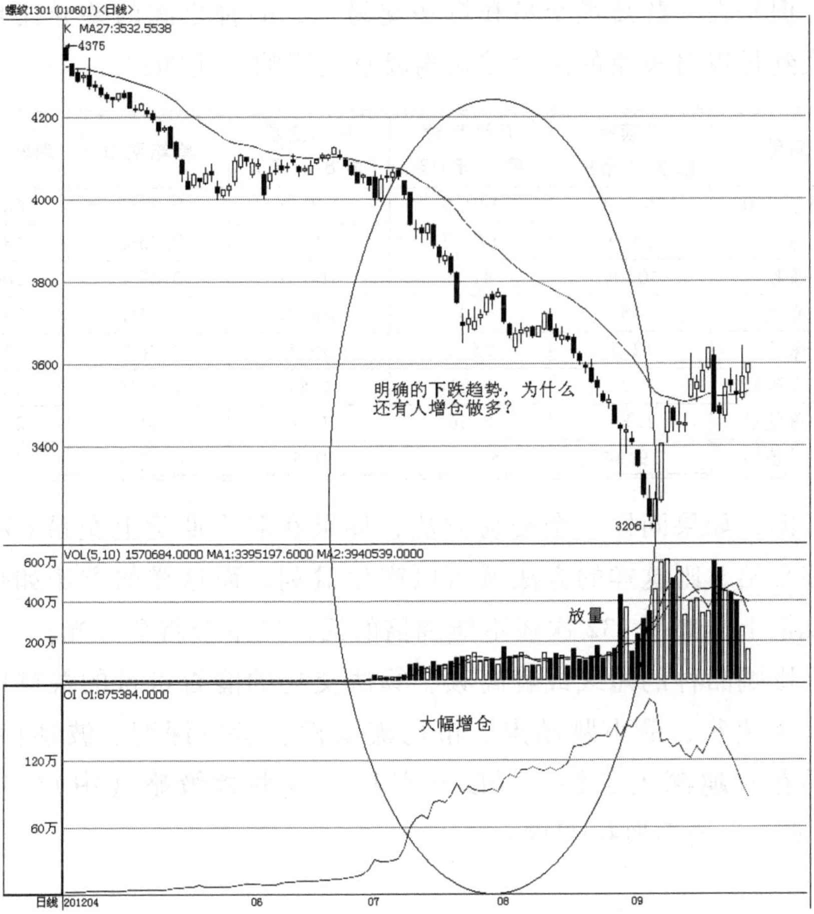

形成之前就提前作出预判，也就是所谓的左侧交易。而在趋势形成之前就作出预判的方式，一般来说，就得通过基本面分析完成。

◆ 再读“区分之法”——短线与算法的品种区分

期货市场的品种上市的数量已经接近30个，这么多的品种在甄选的时候确实给大家带来了很大的困扰。我们所主张的同等对待每个品种，核心是要让你的交易思路，能够符合市场一般规律，有更大的适用性和容错性，而不是只能在某一个品种、某一段时间上使用。这一类的交易方法一般为长线交易。

但是在一些短线交易和算法交易上，品种之间的差异还是可以大到足以对策略的盈亏结果构成直接影响。比如：

品种	手续费标准（元）①	开平手续费（元）②	平均交易成本（元）	单笔费率	消耗次数
期指300	74.52	149.0	209.0	0.17%	606
铜	88.9	177.7	227.7	0.55%	182
橡胶	40.08	81.6	106.6	0.49%	204
黄金	45	90	100.0	0.26%	381
螺纹	12.8	25.5	35.5	0.76%	132
农业银行	1.27	2.81	4.81	1.78%	56
招商地产	1.85	5.56	7.56	0.41%	245
贵州茅台	19.84	58.53	60.53	0.32%	311

即，如果同样一个交易方法，如果在股指期货上交易606次能够翻倍，则这样的方法就可以产生盈利。而这样的方法如果在螺纹钢上，如果132次还不能翻倍的话，则本金就会亏光。

影响品种的短线或者高频、算法交易的能否可行的关键因素有：手续费、最小跳动点、市场流动性、盘口深度、波动性等。如果有兴趣深入了解，可以参考拙著《期货策略（中）》以及《炒股一定要看股指期货》

◆ 再读“校参之法”——什么情况下我们要看外盘

多年来，无论手上的单子仓位多重，我还是养成了晚上不看外盘的好习惯。只要在交易时间以外，就如《期货兵法》所表达的观点一样——“生活，不是只有交易”。

---

① 为分析方便，统一手续费率为交易所的1.5倍

② 2010年12月之前，除了股指、螺纹以外的其他期货品种手续费都按单边收取，这样可以根据换手率计算出品种平均开平仓一次的手续费。12月之后由于手续费全部双边收取，实际开平一次的手续费等同于手续费标准的2倍。

我们可以不看外盘，是因为基于国内市场的变化，其应对措施都已经准备好，无论外盘出现什么变化，我们只需要在国内的盘面上应对即可。

什么情况下，看外盘是有意义的呢？

1. 一些高相关性品种，国内走势不清晰的，可以参照外盘布置长线

比如在上海期货交易所上市的黄金、白银期货。由于受到外盘影响很大，国内基本没有自主定价权，几乎是随着外盘隔夜走势而跳空横盘。这样的品种，如果要参与，分析国内的走势比较困难，则可以借助外盘把握一下长期大势。如图：

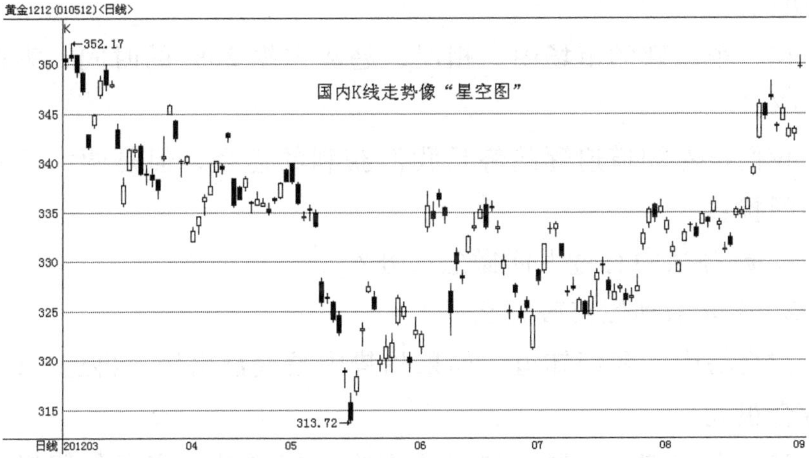

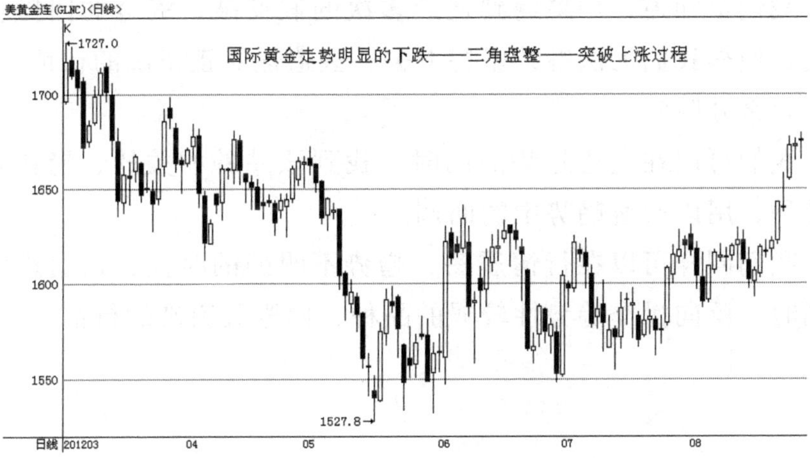

2. 内外盘套利者。

有很多品种，既在国内上市，也在国外上市。而一些大的机构，有双边的经纪通道，可以通过双边操作，把握内外盘品种短期波动出现的基差，从而获得长期累积的收益。

◆ 再读“歼敌之法”——怎样保护我们的趋势

期货市场有震荡和趋势行情，而且这两种行情夹杂在一起，交替出现。

在一个不成熟的市场中，趋势占据市场80%的时间，震荡占据20%。

在一个成熟的市场中，相反，趋势占据20%的时间，震荡占据80%。

我们虽然知道追逐趋势是我们获利的途径，但是两大问题使我们困扰：

1. 趋势当中有过大回撤怎么办？

2. 连续遇到假突破怎么办？

在交易中，我们知道，如果趋势中被洗盘出局，再追高的话，风险会很大。

我们也知道，如果遇到连续多次的假突破，资金的回撤会比较大，使得我们无法继续坚持下去，去追逐真正正确的行情。

怎么办呢？

我们可以在追逐趋势的同时，找到该品种相关的、趋势较弱的品种，用以回避趋势中的回调。

我们同样可以在行情震荡、趋势不明朗的时候，在追逐突破的同时，反向操作趋势性较弱的品种，回避假突破的行情。

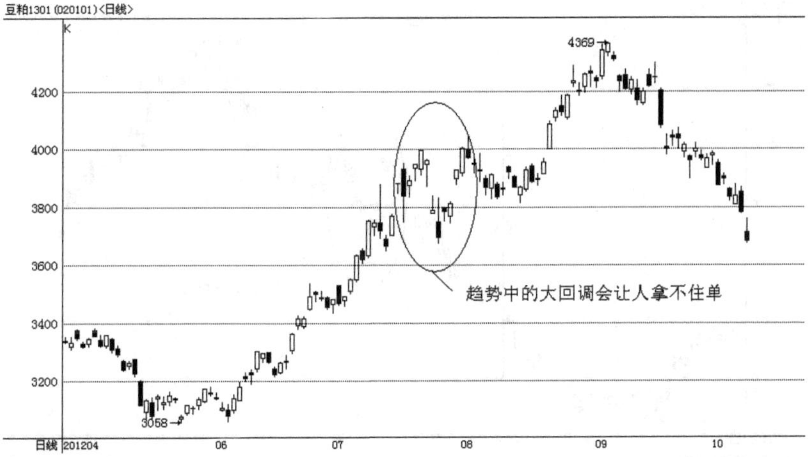

◆ 再读“进退之法”——连续亏损时最见功底

没有“止损”、“止赢”的概念，只有“进场”和“退场”区别。这是《期货兵法》给我们经典提示。

但是，在实际操作中，一种交易方法之前一直效果良好，但是从某个时候开始，遇到连续回撤，是应该继续坚持，还是改变策略？

2011年下半年开始，期货市场遭遇了比较罕见的胶着盘整行情，之前追踪趋势的交易方法，在这个时间段都会遇到连续亏损。

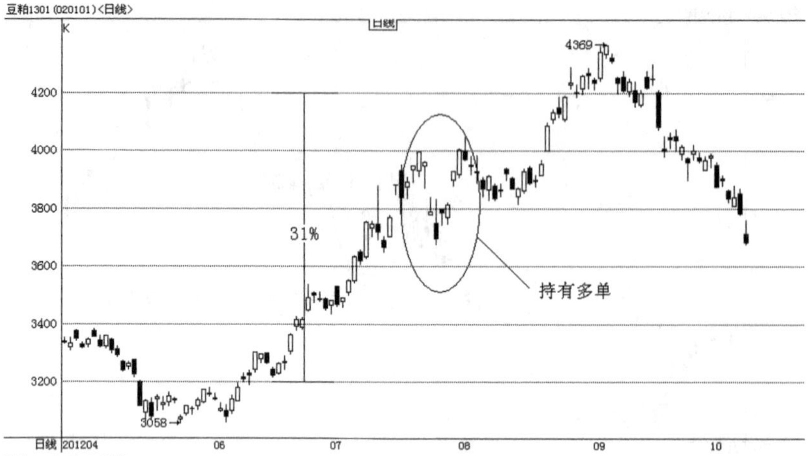

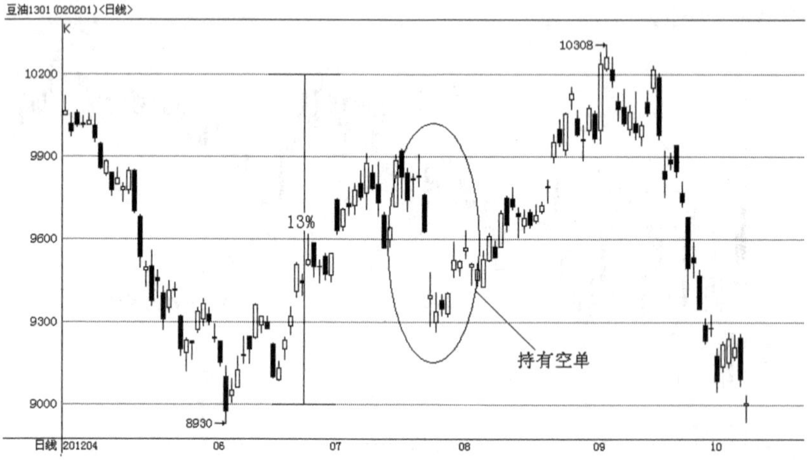

当然，按《期货兵法》的“市场源动力”理论来说，市场不可能永远盘整，否则市场将失去其存在价值。但是盘整的时间如果长达几个月，甚至一年半载，对于很多急功近利的交易方法来说，就会产生巨大的回撤。如果一次亏损会亏损掉总资金的1%，连续20次亏损就会达到20%的风险边界。但是在行情胶着的时候，有时候系统会连续亏损几十甚至上百次。

我们在选择交易员做资产管理的时候，并不是简单看其盈利的时候多么风光。我更关注的是，在其交易最不顺的时期，他是如何解决问题。连续回撤了之后，是连续加码，捍卫系统，还是认输逃跑？

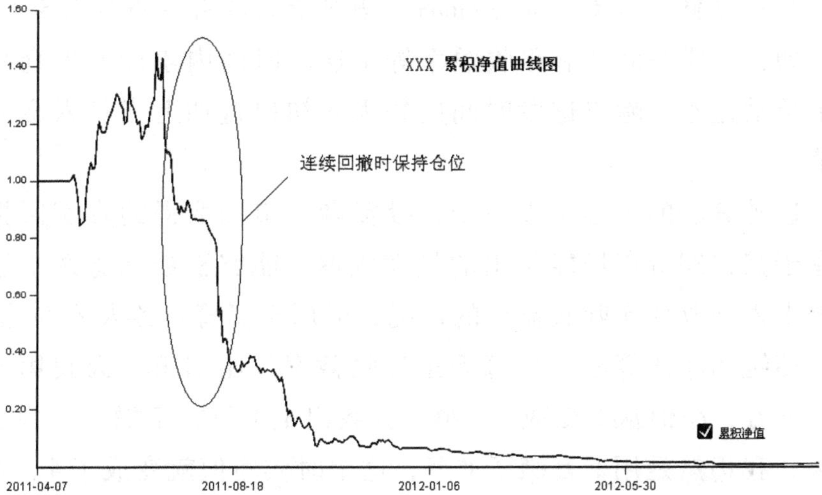

这个资金曲线，是一位程序化交易客户的账户净值。在交易系统刚开始启用的时候，账户进展比较顺利，但是随后出现了连续回撤，交易员相信系统的科学性，坚持用较大头寸操作，结果账户越亏越多，最终接近亏光。

且不论你用的系统是不是一个好系统，即使是一个好系统，出现了让你意料之外的结果，我们能做的，就是减仓、休息。可能，我们错过了一次扳回所有亏损的机会，但是，我们能够活下来，看着系统又回到正常的轨道。

◆ 再读“调遣之法”——和讯收益率的思维哲学

在《期货兵法》中比较了三种资金增长模式，单利、复利以及基于风险控制下的复利。

在投资中，你如果用 1 万元，做到了 2 万元，你是应该加大投入，还是应该将 1 万的利润出金？

我们先看看在和讯期货大赛中的核心指标——和讯收益率的算法。

和讯收益率 = 累计盈亏/max（当日期初权益 + 当日入金）

即：一段时间的和讯收益率等于这段时间内累计的平仓盈亏加上浮动盈亏，除以这段时间内每天起初权益加上当日入金的最大值。

这种算法的核心意义在于，投资者在市场取得的真实回报率是基于其在期货市场能付出的最大成本，能够积极规避选手通过频繁出入金改变实际收益率的情况，适用于资管业务人才的选拔。

传统的净值算法，是每天累计收益率。比如第一天我用1万赚了1万，净值从1变成2，第二天我出金1万，不操作，到了第三天，我仍然是用1万赚了1万，这个时候净值就变成了4。如果你能持续盈利，而即使每次不扩大资金，但是你的净值也会飞快增长，而且越到后面越是恐怖，“神话”由此产生。如图

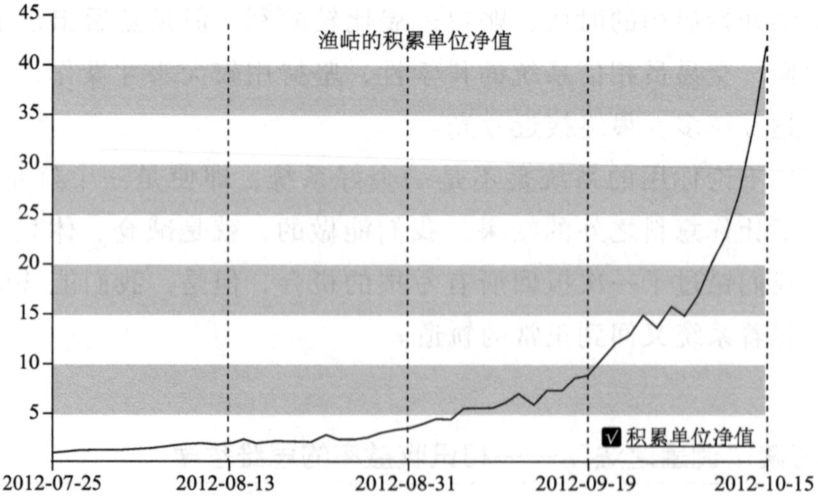

和讯收益率的算法，强调的是，你在盈利的同时，也在加大你的资本，所以，每次盈利之后的资金量，是你用来盈利或亏损的基础。所以，如果你每天盈利的金额相等，你的资金曲线将是一条直线。如图：

在不出金的情况下，无论你赚了多少钱，你的账户收益都不可能超过100%。比如1万做到100万。和讯收益率为99/100 =

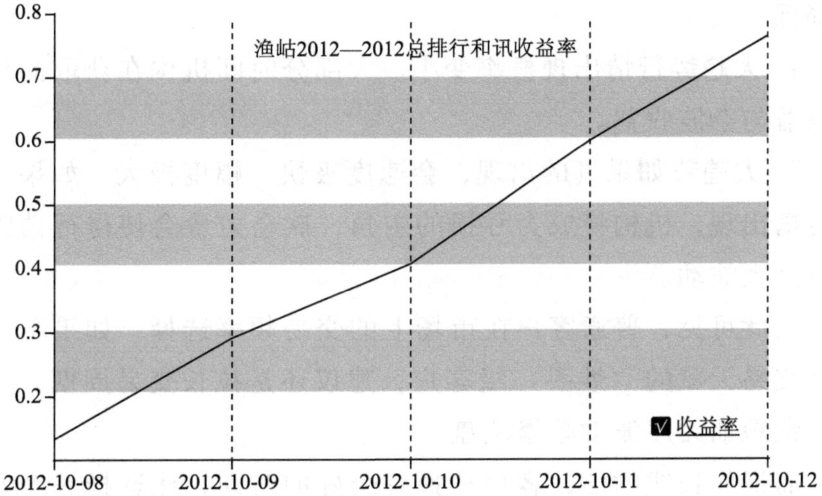

99%，而不是大家想象的100倍。

在市场中盈利之后，应该阶段性出金，将盈利兑现，才是真正从市场中盈利。这个，是和讯收益率的核心理念。

◆ 再读“行军之法”——新形势下的交易频率选择

做长线还是做短线？《期货兵法》给我们的答案是，交给市场去决定。

中国市场正面临着从不成熟市场转向成熟市场的关键时期，市场生态在发生变化，其市场特点也就在发生变化。

简单来说，市场的变化有以下特点：

1. 短线波动越来越随机。这个特点来源于专业机构增多，机构不可能轻易使用追涨杀跌操作模式，更多的是逆短线波动交易。

2. 波段长度相对较短。市场主力在趋势行情的默契会越来越差，因为最后离场的人获利最少或损失最大，所以行情会提前结束。

3. 品种大部分时候相关度降低。对冲基金的盛行，会使得在不同品种间采取相反的操作模式，使得品种高相关地齐涨齐跌概率降低。

4. 大趋势行情出现概率变小。大部分时间机构在获取品种分化收益与杂波收益。

5. 大趋势如果真的出现，会速度极快，幅度极大。如果这样的行情出现，机构将成为亏损的主角，砍仓力量会使得行情瞬间产生巨大波动。

由此可见，普通客户在市场上的交易频率选择，如果不是特别有交易天赋的“炒手”级客户，建议还是拉长交易周期，避免被行情短期无序波动频繁洗盘。

而操作长线的话，客户选择一个好的时间，比选择一个好的方向更重要。如果在趋势末期或者震荡初期进场，其时间成本和亏损风险极大；而在趋势初期介入，则风险最小。

所以，未来，“择时”比“择方向”更重要。

◆ 再读“持久之法”——资管业务的交易模式

期货资管时代，对于散户和机构的持仓偏好，是有巨大差别的。

我们之前说了，对于散户来说，未来，“择时”比“择方向”更重要。即，不需要每天待在市场上，需要耐心等待合适的介入时机。

而对于机构，第一，资金闲置就是巨大的浪费和损失；第二，需要争取到市场尽量多的机会；第三，由于资金多，能够通过各种模式规避市场风险。所以，要尽可能地持久持仓，长期留在市场上。

而持久持仓，又不能频繁更换持仓方向，则交易中，对冲套利的方式就必然要占相当大的部分。

《期货兵法》里所讲述的道理，前提在于市场品种还不多，把握每一个交易机会很重要，宁可做错，不可错过。

在未来的市场发展历程中，我们可以看到的现象是，期货新品种不断上市，新的交易工具（如期权）将不断推出，那个时候，机会的数量不再稀缺。机会的质量才是我们需要关注的内容。

◆ 再读“谋攻之法”——参与者效应与观测者效应

近两年，程序化交易的发展已经达到泛滥的地步，随便一个投资者，开口就是我有 N 套了不得的交易系统。

但是问题来了。大家都用交易系统，能否改变市场的盈亏比例？

很多程序化交易系统，在测试的时候，系统表现极其稳定，曲线基本不回撤。但是到了实盘使用的时候，效果大相径庭，甚至亏损严重。

关于这方面的问题，其实我们已经谈了很多，比如测试的优选性质，参数的过度优化，阶段行情的过度拟合，测试方式的不科学性等。

这里还要补充一个“参与者效应”问题。

中国有句古话“当局者迷，旁观者清”，说的就是道理。当你是一个观测者的时候，你的行为、意念并不会对棋局（行情）构成影响，所以能够找到解决问题的合理途径；但是当你入局了，你的行为和意念就会对棋局（行情）构成影响，棋局（行情）反过来也会根据你的变化而产生相应变化，导致原先设想的方法失控。

举个例子，2004 年，橡胶从 6000 元/吨开始上涨，最高接近 30000 元/吨。很多人感慨，如果我当时买进去，用均线作参考，我们就可以赚几百倍，几十亿……

而实际上，当时橡胶主力合约的成交量不过 3000 手/天。市场生态极其简单，行情才可以轻松上涨。多头总共盈利3亿，空头总共亏损3亿。如果当时“你”也买进去了，比如买了1000手，市场就没有“另外的3亿”亏给你，所以行情很可能就涨不起来了。

所以程序化交易之所以难以找到永远赚钱的“圣杯”，是因为只要有“圣杯”，就会破坏市场生态，摧毁市场，所以“圣杯”就不会存在。

在我们设计交易系统的时候，要注意交易逻辑的必然性和偶然性问题，也要注意对生态的干扰，以及对市场生态变化后的适应性问题。

简单概括来说，运用程序化交易的时候，请把市场当成“活”的，而不是“死”的！

如果对“参与者效应”能够充分理解的话，不妨再思考一个更深的问题——“观测者效应”。此书不再展开，留给大家慢慢回味。

20年前，看过倪匡的经典科幻小说《原形》，其中一句话，非常震撼：

“你看着它的时候，它是一只鸡，谁知道没有人看到它时，它是什么？”

◆ 再读“肃纪之法”——谁是最核心的规则

我对期货规则的重视，使得我花了3本书的篇幅《期货策略（上、中、下）》，几十万字的规模，才将期货规则略解一二，可见规则体系之庞大。

总的来说期货的规则，有以下几个层面：

1. 交易规则

规定期货的交易程序、制度、合约设计、风控措施等，由证监会和交易所设计。掌握这些规则，有助于在投资中作出理性选择，占据竞争优势，加大收益，降低风险。《期货策略（上、中、下）》主要谈的就是这类规则。

2. 行情规则

行情在某个时期、某种条件下的特定特点，这些规则并不是由谁制订，但是在市场群体的共同作用下，有规律地发生着。这些规律靠挖掘、体会。掌握这些规则，即掌握市场的规律，能够给投资决策带来重要参考。各类基本面、技术面书籍想要挖掘的，大都是这类规则。

3. 自我规则

我们在投资交易上应该遵循的准则。由我们自己制定。掌握这些规则，能够让我们在市场中无论行情怎么变化，都能立于不败之地，以不变应万变。《期货兵法》其核心内容就是帮助大家建立自我的规则。

4. 生态规则

市场的各个群体、结构在不同的时期，不同的环境背景下如何对市场产生作用，市场如何分配财富。这个规则不是交易所，也不是我们自己定的，是一种自然规律。了解了生态规则，同时融合前面几种规则，就可以达到归于自然、天人合一的境界。“和讯期货大赛”和“期货中国网私募排行榜”正是开拓这类研究的相关方式。

◆ 再读“止戈之法”——百年道行几年修

期货最终做的，是一种心情，一种境界。这种境界是“学习”出来的吗？是“顿悟”出来的吗？或者是“天生”的吗？

或许那些驾驭市场的高手，有“学习”出来的，有“顿悟”出来的，也有“天生”的。但是一定不是多数。多数的高手，必然是反复学习、反复体会、反复实践，最终累积的量到质的变化。

有的投资人在市场上摸爬滚打20年，仍然不能入门，而有的人，学习三五年，就大有长进。

我建议各位读者，每天交易完毕后，总结一下今日得失，什么地方做得不好，什么地方做得好，今天与昨天相比，你进步了吗？你进步在哪里？只要每天进步一点点，几年下来，就是别人几十年的修行。

期货兵法 Qi Huo Bing Fa

杂谈篇：交易感悟和市场认知

良言：从市场中来，到市场中去

——石头越摸越清

◆ 鱼头美味，但只有一个，而且肉不多

“剁椒鱼头、鱼头豆腐汤”都是名菜，其美味让人垂涎。

鱼尾，又叫划水，“红烧划水”又是一道名菜，美味不亚于鱼头。

如果把期货中一波行情比作一条鱼，我们在市场中用真金白银和脑力体力参与博弈的目的就是要吃到鱼。不同的人偏好不同，有人喜欢吃鱼头，有人喜欢吃鱼身，有人喜欢吃鱼尾，也有人十分贪心，一心想着通吃。

当然，从某个阶段来看，这个市场上大部分人是能吃到鱼的，吃到某一段甚至吃到一整条都是有的。只是从长期来看，似乎大部分人吃到了还要吐出来，并且吐出来更多一些。最后的结果是只有少数人吃到了鱼，而大多数人本质上吃不到鱼，还赔了钱。

鱼头一般只有高手中的特殊群体以及相关内幕交易者或市场操控者才能吃到，他们要么运用高超的技术优势，要么运用牛逼的信息或金钱优势，吃到了美味的鱼头。其他人如果有幸吃到了鱼头，我看基本上都属于不小心吃到的，窃喜一下即可。

一条鱼要出现，一定是鱼头先出现，但是鱼头什么时候出现是很难判断的，所以吃到鱼头很难，一般人想要辨别鱼头、抓住鱼头风险较大。而当鱼头、鱼身出现后，一条鱼的轮廓已经基本呈现了，虽然鱼尾的出现是迟早的事情，但鱼尾太滑，而且“摆甩”能力极强，投资者一不小心就会被它“甩掉”，因此吃鱼尾也是风险较大的。

而抓住鱼身相对抓鱼头和鱼尾的难度要低一些，风险也低一些。鱼头出现后，得到确认，那么鱼身就会出现，这时去吃鱼身，吃到的概率较高，吃到鱼身后，也不一定非要把鱼尾一起吃掉，要么吃得差不多饱了舍去鱼尾，要么等鱼尾出来，得到确认后，

回吐部分利润再离场。

因为鱼头和鱼尾很难识别，而鱼身相对好识别一些，另外鱼头和鱼尾虽然美味，但肉都很少，吃不饱的，只有吃到鱼身才能填饱肚子，所以普通投资者的努力方向放在识别鱼身和抓住鱼身上比较靠谱一些，这样可以少走弯路，也可以实现投入产出的最大化。不管是吃大鱼、中鱼还是小鱼（中长线、波段、短线），放弃鱼头、放弃鱼尾的操作思路都会不错，而一味追求难以得到的美味，还可能丧失吃鱼身的机会，一条鱼最有肉的地方被别人抢走了，岂不是很遗憾。想吃鱼头和鱼尾的人，如果说真的得到了美味，虽然没有吃饱，也算饱了口福，但更多情况是既得不到美味又饿肚子，那就是亏待了自己。

当然了，如果是有特殊技能的高手，则可以去吃吃鱼头和鱼尾，享受一下常人吃不到的美味，甚至可以炫耀一下自己的成就。另外，普通投资者在想着吃鱼身的时候，不经意间偶尔吃到一两次鱼头和鱼尾，也是可能的，吃到了就品一品，但不要太留恋。

◆ 一个满仓交易者的资金管理方法

不少朋友认为满仓交易风险太大，自己不满仓交易，也劝别人不要满仓交易；但另有一些朋友习惯了满仓交易，看到账户里有空仓资金就不舒服。我认为仓位的轻重只是交易风格的不同而已，没有绝对的好坏之分（虽然我本人不会重仓交易，但我并不反对重仓交易）。如果满仓交易者的交易资金只是资产的一小部分，那么满仓交易也并不可怕。而如何对满仓交易进行资金管理，倒是一门学问。

对普通投资者来说，除非是只做日内短线，尽量不要满仓交易；但如果实在管不了自己的手，每次出手必须满仓，那么倒也可以用变通式的办法来进行资金管理。

我有一个朋友，他习惯于满仓交易，但他的资金管理方法却比较适合他自己，用起来也比较有效，有相似情况的交易者可以参考。

首先严格限定期货资产占流动性资产的比例，只把除房产以外的资产即流动性资产的20% ~30%做期货，其他的以存款、股票、债券、黄金、家庭日常开销等形式保有。这些资产的共同特点是流动性好，可随时变现，也就可以随时调节各自的数额或比例。

其次，根据一段时间各个渠道资产的盈亏情况，调节不同类别资产的数量和比例，比如每年调整1~2次，不同类别资产的比例可能有所改变，但始终保持期货占20% ~30%。比如总的流动性资产为1000万，其中250万做期货，一年后，做期货的250万变成了600万，其他的750万变成了900万，那么期货资金可调整到375万，其他类别的资产则配置1125万。

再次，对期货交易资金进行动态管理，主要是短期盈利后备用金的设立和运作。如果做期货的资金短期内赚了较多，比如赚了一倍、两倍或更多，则可以把期货本金取出，存入专门账户作为期货备用金，剩下利润去博。如果继续赚钱，赚得不多那就等到年中或年底调节总比例时再调整；又赚了很多的话就再拿一点出来做备用金。本金和相关备用金拿出之后，剩下的期货交易资金如果产生亏损，亏得不多则继续做，可能还可以翻上去；亏得多了，期货账户里剩下的钱不多了，则把一部分期货备用金或全部期货备用金重新放到期货账户。当然，也有可能尚未建立备用金时，本金已经产生亏损，则一般情况下不管期货账户亏多亏少，继续做，直到年中或年底调节总的流动性资产时再按比例注入期货交易资金；只有在机会特别大的情况下，并在其他资产有盈利的情况下，才允许拿其他资产产生的利润的一部分或全部放到期货账户临时使用，等年中会年底调节总的流动性资产时，再做调整。

◆ 持仓量是潜能、成交量是显能

在期货的技术分析领域，我们大致可以分为两个大类，即“空间分析”和“能量分析”。不同周期的K线形态、走势图、指标线等是空间，持仓量、成交量，持仓结构、成交结构，以及持仓变化、成交变化等是能量。

市场上大部分人所称的技术分析，一般属于“空间分析”，而新兴的分析方法——数理统计分析其实也是“空间分析”的一种。

能够看懂能量、能够捕捉能量变化后面的价格提示的交易者比较少，这主要是因为空间是绝对具象的，而能量和能量变化则是相对模糊的。具象的东西比较容易观察、统计和验证，而模糊的东西则比较难量化分析。但不管怎样，还是有不少分析高手、交易高手能够读懂能量变化后面的涨跌密码，能够捕捉能量变化后面的交易机会。

一个阶段内，持仓量在变大还是变小、成交量在变大还是变小，以及持仓量的堆积主要是哪些群体的行为、成交量的组成主要是哪些群体的行为，这些内容的分析，对把握后续价格的涨跌、涨跌幅度、涨跌速度等都有重要意义。比如同样的持仓量，是大户堆积的、是套保商堆积的还是散户堆积的，它接下来所能释放的能量以及释放能量的方式是不同的；再比如一根成交量放量的大K线，其成交量组成是大户推动的、套保商推动的还是散户推动的，对后续涨跌的持续性和幅度都是不同的。一般来说，套保商堆积的持仓量和大户相比，不容易转换为成交量，即对价格正向推动的力量偏小；而大户推动的成交量和散户相比，则更容易形成后续力量，即对价格正向推动的力量大。

能量分析要比空间分析难很多，具体操作时则更难把握，但其基本的原理我们还是可以比较容易地掌握。比如鲁证期货的李义国有个观点“持仓量是潜能、成交量是显能”，这一观点就很简明地说明了持仓量和成交量的关系，并且也一定程度上揭示了后续价格变化的可能性。

潜能（持仓量）需要逐步堆积，当潜能堆积到一定量的时候，可以转化为显能（成交量）。一旦潜能充分释放，显能就变得很大，这时大行情就发生了。只不过因为潜能一旦耗散，再次继续就需要时间来堆积，因此一次大行情之后，想要再次形成大行情，必须重新积聚潜能。虽然这个原理很容易理解，但核心问题是，潜能具体堆积到多少才会转化为显能，这是不确定的，虽有一定的规律可行，但在不同的时间、不同的环境、不同的品种、不同的潜能构成之下，其转换的节点和转换的方式都会不同。

潜能和显能的关系也像云和雨的关系，即云是持仓量，雨是成交量。云需要逐步酝酿形成，当天空的云积聚得足够多的时候，在某个诱因之下，云就会变成雨。虽然有天气预报，但天气预报从来不可能绝对精确。一方面，不同的季节、不同的地区、不同的风向、不同的云量，以及云的不同组成形式，都会影响雨的形成、雨的大小和下雨持续的时间等；另一方面，诱因很可能是不确定的，它可能是自然而然地形成，可能是一阵风，可能是远在万里的一只蝴蝶翅膀的扇动，甚至还可能是人工降雨。

当乌云密布的时候，你知道要下雨了，但你不知道雨具体什么时候下、下多大、持续多长时间。当晴空万里，只有少数白云飘飘的时候，你以为不会下雨，大多数情况下也不会下雨，但一个突发的诱因可能会引发一场雨，甚至是一场大雨。

作为在地上生存的人，我们有时候期待一场大雨，而有时候则防范一场大雨。

◆ 结合系统特征，进行头寸管理

当我们讨论头寸管理的时候，应该有一个前提，那就是：首先系统应该是一个正向盈利的系统。因为头寸管理要么是为了增强系统的盈利能力，要么是为了减少资金的回撤率。如果是一个亏损的系统，那么不应该讨论头寸管理，而应该研究如何把它变成正向盈利系统。

我们在为不同的系统优化头寸管理时，应该根据各个系统自身的特征分别对待。下面我们来讨论针对以下三种特征的系统，如何进行头寸管理。

1. “连亏几笔小钱、赚一笔大钱”如此循环的系统。

2. “连赚几笔小钱、亏一笔略大的钱”如此循环的系统。

3. 盈亏穿插，盈亏循环无明显规律的系统。

假设第一个系统在运行时，亏一次、亏两次、亏三次之后盈利的情况比较多，亏四次、亏五次之后盈利的情况很少，亏六次或六次以上之后盈利的情况在回测中没有遇到过。再假设初始头寸 20% 仓位，最大头寸设计为 50% 仓位。那么，在头寸管理方面可以如此设定：

连续亏三次之后，下一次进场加 10% 仓位的头寸，即开仓 30% 仓位的头寸；连续亏四次之后，下一次进场再加 10% 仓位的头寸，即开仓 40% 仓位的头寸；连续亏五次之后，下一次进场再加 10% 仓位的头寸，即开仓 50% 仓位的头寸；连续亏六次之后，下一次进场保持 50% 仓位的头寸……直到盈利一次，则下一次进场恢复 20% 仓位的头寸。

假设第二个系统在运行时，赢一次、赢两次、赢三次之后亏损的情况比较多，赢四次、赢五次之后亏损的情况比很少，赢六次或六次以上之后亏损的情况在回测中没有遇到过。再假设初始头寸50%仓位，最小头寸设计为20%仓位。那么，在头寸管理方面可以如此设定：

连续赢三次之后，下一次进场减10%仓位的头寸，即开仓40%仓位的头寸；连续赢四次之后，下一次进场再减10%仓位的头寸，即开仓30%仓位的头寸；连续赢五次之后，下一次进场再减10%仓位的头寸，即开仓20%仓位的头寸；连续赢六次之后，下一次进场保持20%仓位的头寸……直到亏损一次，下一次进场恢复50%仓位的头寸。

假设第三个系统在运行时，初始头寸30%仓位。那么在头寸管理方面可以如此设定：总资金的盈利小于30%、亏损小于15%时，开仓手数不变；总资金赚30%时，调整手数，调为新的资金总量的30%仓位；总资金亏15%时，调整手数，调为新的资金总量的30%仓位。

如此，针对这三个不同的系统设计的头寸管理体系，应该能够为各个系统增强盈利能力或减少资金回撤率。一味的加仓、一味的减仓或是始终保持头寸不变的模式都只是想当然的模式，只有根据自己的系统特征找到一个最合适的头寸管理模式才是最好的。

◆ 关于短线交易者的"入场见红"

不少短线交易者，特别是日内短线交易者只有少数单子留的时间会长一些，大部分单子的持仓时间很短，开仓后很快就平仓了。不同的短线交易者可能有不同的交易原则，但"入场见红"的原则是较多短线交易者共同认可和遵守的。

所谓"入场见红"的原则，就是一开仓马上要显示红色的盈利，如果不赚钱（特别是亏钱了），就要立刻走掉，走掉之后再寻找下一个进场机会。

一笔单子进场之后，随着价格的波动，马上会有三种情况发生，①赚钱，②亏钱，③持平。因为只有价格不波动或者价格波动后又回到进场价格，账户盈亏才会显示为持平，所以，基本上一笔单子进场后也就两种情况，①赚钱，②亏钱。赚钱的单子如果继续持有，会有两种可能，1）继续赚钱，2）变为亏钱。亏钱的单子继续持有，也会有两种可能，1）继续亏钱，2）变为赚钱。

既然亏钱的单子拿在手里也可能变成赚钱的，为什么要马上平仓呢？

对隔夜波段交易者和中长线交易者来说，如果是按照自己的交易原则进场的，那么确实应该忍受一定的价格波动幅度（包括反向波动）。即如果一进场就亏损，只要没有破自己事先设定的止损点，当然可以稍微等一等。但对短线交易者来说，特别是日内短线交易者来说就不同了。

实际上，我认为任何一种交易模式，它可捕捉的机会数量和应承担的风险大小，这两者的关系应是反比关系，即可捕捉的机会越多，每次进场承担的风险就应该越小。

波段交易者和中长线交易者的交易机会要比短线交易者少得多，如果每次进场后有一点点亏损就平仓，相当于是在原先的交易原则之外，又主动放弃了较多的交易机会，使得原来就不多的盈利机会大打折扣。这样一来，虽然亏较多钱的可能性下降了，但盈利的可能性也就大大下降了。

而短线的交易机会很多，特别是日内短线交易者，一天内的交易机会就可能有十几次、数十次、上百次，甚至更多。每次进场后，一亏损就平仓，只留下盈利的单子（再观察这盈利的单子是否需要马上减仓或全部平仓），这样操作或许会错过很多“原本”会“翻回来”的机会，但也躲过了一些一下子亏较多钱的危险，更何况这一次错过了，下一次机会马上就会到来，即便今天的单子全部错过了盈利机会，等明天再来也没什么问题。对日内短线交易者来说，承担很大的风险去博取交易机会反而是不值得的，因为机会还有很多很多。

由此，我想起了《华尔街幽灵》这本书谈及的三条交易规则，“入场见红”的交易原则恰好与其第一条规则吻合：

规则一：在一个像交易这样的失败者游戏中，我们在与大众相敌对的立场开始游戏，直到被证明正确以前，我们假定我们是错的（我们不假定我们是正确的，直到被证明错了）。

在市场证明我们的交易是正确的以前，已建立的仓位必须不断减少和清除（我们让市场去证明正确的仓位）。

另附《华尔街幽灵》谈及的规则二和规则三：

规则二：毫无例外并且正确地对你的盈利仓位加码。｛笔者注：如果是日内短线交易者，也可以首次开仓就开满自己设定的最高仓位，因为日内短线交易往往没有机会加仓。｝

规则三：我们不应该人云亦云，我们应该假设市场不总是正确的，尤其当市场的活跃性很差的时候。此时，我们应该对所有信号都心存怀疑，同时等待进一步的信号。

我们应该充分重视市场活跃性差的负面作用，在市场极度活跃、三天内成交量极高的状态下，清除我们已有的仓位——在出现极高成交量交易日的次日，我们应立即清除我们的一半仓位，之后两天内再清除掉另外一半。此后，我们应该等待进一步的信号，来为下次可能的建仓作准备。

◆ 短线交易者赚的是市场当下的不合理定价

虽然短线交易者的手续费成本要远高于波段交易者和中长线交易者，但优秀的短线交易者创造的资金曲线能令优秀的波段交易者和中长线交易者羡慕不已。

我认识的几个厉害的短线交易高手，他们能够连续几年保持每年翻一番以上的收益，并且最大回撤能控制在10%以内甚至5%左右。一年中，他们往往是每个月都是赚的，或者一年12个月只有1～2个月是亏的。成就如此稳健而高速增长的资金曲线的市场机理是什么呢？

在一开始的两三年或者三五年，厉害的短线交易高手还能够实现完全复利增长，但之后只能赚一点取出一点，如果赚的钱不取出来，则会面临账户资金太大进出不便的问题。这也就成了短线交易者的一大遗憾，虽有稳健高速增长的能力，但市场容量却不给他持续复利增长的空间。短线交易无法长期全复利增长的原因又是什么呢？

有人说短线交易者有天赋、有人说短线交易者盘感很好、有人说短线交易者技术水平很高、有人说短线交易者也可以用程序化来做，可能不同的短线交易高手表现出来的优势各有不同，但我认为每一个短线交易者之所以能让资金实现稳健而高速增长，是因为他们能够赚取市场当下的不合理定价。

短线交易做不大，有人说是因为一个人的能力有限，有人说是因为市场容量有限，有人说是因为一种方法遇到了瓶颈，可能这些因素都是短线交易做不大的表面原因，但我认为短线交易做不大的核心原因还是他们只能赚取市场当下的不合理定价。

在交易时间，市场价格上下波动，当下的不合理定价是由众多的交易者在自己的预期和情绪之下，用自己的金钱投票产生的临时性过程和结果，这种临时性过程不会持续太久，这种临时性结果可能马上改变。优秀的短线交易者正是能够捕捉当下的不合理定价的利润机会，参与不合理定价的临时性发展过程，或在临时性结果发生改变时顺着改变方向交易。

当下的不合理定价总是在发生，如果某种类型的不合理定价对某个短线交易者来说有操作价值，就可以参与，因此他可抓取的盈利机会很多；捕捉当下的不合理定价风险较小，即使捕捉不成功，行情没有向预期的方向发展或是反向发展了，也可以用短线的方式及时止损，即每一次捕捉机会的风险承担很小。正是因为捕捉当下不合理定价的机会多、风险小，所以优秀的短线交易者能够实现资金的稳健高速增长。

价格变动是由资金推动的，当下的不合理定价是其他交易者带着观点、带着情绪，用钱推动的，短线交易者赚的正是他们的钱。但是，推动当下价格变动的资金量再怎么充沛也是有限的，一方面，短线交易者不可能从这有限的钱中赚取无限成长的利润；另一方面当短线交易者自己参与交易的钱越来越多时，他的资金的进出场会在和其他有限资金的互动和博弈中造成当下价格的变动，也就是说他自己会变成了当下不合理价格的制造者，也就成了其他短线交易者的利润来源。因此，短线交易者的资金量大到一定程度后，就无法实现全复利增长了。

◆ 送钱的行情，需要收钱的系统和沉着的执行者

也许行情可以有所预期，但行情总是难以准确预测，对一个趋势交易者来说，有时候行情涨了一点点就跌了，跌了一点点就涨了，来回亏钱，感觉行情就在和他做对，抢他的钱；有时候则是非常顺畅，连续上涨或连续下跌，赚钱赚到自己都不相信，感觉行情特别厚爱他，给他送钱。

对反趋势交易、短线交易、套利等其他交易方法来说，也是一样，行情有时候会抢钱，有时候会送钱。

同样的行情，雷同的交易理念，不同的人，盈亏情况往往大相径庭。

当我们处在抢钱的行情中，能否把资金回撤控制好，或者能够有勇气适当休息？当送钱的行情到来时，我们又能否抓住机会，

坚守阵地呢？

就以趋势交易者来说，持续的盘整行情最难做，也最容易亏钱，这时仓位是怎么控制的？是保持不变？是越亏越加仓？还是越亏越减仓？交易的持续性又是如何设计的？是离开市场等趋势行情来临再做（可能会错过）？还是继续留在场内，按照系统操作，哪怕再被洗几次（可能煎熬多一些，但不会错过大行情）？

行情不可能永远震荡，震荡久了，必然会有大幅上涨或大幅下跌的行情，当这样的行情来临时，送钱开始了。问题是①你的交易系统有没有让你持有正确的头寸？②你自己有没有让自己持有正确的头寸？

当送钱的行情来临时，首先需要一套能收钱的系统。比如大跌之前，所有头寸或大部分头寸已经是空头。优秀的系统，应能把握绝大部分送钱行情。以一年为周期，只要有上涨或下跌20%以上的行情，系统都能抓住，并且能有很好利润。这些利润不但能摊平之前震荡行情的回撤，还能为账户带来不小的增值。

当送钱的行情来临时，还需要一个沉着的执行者。即使交易系统可以抓住送钱行情，但很多执行者未必如此幸运。执行者有可能因为之前连续震荡行情的煎熬，离开了盘面，在美其名曰地“休假”，也没有安排合适的人选代为关注行情，于是错过了送钱行情；执行者也可能在之前的震荡行情中乱了阵脚，越做越亏，越亏越赌气，最后钱已经亏得差不多了，送钱行情到来时，已没有多少本金去“博”；执行者也可能因为之前的连续亏损，把头寸大大减小了，而当送钱行情来临时，又没有及时加头寸，只是赚了一点蝇头小利，还不够填补之前的亏损；执行者还可能在抓住送钱行情的一小部分后，感觉行情太激烈，害怕反抽而落袋为安吓跑了，错过了后续的一大段行情……

我们无法控制行情，但可以管理自己。让自己掌握一套能够把握送钱行情的系统，然后处理好自己的情绪，沉着执行这套系统，总会有行情给你送钱的。

◆ 接近圣杯的两个方法

交易的圣杯即使存在，凭借人类的有限性也不可能找到，即使真的找到，也没有能力百分之百去执行。虽如此，交易者还是有希望接近圣杯，至少可以找到接近圣杯的方法。

所谓的圣杯就是永久有效、所有的行情都有效的交易方法，那么，对交易者而言，接近圣杯的方法应该有以下两个。

第一个方法：有 10 个以上关联性很小甚至负相关的策略，有一个能够辨别现在是什么行情、将来一段时间是什么行情的人，这个人根据不同的行情选择不同的策略，形成几乎所有的行情都盈利的局面。

这 10 个以上的策略，应该包含了长、中、短周期，也包含了趋势、反趋势，总之能够粗略应对并且正确应对所有的行情。

当然，这 10 个策略不难找到，而 1 个能够辨别行情的人却很难找到，可能一亿个人里只有一个，可能需要超强的天赋，而且这个人的状态能否复制也是一个未知数。每个人都会有情绪波动，每个人在生活中都会遇到开心、不开心、顺利、不顺利、喜人、烦人的事情，没有一个人能够做到情绪永远稳定，状态始终如一，另外一个人还有忙或不忙、累或不累的时候，还有家人、朋友、同事的七七八八的事情，还有很多社会层面甚至地球层面、宇宙层面的不可控变化，由此，其交易状态也就必然存在不稳定性。也许他这个月判断行情每次都是对的，而下个月就不太正确了；也许他去年判断行情的正确率超高，今年就失灵了。

因此，第一种方法虽然理论上存在，并且理论上可以实现，但其可持续性不可奢望。

第二个方法：有 100 个关联性小的策略，全部能够实现程序化自动交易，或系统出信号，人工手动交易，这100个策略同时运行，实现盈亏对冲之后的绝大多数行情、绝大多数时间的盈利。

100个策略难找，100个相关性小的策略更难找，这些策略必须覆盖超长、中长、波段、短线、超短线等周期，涉及所有活跃的品种（不同的品种策略也可以不同），包含趋势、反趋势、严格套利、宽泛对冲等形式，运用基本面数据分析、技术图形分析、数理统计分析、量化分析等分析方法。各种方式的搭配组合形成这100个策略，如此可以在日内趋势或震荡，波段趋势或震荡、中长期趋势或震荡的行情中，都会有相应的策略胜出，赚取较多利润，其他不适应的策略则因为止损的明确而损失较少，这样盈亏对冲之后，绝大部分时间都可以实现盈利。

在具体执行这100个策略时，要么需要高配置的计算机辅助，要么需要多个严格执行的下单员辅助。100个策略准确执行的难度不亚于开发难度。因为计算机自动执行100个策略，要保证网络畅通、要处理好滑点、处理好不成交单子的重新申报或撤单、处理好不同策略对同一个品种同一个合约不同形式的持仓或平仓动作……，还要保证任何一个策略在单子下不进去或平不掉时电脑自动警报、行情快速波动时多个策略无法成交的及时合理处理等。可见电脑自动下单，确保100个策略准确无误执行，还是挺难的，而人工执行这100个策略，除了要解决电脑自动下单需要解决的问题以外，还要解决“人”的问题，准确无误地执行更难。

最后，这100个策略每年还需要新陈代谢，比如每年淘汰5～10个效果不好的策略，补充测试验证后更好的策略。这也是一件难事。

可能世界上也就只有这两种方法接近圣杯了，但它们依然不是圣杯。就像人类只能无限接近神，但不可能成为神（成为神可能是百亿分之一）。

◆ 价格沿着阻力最小的路线运动

看了《股票大做手回忆录》，对其中一句话最有启发：价格沿着阻力最小的路线运动。

不管是用基本面分析、技术面分析、量化统计分析，还是猜测、期望或占卜，我们总是喜欢预测价格将要往哪个方向运动。因为如果我们能够提前知道、并且准确的下一天的价格是涨还是跌，就能从市场赚到源源不断的钞票。每个人都可能偶尔知道明天价格的涨跌，但没有人能够持续地提前知道、并且准确知道明天价格的涨跌。

利弗莫尔他说“价格沿着阻力最小的路线运动”，可能包含了四个意思，①明天价格最有可能上涨；②明天价格最有可能下跌；③明天价格最有可能盘整；④明天价格可能上涨也可能下跌。

价格沿着阻力最小的路线运动，那么最小阻力的路线又会是哪一条呢？一个品种所有时点阻力最小的路线有四种可能，①上涨②下跌③盘整④上涨下跌都有可能，但站在任何一个独特的时点，阻力最小的路线则只有一种，即上述四种中的一种。我们可以通过各种方法去研究、分析、总结，得出在哪些情况下阻力最小的路线是上涨，哪些情况下是下跌，哪些情况下是盘整，哪些情况下是上下皆可。

下面我们就用股指期货 K 线形态识别的方法来举例说明这四种路线。

- 上涨下跌都有可能

2010 年 9 月 17 日到 9 月 29 日连续六个交易日小阴小阳线，波动很小，价格几乎收敛为一条直线，这时阻力最小的路线可能是③盘整，也可能是④上涨下跌都有可能。但如果我们考虑到 9 月 30 日是国庆前的最后一个交易日，之后一个交易日将是 10 月 8

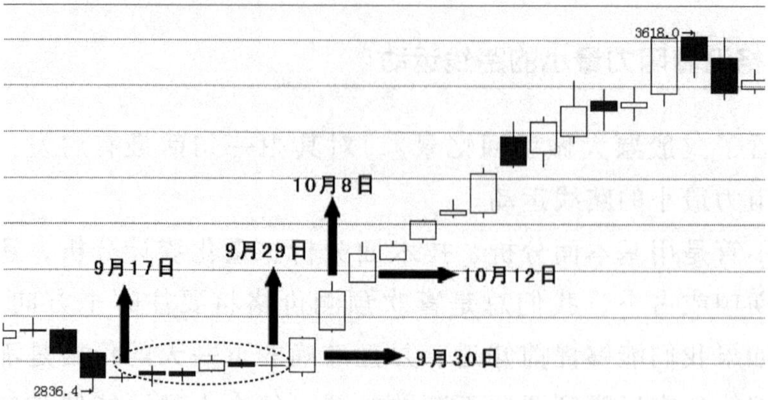

日，因此行情在此处走出方向的概率要大于盘整的概率，因为国庆节后往往会有较大的行情，而节前最后一天往往会提前反应。由此在9月29日的K线走完之后，我们可以期待9月30日④上涨下跌都有可能。

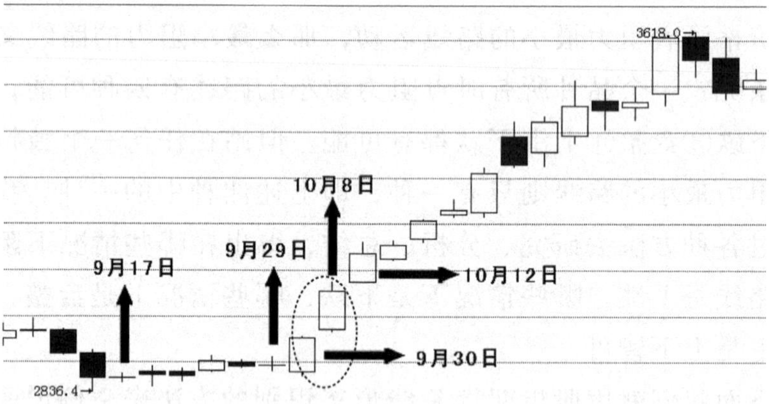

- 上涨

再看2010年10月8日，连续两根大阳线之后，按照以往的经验，接下来的一天即10月12日阻力最小的路线可能是①上涨③盘整，又考虑到10月8日是国庆后的第一天，上涨的行情很可能没有宣泄完，因此我们可以预期10月12日最有可能的走势是①上涨。

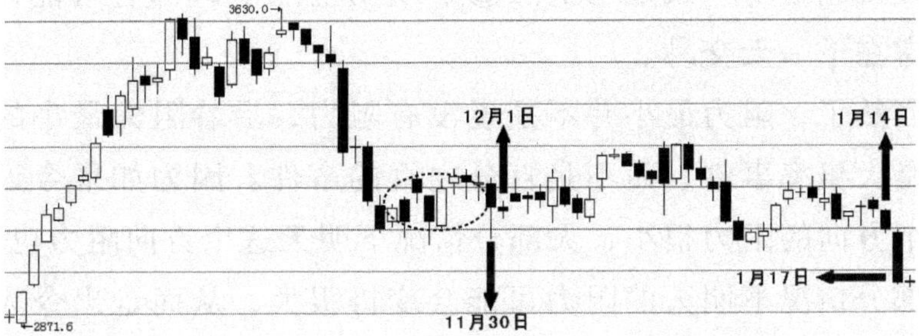

- 盘整

行情从 2010 年 9 月底行情走到 2010 年 11 月底，已经经历了一波上涨和一波下跌，而在 11 月 30 日之前已经有连续多天的盘整行情，11 月 30 日行情大幅下跌之后又收起一根较长的下影线（说明向下突破很可能失败了），由此我们预期 12 月 1 日价格阻力最小的路线应是继续③盘整。

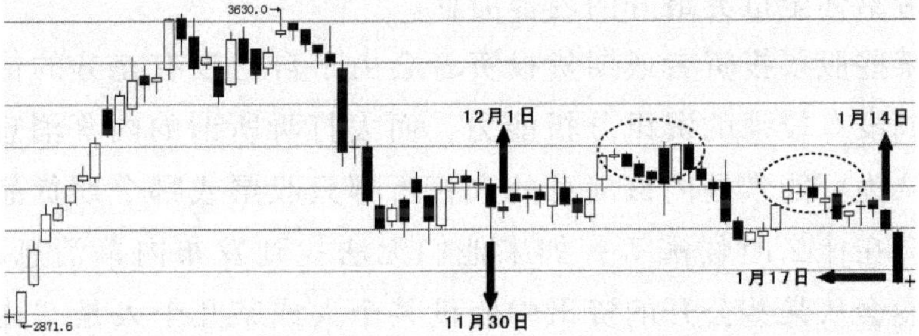

- 下跌

行情走到 2011 年 11 月 14 日，我们看到之前有两次小幅上涨都没有延续，并且第二次小幅上涨的高点要比第一次低一些，而 1 月 14 日是继 1 月 13 日这根小阴线之后的一根中阴线，并且低点突破了前一次小幅上涨的起始地点，由此我们预期 1 月 17 日价格阻力最小的路线应是②下跌。

以上的四个例子，笔者只想说明一个品种在一个特定的时点，下一天价格阻力最小的路线应该是可以推测的。如果是趋势交易者，并推测出下一天是①上涨②下跌④上涨下跌都有可能，则可以考虑在下一天交易。

当然了，阻力最小并不是说没有阻力，沿着阻力最小的路线运动是大概率事件，而不是百分之百的事件。因为如果今天预测出某个方向的阻力很小，大部分情况下明天这个方向阻力也不大，但少部分情况下明天的阻力可能会变得很大，从而走出令人预料不到的行情。这种情况在我们上述的图片中也可以找到。所以投资者即使能很自信地预期明天价格阻力最小的路线，并确定参与交易，也必须设好止损，以防第二天行情不按我们的预期运动。

◆ 全世界最好的内幕消息

《股票大做手回忆录》第二句让我受启发的话是：对市场的观察带给你全世界最好的内幕消息。

某些股票投资者或期货投资者会由于自己没有充分的信息来源，或没有较强的资讯分析能力，而去打听所谓的内幕消息，即向他认为可能掌握内幕消息的人打听哪只股票或哪个期货品种会涨、会在什么时候涨等；如果他们无法找到发布内幕消息的人，也可能会从某些公开的资讯中假设某个人或某几个人是“内部人士”，然后从“内部人士”说话的字里行间去挖掘内幕消息。

可能有投资者会认为根据内幕消息交易赢面会更大一些，实际上是怎样的呢？我们来理性地分析一下内部消息是否可靠，能否依靠内部消息盈利。

第一类内幕消息：发布内部消息的人是认真的，内幕消息是可靠的。发布内幕消息的人必须是内部人士或和内部人士紧密相关的人士，这位朋友必须知道推动某个股票或期货品种涨跌的内幕消息，而且他又愿意真诚地把他知道的内幕消息和朋友或公众分享。这类内幕消息是可靠的，但是少之又少。

第二类内部消息：发布内部消息的人是认真的，但内幕消息是不可靠的。发布内幕消息的人不是内部人士或者只是内部人士的边缘人物，他以为自己得到了确定的内幕消息，或是他被核心内部人士刻意利用了（可能他有某些社会影响力或圈层影响力），他真诚地把他知道的“内幕消息”和别人共享，但很可惜这条内幕消息可能会害人。这类内幕消息，看上去可靠，实际上可怕。

第三类内幕信息：发布内幕消息的人是忽悠的，内部消息是不可靠的。发布内幕信息的人可能是内部人士或内部人士的代言人，他为自己小集团的利益，故意发布虚假的内部信息，以便使行情往他们想要的方向运行，而他们则趁机获取利益；当然发布内幕信息的人也可能不是内部人士，只是一个喜欢瞎胡闹、乱说话的人，他只是信誓旦旦地说他有内幕信息，但他的内幕信息是他自己一厢情愿打造出来的。这类内幕消息是毒药，非常可怕。

由此看来，普通投资者想要获得可靠的内幕信息是难上加难的事情，被虚假的内幕信息欺骗倒是很有可能的事情。因此我们最好不要向别人打听任何内幕消息，如果一定要去了解某些可靠的内幕消息，则最好从市场的波动中自己分析获得。

就像利弗莫尔所说的那样：对市场的观察带给你全世界最好的内幕消息。其实所有真实的内部消息一定会在市场的波动中体现出来，我们只要读懂行情就能读懂内幕消息。虽然行情的波动不会告诉你具体的内幕消息是什么，但是它会告诉你内幕消息想要产生的结果是什么，其实你不需要知道具体的内部消息是什么，你只要顺着内幕消息想要的结果做出正确的决策即可。

比如市场上有消息说某家上市公司怎么怎么不好，但这只股票只是在盘整、没有下跌，那么行情告诉你很可能是利益群体在收集筹码；而这只股票终于突破上涨，这时市场上的消息又变成说这家上市公司的利润上升多少、有很多利好，那么行情告诉你利益群体在利用公众推高股票价格，你也可以跟进；而当这只股票盘整下跌，但是市场上的消息却是这家公司的经营没有任何问题、依然很好，那么行情则告诉你有可能是利益群体在出售筹码，你应该尽快立场，冷静观察。

做股票或期货投资，还是相信自己比较好。相信自己，至少在犯错的时候容易找到错误的根源。

◆ 不要在牛市行情里逗留得太久

《股票大做手回忆录》第三句让我受启发的话是：公众起初挣钱但后来输回去，问题出在在牛市行情里逗留得太久。

经历过中国股市 2006 年到 2007 年那波澜壮阔的牛市行情的投资者，一定会认同这样的观点：一波牛市到来的时候，不管任何一个点位，任何一个时间进场，都是可以赚钱的。

只不过，有些人挣的钱变成了现金，而有的人挣的钱体现在账户上的浮动盈利，而且一直到最后它都只停留在账户上。

股票投资，在牛市赚钱不算本事，因为当牛市来临的时候，任何人都可以赚钱；在牛市结束的时候，尽可能地把赚的钱从浮动盈利变成现金才是本事。在牛市还没有结束的时候，只有个别人担心在不久的将来行情的反转；在牛市刚结束的时候，只有少部分人意识到上涨行情可能不再持续了；当熊市开始的时候，至少还有半数以上的人还沉浸在牛市的幻想中；当熊市波澜壮阔的运行时，依然有不少人期待下一波牛市的马上启动……

在牛市，不同的人会有不同的财运。如果我们是诚惶诚恐的人，牛市的一波小回调就害怕了，赶紧离场，就会错过后面的主升浪；如果我们是先知先觉的人，提前预测熊市的到来，就能提前离场，可能错过最后的疯狂，但可以确保绝对安全；如果我们是神仙，知道顶部在哪里，就能在到顶的瞬间离场，赚到最多的钱；如果我们是后知后觉的人，牛市结束、熊市开始的时候意识到市场出问题了，于是离场，保护了大部分利润；如果我们是不知不觉的人，当熊市波澜壮阔地到来时，依然不知道熊市来了，那也就只能吐光所有的利润，并且走向亏损……股市中的散户投资者往往是第一种人或最后一种人，甚至是两种人的结合体。

总之，我们不能在牛市逗留太久，特别是在自己定义的“牛市”里一直逗留下去。

对期货投资者来说，在大牛市可以赚大钱，在大熊市也可赚大钱。不过，同样要注意的是，不能在自己定义的“大牛市”逗留太久，也不能在自己定义的“大熊市”逗留太久，否则还是会把账面利润全部还给市场，甚至亏损出局。

另外，期货还有杠杆功能，因此在大牛市行情里穿插的一波下跌和大熊市行情中穿插的一波上涨，都必须小心应对，有些调整还需要出场观望（除非仓位很轻，才能持仓对抗较大的回调），才能使账户处在安全之中，并在下一段行情到来时从容进场。

◆ 投机事业不可能百分之百安全

《股票大做手回忆录》第四句让我受启发的话是：不论一位交易者有多么丰富的经验，发生交易亏损的可能性始终挥之不去，因为投机事业不可能百分之百安全。

看上去动动鼠标就能赚大钱、令无数人趋之若骛的投机事业为什么不可能百分之百安全呢？抛开市场被设计出来的本质功能以外，至少还有三个方面的原因。

第一方面：市场多变

市场的涨跌方向、涨跌幅度、波动形态总是在发生变化，有时候似乎有规律可循，过一段时间，这个规律似乎又发生很大的变化，甚至不再出现。好比 2010 年 11 月以来商品期货大幅提高手续费和保证金之后，很多品种的日内交易成本大大提高，较多短线炒手没有了盈利空间，只能被迫离开了市场。而他们的离开又使得较多原先非常活跃的品种的成交量下降，日内波动形态也发生了变化，进而使某些习惯日内交易的投资者一下子无法适应市场的变化而从盈利走向亏损。

第二方面：人多变

市场的变化我们不可能百分之百把握，而我们自己的情绪变化、观点变化也无法百分之百把握。即使我们拥有了一套可以盈利的方法，依然不能保证自己一定不出错，万一在重要的节点出错，或者因为情绪不可控而一错再错，那么之前一切的努力都会白费。

第三方面：不可控力量无法完全杜绝

另外交易中还有一些外在的不可控力量，比如停电、断网、地震、火灾之类的问题。打个不恰当的比方，某位仁兄的多单本来想平仓，结果家里断电了，他又一时找不到期货公司的报单电话，于是单子平不了、留下了，结果第二天开始连续 5 个跌停板，直到他爆仓为止。

那我们又应该如何应对“投机事业不可能百分之百安全”这一事实呢？

1. 采用半复利增长

我们知道资本市场最大的暴利就是来源于复利增长，但如果 1 万元复利增长到 1 个亿的时候，交易者犯了一个致命的错误或是出现一个不可控的风险，那辛辛苦苦赚来的 1 个亿岂不是很有可能归零？所以能够盈利的投资者不妨采用半复利增长的模式，比如每次赚 50% 就取出一半利润，剩下 125% 继续操作，如此循环，不但账户资金逐步增大，取出来的利润也一次比一次多，到最后即使账户出点问题，也有足够的钱东山再起。

2. 合理地分散投资

首先在期货品种方面分散投资，某些交易者会同时交易 15 个品种甚至20个品种，这不单是为了获取每一个品种的盈利机会，更是为了减小系统性风险。而对普通投资者来说，最好不同种类的品种都配置1个以上。此外还有些投资者不但在品种上采用组合方式，在交易策略、交易周期方面也采用组合方式，从而进一步降低了账户风险。

其次资本市场各项投资渠道也可以分散投资，比如在股票、期货、债券、基金、外汇等渠道分散。

最后还可以站在整个社会的角度进行分散投资，比如在房产、股票期货、艺术品、股权、实业等领域分散，甚至在不同国家之间进行分散。

3. 家庭生活费用百分之百保证

交易者在投机市场成功之后，不管自己操作的资金有多少，都应该保证整个家庭以后若干年内生活费用的充裕，就像利弗莫尔那样给老婆和孩子留下了足够的年金过完一辈子。

◆ 是足够大的波动成就了你的可观利润

在期货交易中，如果看错了，做错了，那么必然亏钱；如果看错了，“一不小心”做对了，那是运气，可能赚钱可能赚不到钱，即使赚钱也不可复制；如果看对了，做错了，结果也是亏钱；如果看对了，做对了，没拿住单子，也只能赚到一点小钱；只有看对了，做对了，拿住了，才能赚到该赚的钱。

当我们在一波行情中赚到了可观的利润，那是因为自己看对了、做对了、拿住了，确实如此。但这只是造就利润的主观原因和间接原因，成就利润的客观原因和直接原因是：这一波行情有足够大的波动。

如果行情波动很小，即使看对了、做对了、拿住了，也只能赚点小钱，甚至还可能赚不到钱。对做任何交易周期的交易者来说，必须找到、做到波动足够大的行情，才能赚到可观的利润。做短线的，需要日内波动大一点；做波段的，需要三五天的单向波动大一点；做中长线的，需要一两个星期或更长时间的单向波动大一点；否则可观的利润是无法实现的。

因此，对交易者来说，在战略上、战术上、战斗中都应该有对应的策略和措施。

战略上，我们要去抓波动幅度大的行情，也就需要掌握分析、识别该行情的技术水平，也需要抓住该行情的操作水平。

战术上，我们应该去做波动幅度比较大的品种，只有这些品种才可能实现我们想要的利润。如果去做玉米、小麦，那么可观的利润是不可能得到的。

战斗中，根据自己的分析，单子进场后，在未触及止损的情况下，特别是已经盈利，未触及移动止损或止盈的情况下，要拿得住正确的单子。

虽然市场由一个个带着主观预期的交易者组成，但对任何一个普通交易者而言，市场的运动是客观的，是不以自己的意志为转移的。如果我们掌握了一种盈利模式，只能是我们自己去找匹配的行情、匹配的品种，而不可能是让行情或品种按照我们的盈利模式运动。在自己的交易周期下，在自己的盈利模式下，想办法找到波动幅度足够大的行情和品种，并且拿住正确的单子，才能让大的波动成就你的利润。

◆ 顽固的逆势者先死，顽固的顺势者后死

不管是长周期还是短周期，70%以上的行情波动是震荡，只有不到30%走势是趋势。在震荡行情中，反趋势交易者赚钱，在趋势行情中，顺势交易者赚钱。市场总是在不同的时刻成就不同风格的投资者，但与此同时，市场也在不同的时刻消灭不同风格

的投资者。

投资讲究的是持久性，长时间的生存比短时间的盈亏重要得多。所谓的市场赢家，讲究的是一个完整周期的盈利，和下一个完整周期的盈利，而不是截取一小段时间的盈利。不管是顺势交易者还是逆市交易者，只要操作得当，都能在特定的行情中赚到钱，并且在整个行情周期中保持盈利大于亏损，从而成为市场的赢家。比如顺势交易者如果能在震荡行情中不参与市场，或是通过较好的规避、过滤、尝试、止损体系，亏较少的钱，而在趋势行情中能够较好地抓住趋势的一大段，则可以成为盈利者；同样，逆市交易者如果能够在震荡行情中不断地低买高卖，不断地赚取和积累利润，然后在趋势行情中知难而退，或是用数次小的亏损度过，则也可以成为盈利者。

期货市场的包容性很大，聪明的顺势交易者和聪明的逆市交易者都能生存，并且获得不错的收益。

期货市场的惩罚性也很大，顽固的顺势交易者和顽固的逆市交易者都会被市场淘汰。

一个投资者一进入市场或一开始交易时，遇到震荡行情是高概率事件，这时逆市交易者会捞到很多好处，来回赚钱。一笔单子下进去，即使错了也不要紧，只要扛一下，行情总会来回，并且还能获得盈利，于是顽固的逆市交易者出现了。他被不止损的逆市交易宠坏了，被极高的正确率振奋了，也被大量的利润迷惑了，也就进一步强化了自己的“操作方法”。而一旦一波中大级别行情来临时，他只会不断地逆市加死码，期待行情的回来，而当他的筹码全部加完行情却还没有回来时，他已经亏了很多，这时他还是会“坚决”地扛一扛，直到利润和本金都被吞噬殆尽。

而对顺势交易者来说，经历了一段难熬的震荡行情之后，终于迎来了一波流畅的单边行情，让他们赚了一笔。只不过绝大部分大行情不会一波就走完，行情很可能是一波三折的，灵敏的顺势交易者会进进出出很多次，分段抓取利润，当然也会错过一些机会，而“坚定”的顺势交易者则会在他认为行情还没有走反之前，坚决持有头寸，期待回调后的下一波行情，他们虽然承受了或多或少的回撤，但却吃到了相对更完整的行情。于是顽固的顺势交易者出现了，他会在他认定的趋势行情中坚定持有单边头寸，他会把止损幅度放得很宽，因为历史多次证明，只要大趋势没有被破坏，再大的行情回调也只是临时的，要不了多久，价格还是会向原来的方向前进。顽固的顺势交易者确实能在数次趋势行情中吃到更多利润，但是总有一次中间回调很深的趋势行情，让他大亏之后再出来，并且在他出来之后，行情再次启动，于是他再次跟进，可惜又来了一次很深的回调……当然，最后这位顽固的顺势交易者也被淘汰出局了。

市场总在变化，我们总是不能看透市场的变化，历史总在重演，历史又总是不完全重演。不管是顺势交易还是逆市交易，轻灵一些、和市场的波动贴得稍微近一些总是好的。当然，如果你能找到趋势和反趋势的灵活切换，那就真的找到了交易的圣杯。

◆ 一叶落而知天下秋

史蒂夫·尼森著、丁圣元译的《日本蜡烛图技术》中有一句话“一叶落而知天下秋，这正是蜡烛图技术所追求的境界。的确，无论多大规模的市场运动，总是从最微小的蛛丝马迹发展起来的。”

成规模的市场行情的发展，从事后来看，确实会有很多蛛丝马迹，而在经历中，能否识别和捕捉这些蛛丝马迹往往会成为能否抓住后续行情的关键。

如果说秋天是可以有所收获的成规模的行情，那么在秋初的那些落叶便是这波行情的蛛丝马迹，一片落叶就像是一根 K 线，能够识别和捕捉的人，就能得到秋天的果实。

我从“一叶落而知天下秋”这句话中，悟到三点：

第一，从落叶判断秋天的来临，是可行的。秋天的开始有很多迹象，比如温度的变化、湿度的变化、太阳距离的变化、人们整体情绪的变化、流行疾病的变化等，落叶是其中一种迹象，是能够看见、能够识别、能够感悟、能够利用的一种迹象。在行情发展中，一根根K线就是一片片落叶，通过识别K线来判断规模行情的来临，是可行的。通过识别K线得出规模行情的判断或许只是一个概率，但只要这个概率能被接受，只要有止损措施的配合，去抓取这个概率的价值依然是很高的。

第二，不是随便一片叶子落下来，就能判断秋天已经来临或即将来临。春天孩童的玩耍会导致落叶，夏天的暴雨也会导致落叶，一棵病树在任何时节都可能有落叶，这些落叶和秋初的落叶不同，我们必须能够识别出来，才不至于被迷惑而莽撞判断秋天的到来。不同的K线能够揭示的后续行情是不同的，某些K线的后续必然不能出现规模性行情，另一些K线的后续则可能出现规模性行情。雷同的K线出现在不同的点位、不同的形态中所意味的含义还是会有差别，极度相似的两根K线，在不同的行情阶段出现，所代表的后续行情的发展可能往往是不同的。不能看到似是而非的K线，就随意判断规模性行情的到来。

第三，要具备识别那片特殊的叶子的能力，做好迎接秋天的准备，当秋天来临时，做出相应的动作，然后享受累累硕果。在不同的行情阶段，预示着规模性行情即将到来或者已经到来的那根K线或那组K线应是不同的，交易者若能加以区分和识别，并且在识别后建仓，则可能获得较大的收益。

◆ 片面分析和主观决策

任何交易者，哪怕是有着多渠道、很可靠的信息来源，其接触到的信息必然不是全面的，用不全面的信息分析得出一个品种或整个市场的涨跌判断，显然不一定是正确的。

任何交易者，哪怕是高手，其所掌握的技术分析方法必然是不全面的或是具有个体独特性的，用不全面的或个体独特性的技术分析方法去分析市场，显然得出的只能是一个片面的个人见解。

其实我认为，任何交易者在期货市场所做的分析必然是片面分析，根据自己的分析所做的决策必然是主观决策。

时下所谓的“程序化交易”、“客观投资”、“量化投资”，无非是具备一致性特征的主观决策，而所谓的“经验交易”、“主观投资”、“盘感交易”，无非是非一致性的主观决策。

另外，更重要的是我们看到的市场，只是我们看到的，并非市场的全部，也不可能是市场的本质。

我们天天在看的K线、均线、MACD等，都不是市场运动本身，而是表象。哪怕是分时线、TICK图，也不是市场本身，它们只是更接近市场运动本质的表象而已。

我认为市场运动的本质，是所有参与者，用自己的观察感悟模式和分析方法，带着自己的预期和情绪，用自己的钱或别人的钱，进行涨跌投票的运动。在不同时点，投票的人群组成有不同，每个人的预期有不同，每个人的情绪有不同，每个人能够投入或愿意投入的金钱数量有不同，所以市场投票的运动一直在变化，投票的结果也一直在变化。

说到底，市场运行的本质只能笼统说明，而无法真实展现、无法清晰描述。我们只能说明它是什么，却无法把几万个人的交易行为、交易情绪、交易预期同时展示在人们面前。也正因为我们无法精确描述它如何运行，所以要借助图形和数字的表象去观察市场本质，用图形和数字的表象的变化寓意市场本质的运动。

任何交易者，首先是市场的观察者，说得更具体一点则是市场表象的观察者（有人自认为是市场本质的观察者，但市场本质只能言及，无法观察）。任何观察者观察的知识市场的表象，而且在观察时必然融入自己的思想，以自己的预期、自己的经验、自己的灵感去理解市场。不同的人看到同一个图，会有不同的想法；同一个人在不同的时间、不同的情绪和状态之下、在不同的分析和交易水平之中，看同一个图也会有不同的想法。然而图就在那里，所有观察者的所有想法和预期都是主观的，不管其想法是一致性的还是非一致性的。

所以说，不管是客观投资的分析方法，还是主观投资的分析方法，都是片面分析。不管是一致性的决策，还是非一致性的决策，都是主观决策。用片面分析去分析全面的市场，用主观决策去处理客观的行情，这是任何交易者的无可奈何，也是任何交易者都必须敬畏市场，必然不可能战胜市场的核心原因。

◆ 做交易和练武功

期货是一个江湖，武林是一个江湖，这两个江湖有着较多的相似之处，至少，做期货和练武功就极其相似。

练武功，一般都是先练招式，各门各派的招式可能雷同也可能完全不同。练武的人只要努力学习，都能练得有板有眼。但招式只是花架子，中看但不一定中用。

招式练完，熟能生巧了，还不一定是高手，因为高手拼得更多的不是招式，而是内功。所以练完招式之后续追求的便是内功的提高，当然内功的升级需要经年累月的积累，并非一朝一夕能达成。内功低的人，花架式再多也打不过内功高的人；而内功高的人，用一个木棍也可以比一把大刀厉害，打狗棒的威力有多大要看谁在使用它。

当然，练武的最高境界是见招拆招、无招胜有招。

做期货也是如此。先是追求操作技术，操作技术提高了，确实能够提高自己的交易成绩。但有了再好、再复杂的操作技术，如果没有内心修为的配合，亏钱依然可能是常态。而如果内心修为到家了，操作技术就变得相对次要一些，甚至境界高到一定程度后，也可以不受任何技术的制约、自由发挥就行了。

做期货和练武功，都是无止境的，值得参与者永恒探索；做期货和练武功，都容易上瘾，"期痴"和"武痴"由此诞生；做期货和练武功没有固定的模式，也没有最好的手段，正规作战能够成功，剑走偏锋也能胜利，全面发展能够提升自我，一技之长也能实现自我。所谓顶级的盈利模式和上层武功，对不同的人来说是不一样的，关键是每个人要找到最适合自己的手段和心法，每个人的内心要有属于自己的终极信仰。

期货江湖和武林江湖一样，都需要英雄，有了英雄才有故事，有了英雄和故事，才吸引人，才能被称为江湖。于是各种擂台赛就出现了，在公开场合下，通过相互过招、切磋高下的方式发现高手，高手也可以在切磋的过程中实现自我提高。

当然擂台赛也是残酷的，因为冠军只有一个。人们羡慕、敬佩、崇拜冠军，冠军的光芒会压过其他所有选手，有时候甚至连亚军和季军都成为点缀。一旦通过打擂台获得冠军，就相当于树立了很高的江湖地位，能够运用冠军头衔吸引和整合高端资源。

只不过上擂台的人未必是为了冠军的名头，有些人打擂台纯粹是为了切磋提高，能得名次最好，没有名次也不遗憾，打擂台的时候只是把平时的打法展示出来。得了冠军也未必是最厉害的，冠军的获得要靠能力、靠运气、靠天时地利人和，可能在当时当地此人得了冠军，而到了那时那地就要换别人得冠军了。另外，事实上，真正的超级高手有可能不屑于上擂台，他们淡定，不需要浮名，也不需要所谓的切磋，自我修炼已经足够。

江湖，让显龙飞天，江湖，也期待潜龙出渊。

◆ 记忆和记录

有些朋友投资收益还不错的朋友，做交易完全依靠盘感或部分依靠盘感。所谓的盘感其实就是“经验 + 灵感 + 随机应变”，其中的“经验”是指交易者脑子里记下的成千上万的具有代表性的“行情图表”以及曾经处理这些行情的成败经历。

简单地说，盘感分为“记忆”、“记忆输出”和“处理行情”三部分。交易者对以往交易经验或总结经验的记忆，以及根据当下的行情输出特定的记忆，并以此记忆为依据或借鉴灵活处理当下行情的行为和现象就是盘感。

能够实现成功的“记忆输出”和“处理行情”的前提是拥有足够多并且足够正确的“记忆”，但绝大部分交易者不具备这个前提。这就是为何大部分人很难实现成功的盘感交易的主要原因。

如果投资者的记忆量不够，那么面对当下的行情就没有处理经验，甚至无法处理；如果投资者的记忆错误，则可能直接导致错误处理行情；如果投资者的记忆模糊，则会因为当下没有时间去验证和思考而错过行情或做错行情。总之对少数投资者来说，依靠记忆很灵秒，但对大部分投资者来说依靠记忆是靠不住的。

实际上，对初入市场的投资者，或者是投资经验 3 年以下的投资者来说，做好记录要比依靠记忆更可靠一些。

做记录分为三方面：

1. 记录自己经历的行情，以及当时处理这些行情的方法和对错结果。

2. 记录自己没有经历的行情，通过看已经生成的 K 线，假设自己当时经历这些行情会如何处理，用什么方法处理这些行情会取得较高的盈利概率。

3. 记录别人处理行情的经历和方法，通过阅读书籍、和同行交流、向赢家或专家学习等方法了解别人处理行情的经历和方法，并找出对自己有用的部分。

这三个方面的记录可以直接生成记忆，然后在特定的行情下输出记忆、处理行情。也可以转化为系统化、半系统化的交易方法，再按照该方法去做交易。

而在交易、交流、学习等过程中，又可以进行新的记录，形成新的记忆，并完善自己的交易方法。自己做的或是别人做的一笔单子赚了钱，如果这笔单子有代表性，则可以记录这一笔单子，并且分析和记录以下问题：为什么赚钱？是应该赚的？是运气好赚的？还是不该赚的？这笔赚钱的交易可以总结利用，还是完全不可复制？同样，一笔有代表性的亏损的单子，也可以加以记录和分析。

记录和记忆的目的都是为了：在有盈利可能的行情出现时再次抓住它，在有亏损可能的行情出现时及时躲避它，在已经盈利的行情下有效保护利润，在已经亏损的行情下有效把控风险。其实也就是让抓取利润有章可循，让躲避亏损也有章可循。

当然，对绝大部分投资者来说，记录比记忆更重要，因为不是每个人的记忆都足够丰富、足够明确，只有依靠不断的、循环往复的记录、总结、完善、提升，才能让自己的交易进入良性盈利状态。

◆ 做生意和别人沟通，做期货和自己沟通

做期货和做生意有相似之处，都是“做买卖”，都需要高卖低买或低买高卖才能赚钱，做期货和做生意也有不同之处，做生意需要和别人沟通才能谈妥价格、才能签立协议、才能交货收钱，而做期货只要和自己沟通就能完成所有交易环节了（交割除外）。

或者说，做生意也有自我沟通的环节，但主要环节是和别人

沟通，做期货可能有和别人沟通的环节（讨论行情、获得咨询服务、获得技术指导等），但主要环节是和自己沟通。

“和自己沟通”与“和别人沟通”有较多的差别：

1. 沟通速度的快慢

和自己沟通不需要约时间、约地点，不需要打电话，大部分情况也不需要说话，和自己沟通不需要顾忌观点能否被认同，不太需要考虑流程，不太需要做很多准备。自我沟通可以按照设定的条件来，也可以冲破一切条件，自由度极高、便利度极高，沟通的速度比和别人沟通要快很多。

2. 沟通的充分性

和别人沟通，即使给予充分的时间，有些观点也是说不透的，因为一方的语言表达有局限、双方的知识结构有偏差。而自我沟通则没有这些问题，自我沟通很容易就把某个事情充分沟通清楚，至于这个事情是否需要解决，用什么方法解决则是进一步沟通的层面。

3. 决策的快慢

如果需要在沟通中或沟通后做出决策，那么很明显自己一个人做决策一般要快于多人商量做决策。一个人做决策可以单凭自己的想法、分析和判断，而多人商量做决策则需要权衡各方的想法和利益。

4. 决策的制约性

决策做出之后，这个决策的制约性如何？如果是自我沟通、自我决策，那么这个决策的制约性相对不强，因为自我监督往往容易失效。如果和别人沟通、共同决策，那么这个决策的制约性就相对较强，因为一方为了自己的利益会监督另一方，同时很可能还有合同的法律制约。

5. 决策的易变性

正因为自我沟通做出的决策制约性不强，所以自我改变或推翻这个决策也是轻而易举的事情。和别人沟通共同做出的决策制约性较强，所以要改变和推翻这个决策就比较难。

6. 结果的可原谅性

不管是自我沟通、自我决策之后，还是与他人沟通、共同决策之后，做了一件事情，如果是正面结果，那么当然是好的。而如果是负面结果，则一个人更容易原谅自己，而不容易原谅别人。

7. 结果的可遗忘性

自我沟通、自我决策之后做了一件事情，正面结果会自我强化，负面结果则会自我弱化，即很容易遗忘负面结果（下一次或之后一段时间做同样的事情时，很可能已经忘记了上一次的负面结果以及产生负面结果的原因）；与他人沟通、共同决策之后做了一件事情，正面结果双方会去强化，负面结果则容易互相指责，难以忘怀（下一次或之后一段时间做同样的事情时，总会记起和考虑上一次的负面结果以及产生负面结果的原因，甚至会影响双方的后续合作）。

对做期货来说，在这七个差别当中，前三项是有利的，可以提高效率；后四项是不利的，容易侵蚀利润或造成亏损。因此，做期货应该发挥前三项的优势，谨防后四项的危害。

◆ 输给别人可以原谅，输给自己不可以原谅

在有竞争、有对抗的行业，不同的参与主体总会有输有赢。做企业有竞争、做一份工作有竞争、做金融投资更有竞争。

在竞争性不强、对抗性不强的领域，赢家群体的数量可能大于输家群体，或者即便是输家群体，也不会很差，输家群体和赢家群体相差不是很远。比如老师这个行业就是如此。

而在竞争性很强、对抗性很强的领域，赢家群体的数量要远小于输家群体，输家和赢家的差距很大。比如期货投资这样的

行业。

或者，我们也可以说，人生本身就是一场竞赛，谁是赢家，谁是输家，在任何一个的时点都是一目了然的，只不过在不同的时点赢家和输家有所不同而已。另外，一个人可能在某个领域是赢家，而在另一个领域则是输家，最终还是要综合起来看，才能判定人生的输赢。

做任何竞争性、对抗性的事情，会有输赢。赢是正常的，输也是正常的，没有人可以做到永远不输。

只不过输，可以分为两大类。

一主要是输给别人。二主要是输给自己。

有时候，输了，主要是因为自己比别人差。比如一个球队比另一个球队差很多，一个棋手比另一个棋手差很多，或者一个武者比另一个武者差很多。那么竞技比赛输了，只是说明了自己的水平不如别人。既然是技不如人，输也是应该的，只要在比赛的过程中努力了就不用遗憾和后悔。输了也不一定是坏事，知道别人比自己厉害，就有了后续努力的方向了。

而另一些时候，输了，则主要是因为自己的问题。明明自己的水平和对手不相上下，甚至自己还优于对手。如果是因为自己害怕对手、害怕失败而过分谨慎，没有发挥出应有的水平而失败，或是因为过于自信、看不起对手而狂妄自大，疏忽大意而失败，那就一定是坏事了。因为这种失败是不应该发生的，输了，还得不到尊重。

参与期货投资，如果技不如人，亏钱是正常的。市场中本身就只有不到10%的人赚钱，一个参与者的水平比那些少数的赢家差一些甚至差很多都是正常的。那么在对抗的过程中，输点钱并不羞耻。关键是要在过程中发现别人厉害在哪里，自己差在哪里，同时控制亏损的额度。这样就能在后续的努力学习和实践中逐步提高自己，缩小差距。

做期货的人输给自己的事情经常会发生，因为期货是反人性的，更因为期货竞技的对手是看不见的，任何交易者在市场中只能看到行情的变动、感受自己的变化，因为自己的不合理变化而输了钱就是输给自己。贪婪、恐惧、骄傲、冲动、懒惰、妒忌、随意等导致失败的因素，都是自己的因素，都是需要靠自己去克服的。

打球也好、下棋也好，做期货也好，不管自己的水平是高是低，都不要输给自己。自己的问题不解决，相当于还没有交手就已经输了一半，剩下的一半就看对手怎么收拾你了。

◆ 到底是不是心态问题？

有人看对了，没做好，他告诉自己“这是心态问题”；有人一波行情没处理好，不小心亏了一点，别人说他“你的心态不好”；有人找到了盈利的方法，但在实际操作中没赚钱，高手告诉他“你的心态不成熟。”

看上去，导致交易不成功的问题，大多数是心态问题。

实际上是不是这样呢？

“心态问题”会不会成为交易失败的托辞、借口和安慰？

客观来说，交易中遇到失败，可能是心态问题，也可能是其他问题。交易中会遇到很多问题，任何一个问题，都可能导致亏损，甚至破产，心态问题只是其中一个。或许对交易高手来说，方法、技术、盘感都已没有问题，剩下的只是知行合一的问题，对他们来说，心态问题是最后一个需要解决的问题；而对新手和大部分投资者来说，在不同的阶段、不同的行情、不同的状态下，导致交易失败的主要原因可能不太一样，心态问题可能贯穿在整个失败过程中，但它在大部分情况下不是最主要的问题。投资者除了心态问题还有很多问题要解决，在每一次失败时必须弄清楚主要问题是不是心态问题，如果是其他问题，必须先把其他问题解决掉，而不是用心态问题来做借口，不去正视其他问题。

一般来说，可能导致交易失败的问题主要有以下几种：

1. 缺少必要的交易常识，不了解交易的品种、不熟悉合约的规则、不清楚市场功能。有句话是这样说的：如果没有掌握基本的知识，投资者亏损概率的会达到90%，而如果掌握的知识是错误的，投资者亏损的概率将上升到99%。

2. 自我定位不清晰。一上来就想要做高手，想要得暴利；或者一开始就动用大量资金，想通过自己的实际交易慢慢领悟盈利的方法；又或者自己完全不分析、不辨别，听风便是雨，跟着别人瞎做。在没有明确、合适的自我定位之前，很多努力可能都会变成无用功，甚至反作用力。

3. 没有找到盈利的交易方法。一直在摸索，一直在实践，但一直没有开窍，不停地亏小钱或亏大钱，亏了之后没有总结，或者总结不到位，会导致交易一直处在没有章法之中，保持“稳定亏损”状态或偶尔赚钱、持续亏钱状态。

4. 自以为找到了一个盈利的方法。通过一定的实践或突发奇想，以为自己找到了一个可以盈利的方法，甚至使用这个方法赚过一些钱，因此觉得自己已经“悟了”，可以大展拳脚了，而实际上这个方法是一个非常不稳定的方法，甚至是一个亏损的方法，只不过在特地条件下能赚一点钱而已，时间越长，经历的行情越多，亏损则必然出现。

5. 找到了方法，但风险控制没做好。确实找到了一套或数套盈利的方法，但是每一套盈利的方法都会在某些时候出现或大或小的回撤，如果风险没有处理好，在运气不好的时候，很可能抗不过数次连续亏损而狼狈出局。

6. 找到了方法，但不坚持，或随意切换不同的交易方法。一套能够盈利的交易方法，是指在一个交易周期内能够盈利，而不是任何时候都能盈利，如果一有不顺就否定、一亏损就换方法，那么盈利的机会往往就会擦肩而过了。

7. 心态不好，情绪常被行情干扰或生活中的其他事情干扰，心情常被盈亏左右。涨了就亢奋、跌了就失落，逮到机会就得意、错过机会就沮丧，大赚一把就骄傲、大亏一把就恐惧，看别人赚多了就妒忌、自己赚不到就冲动……不管有没有好的交易方法，如果心态是乱的，想要取胜都不太可能。

8. 意外事件。比如在毫无准备的状况下断网、断电、电脑系统崩溃；好好的做交易，却突然地震了；老老实实呆在家里，却遇到上门打劫之类暴力事件……莫名其妙的意外事件保不准哪天就“凑巧”遇上了。

导致交易失败的原因，可能是其中一种，也可能是其中几种的综合。心态问题充其量只是一部分而已，或许在某些情况下是主要原因，但在很多情况下只是次要原因，甚至根本就搭不上边。

因此，如果在交易中还有些问题的朋友，请不要简单地把原因推给“心态问题”，好好找出自己的特定问题，正视它，然后解决它。

◆ 成熟的投资者会把心态问题留给别人

有人说期货盈利要素中，技术水平、资金管理、心态管理的重要性各占三分之一，也有人说技术水平只占10%，资金管理和心态管理合起来占90%。不管怎样，大概的意思就是说，没有良好的资金管理模式和心态，只是有能够盈利的操盘技术依然很难实现持续盈利。

当这种观点被越来越多的人认可和传播后，很多投资者也就越来越重视资金管理和心态管理了。只不过资金管理和心态管理看上去容易，实际上比操盘技术更难理解和掌握。也就是说，即便花很多时间去研究和解决资金管理和心态管理的问题，也不见得有效，而如果花过多的时间在这两方面，则用来提高技术水平的时间就变少了，技术的进步可能变慢了，最终的交易结果恐怕还不如以前。

虽然资金管理和心态管理在期货盈利要素中占大头，但投资者却不能花大头的时间去解决这两方面的问题。实际上，在这两方面花的时间越少越好。

资金管理包括日常交易的仓位管理，还包括不同时段资金投入规模的管理。什么时候应该重仓，什么时候应该轻仓，什么时候应该加仓，什么时候应该减仓，什么时候应该把盈利取出，什么时候可以扩大投资规模……等等这些问题，理论上都无法取得一个完美的方案，更不用说在实际交易中无法获知下一步行情的具体变化、无法获知下一个阶段自己的方法能否适应行情的发展，也就更难获得一个完美的执行措施。

心态管理说起来很容易，就是要克服贪婪、恐惧、骄傲、懒惰、冲动、妒忌等人性缺点，要保持冷静、理性、淡定，要勇于尝试，要不怕犯错，要敢于止损，也要敢于收益。实际上上述的任何一点，几乎每一个投资者都明确知道或隐约知道，但在看着行情操作的时候，难免会受到外界和内心的干扰，无法真正做到。

资金管理和心态管理这么难，那些所谓的高手是不是真的解决了这些问题，才实现了持续盈利呢？不见得。

某些有天赋的高手，确实可以灵活处理仓位，确实可以在任何时候都很好地把握自己的心态，但这样的人，在高手群体中也是少数。很多高手也会遇到仓位问题和心态问题，他们并不是完全把问题解决了，而是巧妙地把问题推给了别人。

很多成熟的投资者，并不追求资金管理的最高境界，也不追求心态管理的最高境界，如果一定要让自己在这两方面达到最高境界，那得花太多太多的时间，也并不是不值得，而是当下实实在在的需求是赚钱，当下真真切切的任务是比别人技高一筹。

很多成熟的投资者，深知完美的资金管理和心态管理难以企及，因此用了取巧的办法，即把资金管理模式固化，同时把心态问题规避。他们会选择一套不错的加减仓规则和资金规模大小变化的规则，并把它相对固化，而不是不断寻找最优的资金管理模式；他们会选择一套能够约束自己的纪律，并严格执行，而不是不断去追求心态的至高境界。他们把无法完美解决的问题固化了或规避了，自己就不再承受这些问题的干扰，别人则依然在这些问题中煎熬，由此建立起来的对比优势是十分强大的。

虽然资金管理和心态管理在盈利要素中占大头，但它们可以通过规则来固化，通过纪律来规避；虽然技术掌握在盈利要素中占比小一些，但却必须不断完善，必须花很多时间去提升，必须适当调节自己的交易方法让它和行情节奏保持适当的共振。

交易技术是永无止境的科学，也是永不完美的艺术，把资金管理固化、把心态问题规避后，多花点时间研究技术、提升技术不但是值得的，也是非常有效的。在对抗性竞争中，它会让你取得能够胜出的相对优势。

◆ 不应该下不了手、不应该乱下手

有些朋友已经有了一整套交易系统，或者有了进场/出场/止盈/止损的规则，但在现实的交易中却老是被行情的波动影响，老是被自己一时的想法影响，老是被相关信息或别人的观点影响，因此在原规则、纪律、信号提示该下单或平仓时犹豫了，在不该下单或平仓时又多做了。

自己管不住自己的手，在团队中增加下单员、风控员的配置，然后让他们代为执行，算是一种迫不得已的勉强可行的方法，但绝不是好方法。

既然交易系统是自己开发的，进场/出场/止盈/止损的规则是自己设计的，为什么自己执行还出问题呢？那只能说明自己还有些问题没有解决，或者对自己的系统不够自信，或者对自己的执行不够自信。

如果因为自己有问题，找别人代为解决是临时性的方法，那么更重要的必然是自己尽快把自己的问题解决掉。

一个团队里有下单员和风控员是正常的，不过他们的存在应该只是团队分工的不同，而不是因为策略设计者无法自我执行而找的“临时工”。策略设计者自己必须有100%的自信心和100%的执行力，如果因为时间分配问题、账户太多问题等，需要下单员和风控员的协助，那才说得过去。

由于自己下不了手或乱下手，才去找下单员和风控员，并把希望寄托在下单员和风控员身上，这是极其错误的，也是非常危险的，临时过渡一下可以，但自己一定要尽快把自己磨练起来，让自己敢于担当投资交易各个环节所面临的一切困难。

如果自己做也能执行得了，找别人执行是因为时间分配、团队分工的原因，同时能够提前设想到和控制好“找别人执行可能出现的各种问题”（比如执行者的理解偏差、情绪波动、自作主张、一时贪婪、生病请假、路上塞车、反目成仇……），找别人执行能够实现更高的效率、更好的效果，才可放心为止。

◆ 谁能做到见招拆招？

在武侠小说和武侠影视作品中，顶级的武林高手，不一定要有招式，他能做到见招拆招，往往随手一招便是好招、妙招。

当然，我们要纠正一种观点：即见招拆招必然招招制胜。实际上，见招拆招未必需要招招制胜，有时候如果敌人太强大或者对手的一招太厉害，有效的防御之招、躲避之招甚至逃跑之招就是好招、妙招。

不管是练武功还是做期货交易，如果能做到见招拆招，就是必胜的赢家了。但对普通人来说，如果连一般的招式都没学会，当然不可能见招拆招，只有好好学本事、练好技术才是根本，有了坚实的根本之后，再去寻求见招拆招的境界才有可能达成。

就我看来，在期货交易中，有两类人可以做到见招拆招。

第一类，是经验丰富、盘感很好的人。丰富的交易经验，让他具备看懂当下行情的能力，良好的盘感能让他当下即找到应对行情的方法。

第二类，是总结了在自己的交易周期内以往所有的经典形态，见到了相似的形态时，就知道后续涨跌的概率，并根据概率的大小决定是否参与。这类人一般会采用规则化的系统交易。

这两类能够做到见招拆招的交易高手着实让人羡慕，他们“坚实的根本”是很多人难以具备的。然而，即便是上述这两类人，他们的见招拆招也不一定能持久。他们的交易过程和结果，依然存在不确定性、存在风险。市场始终不存在100%包赢的方法。

第一类人，他们盘感的持续性未必能始终保持，盘感这东西是头脑中的灵光一闪，这“灵光”以后可能不闪了，或者闪得不对路了。个人的状态变化，变好或者变坏，有时候连自己都控制不了，交易中的任何一个细节、生活中的任何一个细节都可能改变一个人的状态，有时候自己虽努力保持状态，但外来的纷扰、诱惑、怂恿可能会打破他虚幻的坚强。成功者的败笔，往往源于自己的骄傲、疏忽，或是别人的干扰、引诱。若是无法克服引发败笔的因素，一败涂地的风险依然隐约存在。

第二类人，规则化的东西处理有一定规律性的市场是可行的、有效的，但如果这有一定规律性的市场发生了变化，而规则没有随之改变，规则就会钝化或失效。做交易的人都无奈地知道，市场一直在变化，历史或许会重演，但必然是变异式重演，变异的程度大了，当事人就可能看不懂、处理不好；另外当下的市场还可能会有一些全新的故事，这些故事在历史上找不到任何参照，从而导致以前的某些经典形态以后就不一定会发生，以后的一些形态则不一定在以前的形态中能找到，如此，当事人思路的更新、规则的更新如果赶不上市场的更新或超过市场的更新，节奏便不再和谐，盈亏结果可能巨变。

◆ 历史不是重复价格本身，而是重复人性特点

技术分析的一个重要假设前提是“历史会重演”，技术分析认为历史至少会“相似性”重演。如果没有这个前提，技术分析是没有道理的。

不管从整个人类历史的发展，一个国家历史的运行，不同行业历史的兴替，从某种层面来说，一个阶段的表现确实和之前的某个阶段有相似之处。中国历史的发展就有较多“循环”，比如一个大的帝国分崩离析之后，会出现多个“诸侯”争霸的局面，随后又会归于一统，这就是所谓的“分久必合、合久必分”；比如北方的游牧民族入侵南方农耕民族，北方的“狼”在武力上战胜南方的“羊”，但在文化上“狼”则被慢慢同化成“羊”，然后新的狼再次出现……这就是循环多次的“狼与羊”的游戏。

我认为只要是有足够多的人参与的历史，都会有一定的“重复性”。与其说历史会重演，不如说人性没有改变。

一个人在不同的环境会有不同的反应，一群人在相同的环境会有趋同的反应，这是人性的表现形式。至于会出现怎样的趋同反应，则要看环境的变化和时间的长短。

在期货市场，所谓的价格规律，说到底也是人性规律。与其说价格走势会“相似性”重演，不如说在类似的阶段，人们对市

场会有类似的反应。

简单来说，价格规律总是发散、收敛、发散、收敛……，短周期、中周期、长周期都是如此，只是每次发散和收敛的形态都会有所不同，因为每一次发散和收敛所对应的市场环境、价格位置和前面的任何一次都有所不同。

复杂来说，市场价格的表现总是低迷、发展、疯狂、衰竭，涨和跌都是如此，大中小周期都是如此。整个世界的经济发展规律也是如此循环。只不过这一次的低迷虽然和前一次相似，但肯定有不同之处，同样，这一次的疯狂虽然和前一次相似，但也肯定有不同之处。不去借鉴历史的经验，无法分析当前的形势，但完全套用历史的经验，也无法获得当前的精确预测。首先我们要认定人性没有变，正是因为人性没有变，才会有“低迷、发展、疯狂、衰竭”的重复出现，绝大部分人担心风险/不情愿参与造成低迷、越来越多的人看到机会/逐步跟进形成发展、大家丧失理智/一窝蜂地上/已经不再顾及真实的状况造就疯狂、越来越多的人看到泡沫/逐步撤退导致衰竭；其次我们要清楚每一次市场所处的历史环境、经济环境有所不同，每一次市场所在的价格位置有所不同，每一次参与市场的主体有所不同，任何这些，只要有一点微妙的差异，人们对它的反应也会有所不同，因此后续价格的走势虽然会和之前的某些相似，但一定只是相似而不是相同。

期货交易的关键是找到相似性规律，抓住相似性的机会，应对相似中的变化。

◆ 先看水的颜色，再探水的深浅

“你不知道，这里水有多深！”这句话是我们经常听到的，意思是对一个不熟悉的行业来说，这个行业是怎么运作的，特别是其“背光面”长得什么样、发生过和正在发生哪些故事，往往能令普通人大吃一惊。比如，在媒体的曝光之下，在大量事实的叠加之下，中国的食品行业、医疗行业在大部分民众眼中，已经成为“水很深”的行业，是需要谨慎防备的行业。

当然，在众人眼中，股票、期货等金融投资行业，也是“水很深”的行业。只不过，金融投资的财富效应和自由憧憬，让我们不顾危险，涉水而行，奢望自己能到达黄金彼岸。

已经在期货市场涉水多年，并且已经取到黄金的人，常常感慨“水太浑”、“水太深”，从而劝诫后来者不要轻易下水，或提醒已经下水的人注意哪些危险。但一般人听不进去，甚至对这类劝诫和提醒还比较反感（自己赚到钱了，却劝我不要做，这不是妨碍我赚钱吗?）。

不管怎样，在期货这个亏多赚少的行业，小心一点总是对的，对别人的劝诫即便遭来反感，也是要劝的。在我看来，做期货应该“先看水的颜色，再探水的深浅”，水性不好，急着下水练习，期望在实战中提高，可能成本比较高、风险比较大。

首先，在选择这个行业时，需要“先看水的颜色，再探水的深浅”。即在想做期货之前，不要急着下水，先看看期货这趟水浑不浑，颜色是不是你能接受的；看看它永远是浑的，还是有时比较浑，有时还算比较清。选择自己感觉不太浑的时候，再下水探深浅，可能效率更高一些、效果更好一些。

其次，在选择一个品种时，需要“先看水的颜色，再探水的深浅”。期货市场有二十几个品种，不同品种的“品性”是不同的，有些品种比较恶劣，有些品种还能让人接受。在还没有练成高超的本事之前，尽量选择“品性”相对善良的品种“交往”，这样的品种即使“使坏”，也不会把你弄得太惨。比如选择螺纹钢这类成交量比较大，同时受主力操控和外盘影响都小一点的品种，再去实践、研究怎么盈利，可能成功的概率要高一些。

最后，在选择一波行情时，需要“先看水的颜色，再探水的深浅”。期货行情涨涨跌跌，看似任何时点进去都有赚钱的机会，实则不同的时间对应的风险是不同的。同样一个价位，同样是买多，可能今天买和三天前买就不一样，今天买对应的潜在风险或许要大很多，而对应的潜在利润却没有增多甚至减少了。比如同一个价位，在行情的启动位置就相对安全，而在剧烈波动的位置则相对危险。因此先选一个合适的时间，再进场博弈，这样胜利出场或安全退场的概率就增大了。

◆ 不和市场争论价格正确与否

市场价格瞬息万变，我们的分析和预期不可能如此。有时候，价格运行趋势甚至在短时间内彻底反转，人的思路更是不可能跟上。

当市场的价格和我们的预期不符合时，只可能有两种情况：

1. 我们的预期是错误的，市场的价格是正确的。即我们通过基本面分析也好、技术分析也好、量化统计分析也好，得出的接下来价格走势的预期和真实的价格走势偏差较大，甚至完全相反。如果价格走势是正确的，那么错的只能是我们的信息来源、分析方法或结论判断。

2. 市场的价格是“错误”的，我们的预期是“正确”的。即虽然我们通过分析得出的价格预期是比较合理的，但是市场却在某些特殊力量的影响下没有往应该的方向运行或没有以应该的路径演化，而是出现了短期的反常波动。在多元参与的情况下，在所有个体的信息来源不相同甚至不相关的情况下，在不同个体思想、情绪极大差别的情况下，在某些资金可能想操控和影响市场走势的情况下，市场价格短期的“错误”也属于市场的正常表现，当然“错误”只能是短期的，市场会自我修复。

对交易者来说，不管是自己的预期错误，还是市场的价格

“错误”，只要这两者不相符，就容易亏钱，甚至亏大钱。

若我们的预期是错误的，我们当然需要调整，甚至彻底否定自己；若我们的预期是“正确”的，只是市场出现的短期的“错误”，我们是否应该坚持自己的“正确”，甚至去想办法纠正市场的“错误”呢？

我认为，作为一个普通的交易者，最好不要和市场争论价格是否正确。

一方面，在大多数情况下，由于我们自己的相对有限性无法理解和预测相对无限性的市场，因此错误的往往是我们自己。这时，减少错误损失的唯一办法就是承认错误、改正错误，并且想办法提高自己、契合市场，让自己以后少犯甚至不犯类似的错误。对市场本质理解度的提高和对交易技能操作度的提高，可以减少自己的错误，或虽然错误依然发生，但可以大幅减少错误的损失。

另一方面，即便在少数情况下，相对有限性的自我得出了“正确”的结论，相对无限性的市场被一股错误的力量影响而出现了短时间的“错误”。这时，也不可能用一己之力修正价格。因为自己是正确的，我们可能会有三种反应：①对抗市场的“错误”价格，越战越猛不但用自己的所有力量对抗，还调集所有可能召集的力量对抗。②坚守自己的“正确”预期，坚持“真理”，死不认输。③退出头寸，暂时观望，看市场下一步的运行再做决策和跟进。

然而，正因为那股错误的力量非常强大，至少短期内非常强大，所以才导致市场价格的短期“错误”，那么在没弄明白这股力量到底有多厉害之前，单靠己方极其有限的力量对抗是绝对不明智的，靠自己的信念坚持也是不可取的，退出头寸暂时观望才是上策。

不管自己正确与否，不管市场错误与否，懂得妥协了，也就和谐了。

◆ 不能期待用短跑的方法去长跑

参加期货比赛的高手，对待比赛账户和普通账户的模式大约有四种。①把绝大部分精力放在比赛账户上，以做好比赛账户为首要目的，普通账户顺便做做，比赛账户和普通账户的操作相差很大，甚至有天壤之别。②重视比赛，也重视普通账户，用不同的模式操作比赛账户和普通账户，两者之间不但仓位不同，某些机会该不该抓不同，品种选择、进出场点位也不同。③基本上把比赛账户和普通账户一视同仁，用相同的模式操作，只不过比赛账户仓位重一点，或者偶尔早进场一点、多扛一两天。④比赛账户和普通账户完全等同操作，仓位、品种、进出场等完全一样。

参加比赛的这四类高手，都是真实存在的，以后也将继续存在下去。其中前三类特别是前两类高手，比赛账户和普通账户在同一时期的收益表现会有所不同。有些投资者可能会因为这些高手的比赛账户和普通账户之间巨大的收益差距而颇有微词，甚至认为某些高手不负责任或在比赛中作弊等，我倒觉得大可不必。

在我看来，在风险控制于计划范围之内的前提下，一个高手如何操作账户应是他的自由。其实，比赛账户在短期内获得高收益，应是真实的，没有虚假成分；而其他账户同期收益率不高，甚至是亏损的，也是真实的，没有虚假成分。这就像你经营很多个公司，其中一个公司赚很多钱，而其他几个公司表现平平甚至亏损，也是正常的事情。

其实对大部分高手而言，比赛就是短跑，日常投资则是长跑。他们之所以是高手，是因为他们短期的爆发力很强，可以在短跑中获得好成绩。同时这些高手一般也是长跑好手，只要给他足够长的时间，普通账户的收益也是不差的，只是资金曲线短期会有震荡或回调而已。

只不过我们不能期待比赛选手永远处在短跑的状态或者全面处在短跑的状态，因为短跑注定是短暂的，如果用短跑的形式跑长跑的里程，高手会被活活累死。

如果3个月3倍，一年复利就是81倍，而如果3个月9倍，一年复利将达到惊人的6561倍。比赛选手中有很多得到了3个月3倍的成绩，也有个别得到了3个月9倍的成绩，但我没有听到谁在一年里获得了81倍的收益，更不要说是6561倍了。

同样，如果跑一百米12秒，一千米就是2分钟，十公里只需20分钟，一百公里只需1小时40分钟，真的用短跑的速度跑长跑的话，上海到杭州就不用坐车了，直接跑步就行了。

比赛追求3个月、半年的短期高收益，日常投资追求的是3年、10年的长期稳健收益，10年10倍也好、10年20倍也好，分散到每一年都只是不高的收益要求，既然只是不高的收益要求，当然就不需要去承担过多风险，稳稳地做就行了。

就好比跑一千米只要求5分钟或者4分多钟就算及格了，那就没有必要上接不接下气地用短跑的速度拼命跑，应尽量保持体力、减少不必要的体力消耗和对身体健康的损耗，只要在规定时间内顺利达到终点就行了。

◆ 不要等市场证明你的系统无效

这几年来，所谓的客观交易、系统化交易、程序化交易等理念在业内传播范围较广，认同的人越来越多，实践的人也越来越多。即按照既定的交易策略进场、出场、加仓、减仓，完全客观的系统化交易者越来越多。

系统化交易肯定不是机会捕捉最优化、盈利最大化的交易模式，但可能是更稳健的模式，可能是最容易克服人性弱点的模式。

系统化交易有优点，同时也有缺点。系统的“死板性”就是它的缺点之一。

市场具体波动路径的不可预测性和波动节奏的易变性，导致任何曾经很不错的交易系统都会在某个阶段甚至在很长的时间里钝化或失效。正因为市场的不可预测性和易变性，一个系统钝化或失效之后，后续它的表现会不会好起来，也是难以知晓的。

当一个正在执行的系统进入长时间的钝化和失效时，再采取行动，可能账户的亏损已经比较大了。我们能否在此发生之前，或是在发生的前一小段，就提前采取行动，进行预防或改变呢？

如果只有一套系统，如果没有调整系统的方法，那么提前采取行动似乎只能靠完全主观的临时行为，但这样做就违背了系统化交易的宗旨。

如果是坚定的系统化交易者，为了能够在系统失效之前有所作为，则可以采取以下四种方法：

一、有了一套自认为能够盈利或是在实战中已经盈利的系统后，最好能进行大量回测、充分回测，最好能把所操作的品种（甚至其他所有品种）之前所有能找到的行情都回测一遍，看看它的最差的表现会是怎样的，然后针对性做好应对措施。

二、考虑最不利情况，即使之前的行情没出现过的不利情况也可以考虑进去。然后思考最不利的情况出现时能否解决。能解决最好，不能解决则要进一步考虑在什么情况下必须停止系统、撤换系统。

三、根据市场波动节奏的变化，考虑定期调整系统。一个交易系统是由一系列的规则组成的，制定和确定这些规则时，我们已经做了很多的工作，但一成不变的规则容易出问题，所以我们还要制定修改规则的规则，即当行情出现什么情况、资金出现什么情况时，允许修改规则，同时要制定怎么修改规则，在多大范围内、多大幅度上修改规则的规则。主动跟踪和监控参与品种的波动特性，主动分析账户资金的波动特性，然后根据修改规则的规则主动调整系统。

四、不停地开发和调整短期策略。中长线交易系统的仓位应当低一点，它可以不变也可以定期调整；短期交易系统的市场适应性一般来说要差于中长线交易系统，应当不停地开发适合当下市场波动节奏的短期策略，选出较好的策略，补充或更换原来的策略。

◆ 不看动态行情，不做临时决定

有些朋友有盘感，能在动态行情中找到最佳的进场点、出场点；有些朋友有天赋，别人三五年才能实现盈利，他一进市场就盈利了，而且持续盈利；有些朋友喜欢随机应变，盘前只做一个基础的框架，甚至连基础的框架都没有，完全根据行情的变化临时决定进出场和仓位比例……

对“神人”和“神来之笔”，我由衷地并且永远地欣赏、羡慕和崇拜。可是我学不来，我做不了“神人”，使不出“神来之笔”。我深入地自我分析之后，发现将来也不可能。

但是，我还是想从期货市场赚到钱，并且想持续赚钱，咋办呢？

既然看着动态行情我没法做出正确的反应，我能不能不看？

既然不看动态行情，就做不了短周期的日内交易，我能不能不做？

既然我没有水平随机应变、灵活处理，我能不能不灵活处理？

既然我没有水平在盘中做出正确的决策，我能不能在盘中不做临时决策？

我能。

人生是一场巨大的“舍得游戏”，期货是其中一小场“舍得游戏”，不管是人生还是期货，有舍有得必是真理。

于是我舍弃“看动态行情”的内心需求，舍弃“做日内交易”的潜在利润，舍弃“看着行情灵活处理”的成就感，舍弃“在盘中做临时决策”的自由度。我之所以舍弃这些，是期待得到我应得的利润。

现在，我不看动态行情，每个交易日的白天可以不打开行情软件，不看任何走势图，即使忍不住要瞄一眼，也就是看个三五分钟就关掉了。

那我怎么做交易呢？不看动态行情，我可以看静态行情。每天晚上，我会花 10 分钟 ~30 分钟研究当天已经走完的 K 线，再结合之前的 K 线，做出第二天该不该做、该怎么做的交易计划。而这个交易计划也不是由我自己执行，而是由我聘请的、实时看着行情的下单员执行。

其实我也曾实时看着行情做单，但是我发现自己不是那块料，我受不了行情上上下下波动对我心情的影响，一天下来，不管是赚是亏，我都饱受煎熬。为了不再受煎熬，但又不放弃交易，我只有把看实时行情的事情交给别人做了。

现在，我不在盘中做临时决定，反正不看盘了也就做不了临时决定了。我会在前一天晚上把第二天想做的交易决策（包括做不做、做多做空，止不止损、怎么止损、怎么移动止损，突发行情和特殊行情怎么应对，要不要二次进场，等等）全部列清楚，交给下单员处理。我只做决策，不处理决策，下单员只执行决策，不干扰、不违背决策。

当然，某几次我白天偶尔看盘，做了临时决策，下单员不敢违背，执行了。结果当然是留下的遗憾比得到的快感多多了。

所以说“不看动态行情，不做临时决定”是我的交易原则，至少目前是这样的，在看得到的一两年内也是这样的。这个交易原则好不好，能不能持续有效，就让市场检验吧。共勉。

◆ 如果无事可做，那就什么也不做

索罗斯说："为了成功，你需要休闲，需要供你自由支配的时间。"

巴菲特说："诀窍是，如果无事可做，那就什么也不做。"他还说："一种近乎懒惰的沉稳一直是我们投资风格的基石……我们不会为投资而投资。我们只有在发现了诱人的对象时才会投资。"

罗杰斯说："任何人都可以学到的最佳投资法则之一是不做任何事，绝对不做，除非有事可做。"

当市场没有适合我们的投资机会时，到底应该等待？应该离开？还是在市场中随便做点什么？

看来三位国际投资大师选择的都不是在市场做点什么，而是什么都不做。

如果我们把成功交易分为四个步骤：①耐心等待；②发现机会；③捕捉机会；④获利了结。看上去第一步耐心等待最没有技术含量、最简单，实际上它是最难做到的。

有些朋友不是缺乏智慧识别机会、不是不够敏锐发现机会、也不是没有能力抓住机会，而是在他能识别、能发现、能抓住的机会到来之前失去了安静地等待机会的耐心，就在一阵烦乱、无措或乱来之后，却发现久等的机会已经错过……

对短线交易者来说，即使暂时没有交易机会，也不能离开盘面，因为机会很可能稍后即到。由于不能离开盘面，看着行情上下波动，虽然它没有到达该操作的点位，但似乎它快要到了，或者它应该会往那个方向去的，为何不尝试地做一把呢？于是就做一把吧。就这样做着做着……，可能停不下来了，也可能花太多精力去做这额外的尝试，而忘记了自己原本要做什么了，从而导致原本属于自己的那个机会的错失。

对中长线交易者来说，如果没有交易机会，可以暂时不看盘面甚至离开盘面一段时间。但是不少朋友除了交易以外没有其他的兴趣爱好，他要么离不开盘面，要么即使离开也无所事事，所以在没有交易机会的时候还一直在关注行情。但只要看着行情，就总想做点什么，看着这个品种没机会，就看看另一个品种，还是没机会，再看其他品种。因为下一次机会什么时候到暂时还不知道、不确定，这就像在约会中等待一位可能迟到甚至可能爽约的美女，心里充满期待，却也是煎熬。这个时候，如果因为无聊或空虚，和身边的陌生女孩聊了起来，那么当你等的那位美女过来看到你在和别人女孩在聊天，她很有可能连理都不理你就走了，等你回过神来，她已经远去了，追不上了。

短线交易需要的耐心等待往往因为交易者的“手痒”而打折扣，而中长线交易需要的耐心等待则往往会因为交易者的“心痒”而打折扣。不管是在生活中、工作中还是交易上，耐不住寂寞的人总要比懂得耐心等待的人更累一些，但得到的却更少一些。

◆ 利润不一定来源于正确判断，可能来源于风险承担

期货市场能够产生利润，最最直接的原因在于它有波动，在波动中持仓才能赚钱，不持仓则不管波动有多大都不会赚钱。

当然，在波动中持仓也可能亏钱。投资者在市场的风险就在于持有头寸，如果不持仓自然没有风险，一旦持仓想要去获取价格波动带来的收益，也就同时需要承担价格波动带来的风险。

因此，不管是盈利机会还是风险承担，直接原因都是在价格波动中持有仓位。一方面，仓位越大代表的机会和风险都越大，另一方面价格波动越剧烈、幅度越大，盈利的机会越大，同时承担的风险也越大。

基于以上的分析，我们可以得出以下三个观点：

1. 如果市场没有适合你的交易机会，你可以不持仓。

只要价格在波动，每一分每一秒都存在盈利机会，只不过适合每个交易者的机会是不同的，有些交易者每天都有很多机会，有些交易者一周有几次机会，有些交易者则一年才有几次机会。

对大部分投资者来说，只有当适合自己的盈利机会存在时，准备进场或者持有仓位才有必要，如果没有交易机会，就没有持仓的必要，否则就是无缘无故承担风险。这就要求交易者懂得分析自己、分析行情，并且能够辨别哪些交易机会是属于自己的。

2. 分析和预判固然重要，在机会来临时持有适当的仓位更重要。

很多交易者十分看重分析和判断，认为看准了才能做好。实际上，看得准不准不是那么重要，看准了没有持仓依然不会有任何收益。有机会只是盈利的前提，而不是盈利的关键。只有持有一定的仓位，承担一定的风险，才可能获得收益。实际上，即便没有属于自己的交易机会，但保有一定的仓位，承担一定的风险，还是有可能获得收益（只不过这类风险承担不太值得）。

3. 永久持仓或大部分时间持仓的交易方法是可行的。

机会有没有并非总能判断，机会什么时候来则更难判断，那么到底什么时候该持仓，什么时候不该持仓呢？这是一件比较难的事情。正因为它很难，所以有些朋友采用了其他的办法来变相“解决”。即不去判断“有机会”，不去判断“机会什么时候来”，而去判断“没有机会”，只要把情况分为两种，一是“确定没有机会”，二是“可能有机会”，然后在“可能有机会”时均持仓，这样就形成了大部分时间都持仓的交易方法。更有甚者，认为任何时候都“可能有机会”，也就变成永久持仓了。在控制好风险的情况下，增加持仓时间，有可能获得更多收益的机会，这收益机会很可能只是承担了风险之后获得的“补偿”和“回报”，而不是自己的正确判断或预期。

从某些层面来说，在信息公布之前，在节假日，适当持仓比空仓更好，因为这个时候的持仓和风险承担相对其他时间来说“效率更高”，即获得收益的可能更大。

◆ 我们交易的是机会更是自己的思想

青泽老师在一次演讲中说，我们交易的不是市场，而是自己的策略。我深表认同，并颇有感悟。

很多人认为自己在期货市场，交易的是机会、是价格的波动、是行情的变化。这都没错，但从更深层次的角度来看，我们实际上交易的是我们自己认为的机会、我们预期的价格波动、我们预测的行情走向，说到底，我们交易的是自己的想法，如果这个想法和市场的表现吻合度高，则能赚到钱，反之则要亏钱。

当我看到一个盈利机会，并且去捕捉这个机会，进行交易。但这个机会对我来说是机会，对别人来说则不一定是机会，还可能是风险。另外，市场上的任何一个点位都有人做，并且有人做多、有人做空，说明任何一个点位都有人认为是机会，而且有些人认为是上涨的机会，另一些人认为是下跌的机会，而我在绝大部分时间认为没有机会，或机会不够好。

实际上，我交易的是我自己认为的机会，“它”是不是机会，是我认为的。“它”就在哪里，“它”是已经存在的当下，我认为是机会，“它”不会改变，我认为是风险，“它”也不会改变。行情在那里走，它只是走它的路线，可能我认为它有规律、认为它有概率，但它只是走它的路线，并不会花一分一秒来关心我的“认为”。

更何况，我认为的机会，有时候是一种明确的观点，有时候是一种猜测的想法，有时候则是一种冲动而已。所以说，所有的机会，都只是一种“偏见”，当这种偏见符合后续行情发展，则机会成立，如果看到机会时去抓了，则能盈利，反之，当偏见不符合后续行情发展，则机会不成立，如果去抓了则要亏损。

行情自有它自己的走法，我们交易的其实不是行情，我们交易的是自己认为的机会，是自己的看法，更是自己的交易思想。

以这种思路来说，市场行情怎么演变重要，而更重要的是自己的交易思想怎么确立、怎么运行。

交易中的盈利需要行情的配合，更需要交易思想的树立、端正和运行。对市场本质的理解、对自我定位的认识、对想要赚哪些钱的认识、对交易行为的理解、对行情走势的分析方式、对操作手法的执行模式、对盈利方法盈利观念的理解、对亏损的理解和容忍，等等，这些东西构成一个交易者的交易思想，交易者正是用这些东西在指导自己的交易，并在处理具体的行情中，交易这些东西。A 的交易思想可以用一句话概括，B 的交易思想可以写成一篇文章，而 C 的交易思想则可以写成一本书，A、B、C 的交易思想虽然从本质上和表现上都有所不同，至少在表达篇幅上不同，但这些不同并不能区分它们各自交易思想的优劣，或许能写成一本书的交易思想未必能战胜只有一句话的交易思想。你可以有思想，你的思想可以千奇百怪，但这个思想行不行则不是你说了算的，应是市场说了算。

行情只是载体，交易者通过这个载体实现了“交易自己的思想”，并且在交易自己思想的过程中，实现了盈亏的变动，然后在盈亏的变动中，交易者往往会反思自己的思想甚至改变自己的思想。

◆ 所有的优势都是比较出来的

每一个商人都是唯利是图，只要在利润分配方面能够善待员工的，就算是好老板了；每一个交易者都会犯错误，谁犯的错误小、犯的错误少，就算是高手了。

世上没有完美，所有的优势都是比较出来的。

某个人，在某方面表现得厉害，是因为他自己在这方面有点本事，比自己的其他方面更突出一些，而更重要的是因为另一个人或另一群人在这方面都比他差。

交易者首先应从自身角度做一个初步比较。一是比较一下自己是做交易更赚钱还是做其他工作更赚钱，是更容易做好交易，还是更容易做好其他工作；二是比较一下自己的交易水平现在和过去相比，有没有进步，以后能不能比现在做得更好。

然后，交易者再从和别人比较的层面做一个比较。期货交易是对抗性、博弈性很强的行为，博弈双方水平的高下高度影响盈亏的结果。交易者一要比较自己是否比其他交易者更厉害，能否在对抗中“打败”对手；二是自己在哪几个具体的层面比别人更优秀，比如是技术分析水平高、是基本面分析水平高、是资金管理水平高、是电脑软件应用水平高、是交易心态好、是纪律性强、是更加勤奋努力、是领悟力强、是盘感好、是经验丰富、是资金规模大……比较出来之后，要尽量避开别人的锋芒，充分展示自己的长处。

最后，到了具体交易执行的层面，交易者还有很多东西要去比较、选择、优化完善。

比如交易系统的比较。用相对客观的系统化交易，还是相对主观的灵活性交易，还是两者结合？不同的交易系统，哪一个盈利能力更强，哪一个风险水平更低，哪一个资金曲线更平稳？

比如交易品种的比较。哪些品种流动性足够大、哪些品种波动率足够大，哪些品种适合做短线，哪些品种适合做中长线，哪些品种技术分析更有效，哪些品种基本面分析更有效，哪些品种受外盘影响大，哪些品种受政策影响大？另外，还要比较同一套交易策略，哪些个品种收益表现更好一些？

比如交易手段的比较。电脑全自动交易、半自动交易、全手动交易，哪一个更适合自己、更适合自己的交易方法？哪一个点差更少、对市场影响更小、更容易执行？

比如不同的资金管理模式的比较。交易者适合重仓还是轻仓？固定仓位设计还是加减仓设计？永久持仓设计还是可以空仓？坚决不过夜还是可以隔夜？单笔最大亏损和账户一个阶段最大回撤设为多少比较合适？

比较之后，要明确自己适合做交易，要知道自己在交易方面哪些地方比别人有优势，要知道自己适合做哪几种交易模式，适合做哪些类型的行情，适合做哪些品种，适合用怎样的手段交易……就能把自己的相对优势充分发挥出来，让优势为你赚钱，让劣势尽量让路。

比如我自认为做交易可以做好，但不是自己最擅长的，因此我并没有把交易当做自己最主要的工作。我认为自己适合做完全客观的系统化交易，适合做和外盘关联度较低的品种，擅长K线形态分析，适合做波段和频率较低的短线，因此，我就以此为出发点开发了几套自己认可的交易系统。我还在实践中发现，自己的交易心态不好，执行纪律不严明，因此我自己就不下单，找人执行我的系统。

◆ 亏损是最微不足道的

做期货，每个人都会有赢有亏，亏损就像是做期货的日常要素。假设市场上的资金平均分布，只要考虑手续费因素，每一天亏损的人都会超过一半。

除非是下一笔单子就收手，否则任何人不可能每一笔单子都盈利；除非是做一天期货就离开，否则任何人不可能每天都盈利。

只要在市场中交易，亏损是每天都要应对、都要处理的事情。就像做一份其他的工作一样，每天都有日常的事务要处理。比如做老师的，除了假期，可能每天都要上课，即便是大学老师，至少每周要上课；做工程师的，每天要画图纸或看图纸；做酒店服务员的，每天要端盘子或迎宾。而处理亏损则是做期货的日常工作，你可能每天都要面对，或者每周都要面对（要看交易者具体的交易周期）。

我们做任何工作，只有做好了日常工作，才有资格做更高端的工作，才有可能获得更好的收入和更高的行业地位。做老师的，把每天的课上好只是最基本的本职工作，并不值得夸耀。一个老师只有把每天该上的课上好了，获得了学生和同事的认可，才能进一步做班主任、年级负责人或学科带头人，再进一步则是某处的主任、副校长、校长。

同样，做期货交易，只有把日常事务——亏损处理好了，才有可能处理好更高端的事务——盈利，才有资格获取更多的利润。处理亏损是必须的，不值得称赞。

在如今的浮躁环境下，在当下的以福为贵、以权为尊的格局下，社会上的很多人都存在不同程度的好高骛远的心态，不屑于做日常的“琐事”，想直接奔着大事，不经历日常的积累，不用每一天的耕耘和坚持，就想快速成就大事业、获得大成就、赢取大荣誉。更有人认为自己是“天命之人”，本来就应该是做大事的，小事不用他去做。但在现实社会中，我们看到的各个领域的所有的成功人士，除了个别有继承背景以外，其他的都是靠自己的努力而走向成功的，都是在小事中磨练和提高的，成功之前每天都在处理繁杂的日常事务，即使在成功之后也有较多的日常事务处理。

只做大事，不做琐事，这应是在成功很久以后的状态，在成功之前、成功之初，绝大部分时间都必须放在日常事务的处理上。

否则，要么成功不了，在郁闷中感叹自己的“怀才不遇”，要么撞了大运，一下子“成功”了，但很快又像流星一样陨落。

其实，亏损在期货交易中是最微不足道的，它是我们每天都可能要处理的日常事务，是我们必须面对、必须时刻准备处理、必须时刻有能力处理、必须能够完全掌控的事情。而盈利则恰恰相反，我们可以让盈利脱离掌控，在很多情况下可以暂不处理盈利，让它尽情奔跑。

◆ 没有对错，只有选择

小时候，对任何一件事情我的理解是非黑即白的，即要么是对的要么是错的，要么是好的要么是坏的；长大了发现，很多事情是灰色的，很难说它是好还是不好，是对还是错，可能从不同的角度、对不同的人来说，同一件事情的黑白是不一样的。

如今，我甚至认为所有的事情都是灰色的，没有绝对的白，也没有绝对的黑。也就说除了法律规定的对错以外，谈论任何一件事情的对错的意义都不是很大。如果要谈论，我们应该谈论的是“合不合适”而不是“正不正确”，即对“做事者”来说事情合不合适。

或许其他国家认为美国人大印钞票是不对的，但对美国来说没有对错，只是一个合适的选择；或许发达国家认为中国消耗大量的原材料是不对的，但对中国来说没有对错，只是一个合适的选择。

一个国家、一个机构、一个家庭、一个人，总是处在无穷尽的选择之中，任何一个主体做任何一项选择都同时包含了对错因素和好坏成分，而关键是如何让这项选择对主体产生当下的利益、将来一段时间的利益、甚至是长久的利益。

所以我认为事情本身没有对错，有的只是做事者对事情的选择。

一个人总要选择一个行业工作，但社会上能够提供工作岗位的行业实在是太多了，是公务员好、金融业好、房地产好、汽车行业好，还是教师好、服装行业好、创意行业好、环保产业好呢？似乎都好，因为这些行业都有各自的社会价值和乐趣。但对单个个体而言，可能做老师是最合适的，或者是做金融投资是最合适。

做期货投资总要选择一个交易方法。从分析方法来说，有基本面分析、技术分析、数理统计分析之分；从交易周期来说，有中长线、波段、短线、超短线之分；从其他的交易层面来说，还有趋势交易和反趋势交易之分、主观交易和系统化交易之分、重仓和轻仓之分、宽止损和窄止损之分，等等。任何一种搭配形式形成的交易方法似乎都能从市场上找到成功者和失败者，这些方法实际上无所谓好坏，根据自己的性格和知识体系选择最合适自己的才是关键。

要参与市场交易，总要选择一种行情。如果把行情分为六种，平缓的上涨、剧烈的上涨、平缓的横向移动、剧烈的横向移动、平缓的下跌、剧烈的下跌。不同的行情都有人能盈利，当然也都有人亏损。你是所有的行情都要参与还是只参与其中两三种，或是只参与自己最有把握的一种？

做具体的一笔交易时，总要选择一个方向，做多或者做空。其实除了最高点和最低点，任何一个点位做多或做空都是可以盈利的，也都是可能亏损的。所以交易方向也没有对错，选择自己看得懂的、把握得好的、做对了知道如何退出、做错了也知道如何退出的方向才是最合适的。

◆ 腹中常空

修禅的高人追求“腹中常空”的境界，腹中常空不是指饿肚子，而是不要吃太饱，让自己尽可能处在半饥饿状态，因为人在半饥饿状态最清醒，也最容易保持身体的健康，因此可以活得更有质量并且相对长寿。

想想也是对的，当我们吃得太饱的时候，更多血液就要用于消化食物，就可能导致大脑容易供血不足，人就容易犯晕。

高人腹中常空是一种常态，而向我这样的凡夫俗子则需要每天三省吾身、再三规诫自己，才能适当放下过多的食欲，勉强做到腹中常空的状态。而一旦遇到特别爱吃的美食或是朋友请客吃饭，则又把规诫放在一边了。

其实修禅之人追求腹中常空的境界必定不只是饮食上的含义，更多的应是生活的态度和为人、做事的姿态。

我认为腹中常空之人，最重要态度有三点。一是谦卑，不管自己的成就大小，不管自己的水平高低，始终认为自己不算什么、能力有限，山外有山、人外有人；二是对已知永不自满、对未知永无止境，这其实是一种努力之后再努力、成长之后再成长、升华之后再升华的态度和动力；三是对宇宙规律、对自然法则、对人类文明、对科学技术的敬畏，一个人面对自己所生存的大的环境，永远是渺小到不能再渺小的，即便自己足够强大，具备了改变小环境、逆转小趋势的能力，但从长远来看，还是必须适应大环境、顺从大趋势。

我们做期货投资的，如果能做到腹中常空，或许更能实现盈利，更能实现持续盈利。

在期货市场，对自我的认识、对知识和技能的认识、对市场的认识做到腹中长空，则不是赢家也快成为赢家了。

期货市场就是一个克服自身弱点走向盈利的市场。自我是小我，小我必有漏洞，有漏洞即是空，空则想办法填满，填满这个漏洞再去寻找下一个漏洞，以此循环，则可以让小我不断完善，最终取得能够盈利的能力和状态。

期货市场是一个变幻无穷但又有一定规律性的市场。期货知识和交易技能理论上是无限的，因为所有的知识都会逐步过期，所有的技能都会慢慢钝化，期货交易者要保持长空之态，要把必要的知识装进脑袋，要把适合自己的技能学到家，还要形成自己的分析、决策、交易系统，并且需要不断更新知识、提高技能、完善系统，才可能实现持续盈利。

期货市场是一个无比强大的市场。它奖赏所有顺从它的人，同时惩罚所有违逆它的人。做期货的人，要留出足够的空间让市场“教训”自己，留出足够的空间让市场“惩罚”自己，留出足够的空间接受市场的“反复无常”和“瞬息万变”，只有这样才能保持自己的持久存活，只有这样才可能实现所谓的复利增长。

不管是做人、做事还是做期货。腹中满了，就填不进东西了；腹中常空，才能持续地填东西进去。发现空了，就想办法去填，满了再空，再填满，满了又空，再填满，再空……由此可以实现自我的持续强大。

◆ 流水不腐

在中国人眼中，水就是财，流动的水才能生财，一潭死水是不吉利的。

金融是钱流动的行业，金融的艺术就在于让钱流动，然后在流动中获得利润。如果钱不流动，利润就不会产生，金融也就不称为金融。

银行里的钱、交易所里的钱、证券公司里的钱、期货公司里的钱，天天流进流出，而这些单位则在流动中获得不菲的利润。

对金融投资者来说，交易也是一项让钱流动，并且期望钱在流动中增值的事业。

想要让钱在交易中增值，①不流动不行，②只流入不流出不行，③流入少流出多不行。

①不流动不行。池塘的水不流动，就会死。账户里的钱，不去交易，虽然不会变少，但一定不会变多，还不如存银行或买固定收益的产品，一年还能有百分之几或十几的收益。

②只流入不流出不行。一个池塘的水，必须要有流入有流出，如果只有流入没有流出，池塘会被撑坏，适当的流出还是必要的，可以让水“活”起来，池塘会更有生命力。做期货交易，必须要有盈利流入，也要有亏损流出，账户才能“活”起来，只有盈利流入没有亏损流出是行不通的。

③流入少流出多不行。一个池塘流入的水少，流出的水多，水再深，总有一天会干涸。一个账户，盈利流入的钱少，亏损流出的钱多，钱再多，总有一天会亏完。掌握一套流入大于流出、盈利大于亏损的方法非常重要。

想要让钱在交易中增值，④流得慢一点不要紧，⑤经常性流出不要紧，⑥适当时舀出一些水。

④流得慢一点不要紧。池塘里水有多少，不在于水流的快慢，有些池塘水流入流出很快，但水位越来越低；而有些池塘水流入流出很慢，但水位越来越高。账户在交易中，盈利流入很快，如果亏损流出更快，钱还是会越来越少；而盈利流入较慢，如果亏损流出更慢，钱还是会越来越多。水流快慢的选择，在于自己的性格脾气，不管你喜欢快流还是慢流，一定让流入的速度高于流出的速度。

⑤经常性流出不要紧。池塘的水经常性流出并不可怕，只要流入更多就行。账户的钱经常性亏损流出不要紧，也不要害怕亏损流出，不要不敢下手，不要被亏损吓住。只要把亏损流出控制住，每次流出的量都很少，只要一次盈利流入就能抵消多次亏损流出，那么即便胜率不高，结果也可以是盈利的。

⑥适当时舀出一些水。一个池塘流入的水多、流出的水少，

那么它的水位就会越来越高，水位高到一定程度，对池塘是不利的，应该在适当的时候舀出一些水，用作它用，即保持池塘的健康，又能用舀出去的水润泽其他。一个账户赚钱流入多、亏钱流入少，那么它的钱就会越来越多，也要在适当的时候拿出一些钱去，消费也好、享受也好、做其他投资也好，让拿出去的钱发挥能量，同时让留在账户里的钱继续流动，等钱多了在拿出一些，以此循环，一来账户健康，二来人健康。

◆ 细节决定盈亏

在期货市场实现持续盈利是很难的一件事情。很多朋友觉得自己能盈利了，认为自己肯定已经掌握了盈利的方法了，可做下来的结果总是亏多赚少；也有一些朋友已经实现几个月、半年甚至一两年的盈利了，应该说算是找到了一些盈利的方法了，但有时还会出现连续半年不赚钱，甚至半年、一年持续亏钱的事情。

期货市场，是一个细节决定盈亏的市场。已知的任何有助于盈利的细节，要去做，坚持做，不打折扣地做；已知的任何有助于亏损的细节，不要去做，坚持不做，一点也不做。未知的任何有助于盈利的细节，要去探索，坚持探索，明白了就去做，做到最好；未知的任何有助于亏损的细节，要提防，时刻提防，一错就改，绝不再犯。

为什么细节这么重要？

一是期货的放大功能，任何细节都被放大，其放大效应在保证金杠杆和T+0的制度之下不是简单地放大几倍的问题，而可能是十几倍、几十倍。所以有助于盈利的细节可能会大幅推升盈利水平，而有助于亏损的细节则可能会造成大幅亏损。

更重要的是期货盈利的相对要求很高。做股票，综合得分80分以上可以盈利，而做期货，综合得分必须95分以上才能盈利。

有些朋友好不容易提升到90分以后，最后的几分老是上不去，其实就是某几个有助于盈利的细节还没弄明白，或者某几个有助于亏损的细节没有彻底克服掉。

我们假定某一种可盈利的交易方法，对盈利有帮助的细节有100个，对亏损有帮助的细节有100个；100个对盈利有帮助的细节投资者必须知道95个以上才可能盈利，每一个对亏损有帮助的细节可以对冲掉一个对盈利有帮助的细节。

那么对一个普通投资者来说，可能慢慢掌握了80个有助于盈利的细节，另外还有30个有助于亏损的细节没有克服，综合得分50分，离95分还很远，因此只能是偶尔赚钱，持续亏钱。

对一个实战经验较多的“老手”来说，已经掌握了90个有助于盈利的细节，另外还有10个有助于亏损的细节没有克服，综合得分80分，变得赚赚亏亏，总体来说亏损大于盈利。特别在某些阶段，可能由于犯了一个已知的有助于亏损的细节或是犯了一个未知的有助于亏损的细节，没有及时把控风险而导致大亏。

对一个能把盈利技术弄得相对明白的“高手”来说，已经掌握了96个有助于盈利的细节，另外还有3个有助于亏损的细节没有克服，综合得分93分。只要这3个没有克服的有助于亏损的细节在一个阶段内不发作，只要他把96个有助于盈利的细节发挥好，那么在这个阶段他是可以盈利的，行情适合的话，获得较高收益率也是可能的，因此他可能会把自己看成“高手”，朋友们可能会因为信息的片面接收也把他当成“高手”。但是，只要他一疏忽、一骄傲，很可能遗漏了2个或者更多个有助于盈利的细节，从而变成亏损；或者，3个有助于亏损的细节一起发生，那么也必定亏损；而如果遗漏盈利细节发生的同时，有助于亏损的细节也发生，那么亏损很可能是巨大的。

看来，期货投资中的任何细节都是不可忽视的，都是应去探寻、理解和掌控的。

只有那些掌握了97、98个有助于盈利的细节，只有一两个有助于亏损的细节没弄明白的真高手，并且时时刻刻做好全部已知的有助于盈利的细节、克服全部已知的有助于亏损的细节，才能持续盈利。而这样的真高手想要再提升，则仍需探寻那两三个自己未知的有助于盈利的细节，弄明白仅剩下的一两个有助于亏损的细节。

当然，即便是这样的真高手，偶尔也会犯错，要么发挥得不太好，要么疏忽得有点多，要么没弄明白的有助于亏损的细节突然爆发……或者很多不利因素同时发生，亏损也就随之而来了。

◆ 妥协和逃避也是解决问题的方法

在期货市场持续盈利是一件很难很难的事情，在我看来，它的难度可能仅次于宇宙飞船上天。

我们赚不到钱，不单是因为还没有学会好的技术，更因为没有改掉坏的毛病。假设实现持续盈利需要我们改掉100个坏毛病，因为这些坏毛病都会导致我们亏钱，而且是重复亏钱，但有多少人能够全部克服呢？

每个人在交易中会犯的毛病有很多，每个人会犯的毛病可能也不一样。总体来说分为一下四类：

①知道是毛病，但自己不会去犯。因为在之前的交易生涯中或日常生活中，已经自然而然地把这些毛病改掉了。比如迟到、早退、不了解交易规则之类的毛病。

②知道是毛病，努力一下，可以改掉，督促自己，不会再犯。这一类毛病可能之前犯过，也吃过亏，因此下定决心要改掉，而且有了具体的措施。通过自己的努力后，确实能改掉。比如不做交易计划、不设置止损之类的毛病。

③不知道是毛病，因此没法改。这些毛病要么等到以后自己

意识到了，或者吃了大亏了，努力去修改；要么被良师益友点拨了，或是被书籍、文章感悟了，决心改正或防范。比如盘中接电话、盘后不总结、不知道系统性风险等毛病。

④知道是毛病，努力改正了，但是改不掉。每个人都有弱点，有时候明明知道这么做是不对的，但是就是克制不了自己，重复犯错，饱受煎熬。比如下计划外的单子、不遵守纪律等毛病。

在这四类毛病当中，第三类和第四类都可能导致大亏，面对第三类毛病，自己时刻谨慎、努力学习倒是可以逐步克服，但面对第四类毛病，很多人真的是恨死自己也改不掉。那怎么呢？

是在痛苦中反省，但又再犯？是放任自己？还是索性不做交易了？

其实任何人都有一生都改正不了的毛病，我们所崇拜的伟人大多如此，更何况像你我这样的凡人。

如果真的发现自己在交易中有无法克服的毛病，倒也不是一定没办法解决。直接改正毛病做不到，或许可以间接改正；自己改正不了，或许可以让别人监督；碰到了就会犯，或许隔离开来就不犯了；不管怎样都要犯，或许可以用小代价去犯。

也就是说，面对实在无法解决的问题，适当的妥协和逃避也就成了解决问题的方法。

比如我在做交易时，只要看着实时行情就会被上上下下的价格迷惑，就会被涨涨跌跌的走势牵动，虽然不想违背自己制定的交易计划，但是实在忍不住还是要多做几笔。要是多做几笔能挣钱就算了，问题是做多的单子往往是亏钱的，而且还影响计划中的单子，这样就变得饱受煎熬了。于是我就逃避了，即不再看实时行情了，每天只管制定交易计划，让下单员去看实时行情并执行计划。

再比如，我一个朋友做股指期货的日内短线，已经掌握了能够盈利的方法，并且进场出场条件都是明确的，可他就是管不了自己的手，老是在条件未到时就动手，动着动着就乱了，影响到后续本该入场的单子，最后也是得不偿失。于是我建议他妥协一下，开两个账户，一个大账户必须按照严格的进出场条件做，不到条件坚决不做，另一个小账户则可以稍微犯点错，即在实在忍不住的时候用它试试单子，但不能影响大账户的操作。

就这样，我和我朋友用逃避和妥协的方法基本克服了各自的毛病，也算是不幸中的大幸了。

◆ 稳定盈利是个骗局，稳健盈利是种可能

现在某些股票理财师或期货操盘手动辄向客户说自己每年“稳定”盈利百分之多少。其言之凿凿，好像在金融投资领域的盈利是可以确定的。

就我看来，“稳定”盈利是不可能实现的。因为如果盈利百分之多少是确定的，只要这个确定的百分比高于银行利息，那么，根本就不需要给别人理财，直接向银行借钱做就能源源不断地赚钱，而且借到的钱越多赚得越多。（如果确定的百分比小于或等于银行利息，那么这种稳定盈利就是无效的，把钱直接存银行不是更好吗？）

如果盈利是确定的，而且每年盈利的百分比不低，比如达到30%一年，那么，只要活得足够长久，一定会成为世界首富。

虽然某些股票、期货交易高手去年赚了1倍2倍甚至10倍，但今年能赚多少是未知的，甚至今年是赚是亏也是未知的。所以他才愿意接受朋友的理财委托或是发行私募基金。其目的就是分散自有资金的亏损风险，同时分享客户资金的盈利可能。假设一个高手自有资金有1000万，如果只做自己的资金，他就要承担全部的亏损风险，享受1000万可能带来的利润；而如果他管理1个亿的客户资金，可以分红20%～30%，自己的资金不做，则相当

于不用承担任何风险（大部分理财行为不和客户共担风险，风险一般由客户独自承担），而可以享受2000万~3000万资金可能带来的利润，何乐而不为呢？

所以作为投资者，我们首先要明确金融投资最大的确定就是不确定性，机会永远存在，风险也不可消亡。想要在市场获取不确定的利润，就必须承担不确定的亏损可能。

其次要注意两点，（1）自己不要去找所谓的稳定盈利模式，因为稳定的盈利模式根本就不存在。（2）不要相信别人所谓的稳定盈利模式，因为他不可能拥有。

花时间和精力去找“稳定”的盈利模式，是徒劳的。其实“稳定”的盈利模式是一个骗局，它要么欺骗你耗尽金钱在市场中苦苦探寻，要么吸引你购买某些理财产品（就是用你的资金承担风险，而理你财的人分享你的资金可能产生的利润）。

如果说“稳定”盈利是一个骗局，那么“稳健”盈利则是一种可能。

一年能盈利多少在盈利发生之前是定不下来的，但是一年最多允许亏损多少在亏损之前是定的下来的。投资者更现实的行为是控制可以确定的亏损，放弃追求确定性的盈利。让亏损多少自己说了算，让盈利多少市场说了算。这样最终结果为盈利的可能就会大大增加。

所谓的“稳健”，其实就是资金曲线的管理，回撤不能太大，让资金曲线始终处在可控状态，并有一个逐步向上走的预期。细化来说，则是通过控制每一笔亏损、控制一个阶段的亏损、控制总亏损，以及通过仓位设计、加减仓设计、盈亏比设计、盈利率设计等，实现资金的“稳健”运行，允许资金“大起”，但不允许资金“大落”，让账户始终处在有足够的资金捕捉下一个机会的状态。所有这些“稳健”盈利要实现的要素，我们通过学习、摸索、测试、实战、完善，确实是可以做到的，也有不少人已经做到了。

因此，“稳健”的盈利模式是存在的，也是可以掌握的，投资者把目标定在“稳健”盈利是靠谱的。

◆ 稳健的人才会有稳健的收益

巴菲特的故事告诉我们，长期的稳健盈利是可以实现的；而国内做期货的奚川用几十万每年复利做到几千万、上亿的故事则让用稳健盈利达成“暴利”的故事真真切切地发生在我们身边。

于是稳健盈利成了很多人的目标。不少朋友每天都在寻找能够实现稳健盈利的交易方法，并且为此制定很多交易规则和交易纪律，以期待用一套完善的方法实现稳健盈利。

看上去这是对的，没有稳健盈利的方法自然无法实现稳健盈利的目标。

似乎这对某些人来说也是可行的，因为确实有人找到了这样的方法，并且实现了稳健盈利。

在现实生活中的人们，包括市场中的投资者，总是被“方法论”所迷惑，而很少去关注“世界观”。急功近利也好，想要早点成功、早点赚钱也好，大家在乎的是赶紧找到一套能盈利的方法，最好是能稳健盈利的方法，而很少在意什么样的人才能用好这样的方法，自己是否适合这样的方法。巴菲特是成功了，千千万万的人是在学他的方法，但是又有多少人成为“巴菲特第二”呢？

其实我觉得，我们在市场中要寻找的更多的是自己，而不是稳健盈利的方法或是短时间暴利的方法。往大了说，三千六百行，行行出状元，一个人只有找到了适合自己的行当，并且努力了，才能成为这个行当的佼佼者，如果入错了行，结果要么是平庸，要么是失败。往小了说，一个人日常生活中具体做一件小事，哪怕是吃饭、睡觉，骑车、走路，也总有自己顺手的、舒服的方式、姿势和节奏，踩对了自己的节奏才能把这件小事以最舒服的方式完成。

有付出努力的前提下，在大千世界找到自己，就能实现在公众眼中的成功，在小我世界找到自己，则能实现自我心中的称心如意。

那么在交易世界里，在行情波动中，当然也是要找到自己，才能持续盈利。我们会在市场中找到自己的优点，然后想办法强化和放大这个优点带来的利润；我们也会在市场中找到自己的缺点，然后想办法克服或规避这个缺点，以减少它带来的损失，对于缺点，我们能克服就克服掉，实在不能克服的就躲避掉。

因此能否实现稳健盈利，最重要的是交易者这个人稳健了没有，只有人稳健了，才可能实现稳健盈利。性子急的人想要实现稳健盈利，与其不停地寻找和尝试各种各样的稳健盈利的方法，还不如努力改变自己的脾气和预期，先让自己这个人“稳健”起来。人的稳健要比方法的稳健更稳健。

要找到稳健盈利的方法并不难，只不过如果你不是稳健的人，这样的方法即使找到了也是用不来的。所以，如果发现自己本身就是个稳健的人，那么稳健的方法很快就会找到并且起作用；如果发现自己通过自我改造或制度规避能够变成稳健的人，那么把自己变稳健之后，稳健的方法也是能寻找和使用的；而如果发现自己无论如何都不可能改造成稳健的人，那么就不要勉强寻找和使用稳健的方法，或许寻求短期暴利，然后休息半年，再寻求短期暴利，再休息几个月，这样的方法更适合也说不定。

◆ 强大的人自己决定成败

阿富汗、伊拉克、埃及、利比亚的故事告诉我们，一个小国的命运往往不掌握在自己手里，某些时候它们只是大国们的玩偶而已。

中国和俄罗斯的故事同样告诉我们，一个大国的命运必定掌握在自己手中，不管国际形势如何，不管其他大国如何，一个大国自己的兴衰荣辱都是因为自己的决策、行动和成败，外界的任何干扰只能是影响因素而不是决定因素。

当亚洲四小龙崛起的时候，中国本该强大，但中国错过了发展时机，这不是因为国际经济形势不利于亚洲的发展，而是中国自身的精力没有放在搞经济上，甚至还犯了一些错误。但这一切依然没有妨碍中国日后的崛起，改革开放30年，正确的决策和正确的行动，终于成就了一个泱泱大国。

其实，如果一个大国的质地优良，它的成功将是必然的，强大只是时间问题；而如果一个大国的质地很差，那么它的失败也将是必然的，衰弱只是时间问题。

这样的理论对单个个人而言，同样适用。

不同的人生活的环境不同，得到的帮助和阻碍不同，取得的成就也不同。每个人取得成就的大小主要是因为环境推动、他人助动、还是自己的努力？

其实，一个人能否成功，能取得多大的成功，最本质的推动力是他自己。一个强大的人，不管处在怎样的年代、怎样的环境中，也不管有没有其他人主动帮助他，或早或晚，他都会成功。

在恶劣的年代，绝大部分人摆脱不了被奴役的状态，但也有很多成功者留下了美名，就像孙中山、毛泽东、邓小平等，他们的成就更多是因为他们自身的信仰、凝聚力、判断力和行动力。如果把他们放在和平年代，他们照样会有大成就，邓小平已经证明了这一点。

在同一个年代，比如就在改革开放的30年，同样是从农村走出来的人，有人一生卑微，也有人成就了事业，成为这个社会的政治领袖、经济领袖或人文艺术领袖。这些人现在就在我们身边，正是他们领导着这个社会不断前进。

真正强大的人，必然会成功，恶劣的环境只能延缓他成功的时间，而改变不了他成功的结果。如果有幸处在好的时代，生活在优越的环境中，或是早点遇到贵人，也只是缩短他达成成功的时间，或是缩短他走出挫折、打破瓶颈的时间。而如果不幸处在恶劣的年代，生活在卑微的环境中，或是遇到牵绊，也只是延长他达成成功的时间，或是延长他走出挫折、打破瓶颈的时间，而不能改变他必然成功的结果。

金融投资是个人的行为艺术，同样遵循上述规律。

一个内心弱小的投资者，不管处在怎样的行情背景中，不管有没有高人指导他，也不管是否一套好的盈利方法摆在他面前，在他没有变得强大之前，盈利只是过程，亏损是必然结果。

而一个内心强大的投资者，即便行情长时间不配合他，即便没有人主动指点他，即便他尚未找到一套可盈利的方法，对他来说，亏损只是过程，盈利是必然结果。

另外，一个真正强大的投资者，如果已经取得一定的成功，但遇到了一个很大的挫折或瓶颈，他也一定会依靠自己的力量、自己的觉悟走出来，并走向下一个更大的成功。

◆ 回到起点的重要性

一个交易者在交易中，如果连续作战，其思维、计划、判断、动作等被各种因素干扰的概率就会有所提高，进而可能使交易过程偏于紊乱，使交易结果不甚理想。

我们可以把连续作战中的各种干扰因素叫做杂音，主要的杂音分为行情波动、账户盈亏、相关信息等。在连续交易的环境中，交易者对行情、对盈亏、对相关信息的冲动型、片面型感受和判断往往会影响他的决策。

比如中长线交易者 A 昨天晚上明确了行情处在空头之中，但今天遇到一波“强势上涨”行情，从稍微长一点的周期来看，这波上涨只是反弹的概率极高，反转的概率极低，但交易者 A 身临其境就会觉得盘面很强，很想做多。

比如交易者 B 的持仓今天赚不少，他就可能想用赚到的利润搏一把，加大仓位或做一些额外的品种、额外的“机会”，而实际上在他之前制定的交易规则中，赢到的利润必须保护好，最多回吐多少也有着严格的控制。或者他今天突然亏了不少，则可能很想尽快翻回来，甚至想当天就翻回来，于是在不符合条件的进场点也进了、做 2 手变成做 5 手了，而实际上他之前给自己制定的交易纪律是，亏了就要认亏，平仓后找下一个符合条件的机会重新再来，不符合交易原则的单子坚决不做。

比如，交易者 C 在交易中突然得到一个自认为很重要的信息，认为这个信息有强烈的利多或利空，并由此改变了自己的交易计划。而实际上这个信息是否那么重要呢？一方面它很可能是片面的一个信息，更全面的信息还需要进一步了解；另一方面，如果它真的是很重要的信息，盘面的变化也会告诉他的，他完全可以根据盘面的变化再做改变也不迟。

对任何一个交易者来说，在交易中，去除杂音，回到起点，时刻保持第一次进场时的状态，尤为重要。

对每一个交易者来说，应该每一天都回到起点，最好是每下一笔单子、每平一笔单子之后，都回到起点。如果遇到好的行情，就按照计划享受应得的利润，如果遇到糟糕的行情，就按照规则控制风险。如果赚了钱，就把赚到的钱当做已经是自己的钱，把利润划入本金看待，不要不珍惜利润；如果亏了钱，就把亏掉的钱当做已经是别人的钱，把亏损划出本金，不要以为那还是自己的钱，一定要尽快翻回来。

一个账户今天的结算资金，就是明天的交易本金，和前天有多少钱已经没有关系了，和之前有多少钱更没关系了，如果不把这个账户看做已经赚了很多钱的账户，也不看做已经亏了不少钱的账户，每一天都把它当做一个新账户，交易成绩将会更好。

下一笔单子，不要被这笔单子牵绊，不要单子一下进去就期待着行情朝这笔单子的持仓方向运行，甚至还片面地关注有利于这笔单子的信息，片面地过滤不利于这笔单了信息。平掉一笔单子，就忘记它，然后开始新的交易，进场点到了，就做一笔新单子，这笔新单子和旧单子无关，进场点没到，就不做单子，不因为之前一笔单子的盈亏和改变下一笔单子的进场原则。

我们把每一笔单子都看做是一笔新的单子，抛开前面那些已经盈利或已经亏损的单子，在目前这个地方应不应该下单？应不应该平仓？应该就做，不应该就不做。

◆ 下一秒归零

我们做交易的时候，心理难免想着之前的盈亏和现在的持仓状况，很多人由此受了牵绊，影响了下一步的操作。如果我们老是惦记着以前的盈利和亏损，老是留恋或厌恶持有的单子，老是被以前的信息和市场氛围干扰，那么原本应该被执行的规则可能被扭曲，原本已经制定的交易计划可能会被冲动修改（交易计划可以修改，但前提必须是发生了有必要修改交易计划的状况）。

被自己以前和现在的交易状况影响，又不理性地反馈到下一步的交易动作中，产生的交易结果可能偶尔会向好，但综合来看必然是向差的。散户群体的必然亏损已经证明了这一点。

由此看来，虽然在交易经验总结、交易方法学习、交易计划制定、交易策略选择、交易规模设计、交易仓位设计等方面，我们可以考虑以前的盈亏状况和当下的交易状况；但在具体的操作中，理性和有效的做法应是完全不受之前盈亏和当下的头寸的影响，应是在任何一个下一秒都要回到“归零”状态。

在涉及下一步单子的具体交易时，不只是之前的盈亏状况要“归零”（即不管之前是赚是亏、赚多赚少、亏多亏少，下一步单子该怎么做就怎么做），现在的持仓状况也要“归零”。

假设某个品种现在持仓了。以前的情况可能是这样的：如果这个持仓赚了，很怕盈利回吐，一点点波动就平仓落袋，或者想要赚更多，期待行情再向有利条件发展，即使有回调，也舍不得平仓；如果这个持仓亏了，即便只亏了一点点也心慌，马上平了了事，或者希望亏损变少一点再平仓，最好不用平仓行情就“返回”，让亏损变成盈利。

用下一秒“归零”的方法，就会清楚下一秒是否需要持仓和之前有没有持仓、现在有没有持仓都没有关系。这一秒的现在，只存在于这一秒，到下一秒就要归零。如果下一秒，交易方法、交易系统，让我们继续持仓，那就持有，如果需要平仓，那就平仓，绝不留恋这个头寸或厌恶这个头寸。

假设某个品种现在空仓了。以前的情况可能是这样的：如果之前的一次交易或几次交易赚了，可能就想着仓位可以高一点，机会好不好也无所谓，反正有利润，可以多做几把；如果之前的一次交易或几次交易亏了，则可能就变得非常谨慎，甚至担心害怕，不敢出手。

用下一秒“归零”的方法，就要明白下一秒要开仓还是继续等待和之前头寸的盈亏没有关系。这一秒的现在，只存在于这一秒，到下一秒就要归零。如果下一秒的价位符合条件，就做进去，仓位也是按照设定的比例，如果下一秒的价位不符合条件就不做，一手也不做。

真正要完全做到下一秒“归零”，对非程序化交易者来说确实很难，如果觉得有用，我们尽力而为吧。

◆ 高手和交易所博弈

2011 年，不少高手赚不到钱了，甚至开始略微亏损了，为什么？

我认为行情波动节奏的改变是一方面的原因，另一方面的原因则是“交易所对利润争夺的加剧”。就是说手续费的提高和双向收取，很大程度上提高了交易者盈利的难度，并且较大地掠夺了原本应该属于赢家的一部分利润。

其实高手在市场中交易，博弈分为四个层次，第一层次：表面上是和行情在博弈；第二层次：实际上是和其他交易者在博弈；第三层次：本质上是和自己在博弈；第四层次：利润源泉和利润的多少是和交易所在博弈。

高手和交易所的博弈又分为以下两点：

1. 净利润和手续费的争夺

毛利润 = 净利润 + 手续费，任何交易者操作的任何一个账户在市场中“赚到的钱”（毛利润），要么是净利润，要么是手续费，手续费多了，净利润就少了，手续费少了，净利润则多了。假设一个高手赚到了 100 万的毛利润，如果手续费是 10 万，则可以拿到 90 万的净利润；如果手续费是 50 万，则只能拿到 50 万的净利润；而如果手续费是 110 万，净利润就变成了负的，结果是亏 10 万。手续费和净利润的争夺，在中长线交易中不太明显，在波段交易中有些感受，而在短线交易上则尤其突出，不少日内短线频繁交易的“高手”，现在越来越难赚钱，甚至被迫改变操作模式或离开市场了。

2. 利润贡献群体的争夺

期货市场中 95% 的人亏损似乎已经成为大家的共识，那么我们就把这 95% 的人叫做市场的“利润贡献群体”吧。从整个市场格局来讲，利润贡献群体的净亏损 = 高手的净盈利 + 整个市场的手续费。也就是说高手群体和交易所（包括期货公司）瓜分了95%利润贡献群体的净亏损，如果交易所收的手续费高了，高手群体的净利润就少了，如果交易所收的手续费低了，则高手群体的净利润就多了。假设，一年里整个利润贡献群体贡献了500亿，高手群体能分到多少呢？如果市场的总手续费是200亿，那么高手群体能赚到300亿的净利润；而如果市场的总手续费是400亿，那么高手群体就只能赚到100亿的净利润了。反正钱就这么多，一方多分了，另一方就必然少得了。

因为高手只是具备了相对的操盘优势，而交易所是则是拥有了绝对的规则制定优势，所以在这场争夺中，交易必然是掌控方，而高手群体只是被动方。如果交易施舍得多一些，高手群体就多赚一些，如果交易所收得紧一点，高手群体也就只能少赚了。

当然了，高手续费对高手群体会产生消磨效应和驱赶效应，消磨效应体现为利润的消耗，干同样的活赚的钱变少了；驱赶效应则体现为把一部分高手驱赶出市场，或者直接驱赶到外盘市场。

◆ 战胜手续费

在期货市场的胜出者，说到底是战胜自己的交易者。而如果从更客观、更全面的角度来说，则是需要同时拥有三个“战胜”，才能成为赢家。即“战胜自己”、“战胜对手”、“战胜手续费”。

战胜自己，主要有两个方面，一是战胜过去的自己，让现在的自己和过去相比有进步，即提升期货知识和操作技术，二是战胜当下的自己，能够控制自己当下的心态和情绪。

战胜对手，则主要是从战争论和博弈论的角度得出的，在期货市场的博弈中，只有5%左右的人盈利，所以交易者必须在综合水平上战胜95%的人，才能成为赢家。

战胜手续费，所谓的盈利是指“赢的钱－输的钱－手续费”，如果赢的钱比输的钱还少，那自然是亏的，如果赢的钱比输的钱多，但是手续费很高，那依然可能是亏的。中国期货市场手续费收费标准相对较高，整个市场每年手续费的消耗相当惊人，从这些年的估算数据来看每年大约有六分之一到三分之一的市场资金变成了手续费，如果没有增量资金进入，期货市场因为手续费的消耗很快就会干涸。

战胜自己和战胜对手，这两种“战胜”，市场上很多人都谈得比较深刻了，而战胜手续费则谈的人很少，或许很多人忽视了手续费对盈利的危害。

我认识的两个短线高手，平均一天几十个甚至上百个来回，他们能够获得盈利，但是手续费比净利润还多，也就是说毛利润中60%～80%都交了手续费，剩下小部分为净利润。幸好他们的交易量大，可以让期货公司收较低的手续费，如果按照市场平均水平收取，那么总账算下来，应该还是亏的。

对极小数短线交易高手来说，要战胜手续费都不太容易，而对绝大部分人来说频繁交易更是有害的。第一方面，普通人很难战胜手续费，交易越频繁亏得越多；第二方面，频繁交易可能导致情绪失控，从而增加额外的甚至不可控的亏损；第三方面，即便不受情绪影响，能够严格按照某种方法去做，在高手续费之下，要找到短线盈利的方法也很难，国外很多能赚钱的高频交易方法在国内就很难赚钱，就是因为国内的手续费太高了。

战胜手续费很难，但也不是不能战胜。一般来说，战胜手续费有两种方法：

1. 减少交易频率。如果找不到短线盈利的方法，就去寻找交易频率低的盈利方法，用一个星期以上交易一次，或几天交易一次、一两天交易一次的方法，这样手续费的支出就不会很多。相对来说，这类盈利方法也更容易找到。

2. 增强执行力。如果掌握了短线盈利的方法，那就需要很强的执行力。短线交易本来手续费成本就很高，盈利也不多，如果执行再出点差错就很难保证有好的结果。比如一套较好的短线方法，平均每天赚0.5%～1%，交易者做了十几天，好不容易积累了一些利润，只要接来下的某一天某一笔单子冲动交易或违反规则就可能把所有的利润吞噬甚至倒亏。因此有了短线盈利的方法，遵守规则和纪律，严格执行非常重要。

◆ 小偷的体重影响偷窃的成败

假设前面是一座金山，老鼠和大象一起去偷黄金，谁能偷到更多的黄金？

假设前面是一座金山，敌人有重兵把手，并且有狙击手埋伏，老鼠和大象一起去偷黄金，谁能偷到更多的黄金？

老鼠和大象就像想要在期货市场中“偷取”金钱的投机者，老鼠的资金量小、体积小、目标小，大象的资金量大、体积大、目标大。而期货市场，就是有重兵把守，并且有埋伏，更有收买路钱的人强势存在的，这样一个有着庞大的金山，但又充满危机的市场。

如果是偷窃技术很差的“老鼠”和“大象”，在期货市场自然都偷不到金钱，还可能被打得伤痕累累。如果是偷窃技术很好的“老鼠”和“大象”，可以肯定的是“老鼠”偷窃的成功率较高，而“大象”偷窃的成功率则较低。

神偷时迁偷窃成功率如此之高，并且总能逃脱的原因一是他的偷窃技术好、轻功了得，二是因为他“体积”小，不容易被发现。

期货市场的“老鼠”如果练就了偷窃的好本领，那么持续发小财也就成了很可能达成的事情，只要他时刻保持警惕、保持洞察，总能找到“敌人”不注意的时候下手，稍微偷一点后，赶紧抄小路离开，把钱放到家里保管好，再出来伺机而动。

当然，如果这只老鼠因为经常偷窃成功而骄傲了、疏忽了，或是胡吃海喝养胖了、动作变慢了，或是贪心了、一次拿太多，或是不控制自己的体积而慢慢长大但偷窃技术并没有随体积的增长而增长……那么他还是很容易被“敌人”干掉的。

期货市场的“大象”，因为体积比较大，不容易隐藏自己，也不可能走小路，必须走宽一点的大路，所以一出来“行窃”就相当于已经告诉大家“我现在出来偷东西了!”。因此“大象”的偷窃之路，去也难，回也难，成功率自然大大下降。同时，因为“大象”肉多，“敌人”搞不好还会主动出击打他。这样一来，“大象”赚钱比“老鼠”要难多了。

当然，“大象”在两种情况下可以赚到钱，一种是到足够大的市场，大到让自己这头“大象”变成“老鼠”，也就能成功偷窃了；二是把自己搞的足够大，让市场里所有的“敌人”都变得不堪一击，只有他能打倒“敌人”，“敌人”联合起来也只能伤他一点皮毛，这就不是偷窃了，而是抢劫。

我们这些普通投资者（几万、几十万、几百万）都只是小“老鼠”，如果有幸练就了成功偷窃的本领，最重要的是保持时刻战战兢兢，不要骄傲自大，更不要自不量力；而那些普通的“大象”（几个亿、十几二十几个亿）则应把自己的放到流动性足够的品种上去行窃，并且把行窃的周期放长，不应轻易动作、频繁动作，也不应过激地对抗比自己块头大的“敌人”。

◆ 大部分人高估短期收益、低估长期收益

“你不想大赚一笔，那你来期货市场干啥呢?”

进入期货市场的投资者，除了少数套保者，大部分人是冲着

赚钱进去的，而且很多人是冲着赚大钱进去的。如果我们把赚大钱分一下周期，分为短期赚大钱和长期赚大钱，那么这些想在期货市场赚大钱的投资者多半是想短期赚大钱的人。

因为期货市场的高杠杆特性和它以往的传奇故事，人们进入期货市场总是或明确或潜在地期望着“一夜暴富”的神话诞生在自己身上。期货相对其他投资工具而言，确实是一个更可能在短期实现高收益的渠道，这也正是它吸引人的一个方面。

很多人想在期货市场短期赚大钱，最主要的原因有两个，一是大部分人等不到自己十年后才成为富翁；二是大部分人往往高估自己短期赚钱的能力，而低估自己长期赚钱的能力。

大部分人想在明年甚至明天买房买车，或者买更大的房子更好的车子，而不是在5年后实现这些物质享受和物质消费。这主要是整个社会崇尚财富的价值观引导所致的，也是穷人在社会中受到“压迫和无奈”的反向激发所致的，这是社会问题，同时也是个人问题。

而大部分人高估自己的短期能力，低估自己的长期能力，则是自己胸怀不够宽广、视野不够开阔、规划不够长远、思维不够严谨所致的，这就是一个个人问题。既然它只是一个个人问题，那就是能够通过个人的改变去克服。

实际上短期和长期是相对的，一秒钟相对一分钟而言是短的，一个小时相对一分钟而言是长的，一天相对一个星期而言是短的，一个月相对一个星期而言是长的……一个人高估自己短期的收益能力，往往会想尽办法追求短期的盈利，而忽视甚至放弃长期的盈利，其实对绝大部分投资者来说长期的收益能力比短期的收益能力更容易获得。人们往往看不到自己的长期收益能力，从而错过了这方面的可观盈利。

打个比方来说，如果让你判断一个期货品种一年后会涨会跌，你判断准确的概率很高，那么只要你留足保证金，按照自己判断的方向做进去，一年后就能获得利润；如果让你判断这个品种一个月后会涨会跌，则会难一些，但判断准确的概率还是比较高的；而如果让你判断它下一天是涨是跌就比较难了；再让你判断它下一分下一秒是涨是跌则更难。

如果我们把为短期赚很多钱而付出的努力放到为长期赚钱的目标上，那么这个长期赚钱的目标会更容易实现；如果我们把短期赚多少钱的目标延长成一个相对长期的目标，那么或许我们就有足够的能力实现这个目标。比如原本你每天的盈利目标是1%，你发现即使自己很努力、尝试了各种各样的办法还是不能实现，那么把这个目标改为一个星期赚1%，似乎就比较容易实现了（每个星期赚1%，即使不算复利，一年的收益也在50%以上）；同样把每个星期赚5%的目标改成每个月赚5%，每个月赚50%的目标改为每年赚50%，一年赚10倍的目标改成五年赚10倍，似乎都更容易实现了，而且稍微长远一点来看，好像盈利都还能让自己满意。

短期目标定得太高，往往会由于时间不够、机会不够而无法实现，从而影响长期收益的实现；如果把这个目标的实现周期放长一点，其实你还是有能力实现的，同时市场也给你足够的机会去实现。

◆ 过程舒服和结果舒服

不管在工作中、生活中，还是投资中，想要同时实现过程舒服和结果舒服都是很难的。

对大部分人来说，如果工作过程是舒服的，其结果（每个月拿到手里的钱）往往是不舒服的；对大部分投资者来说，如果交易过程是舒服的（随心所遇，不受任何限制），那么其结果（盈亏）往往也是不舒服的。

下面我们来逐个分析一下交易过程与结果舒不舒服的四种情况，然后不同的投资者可以自我嵌入，并且参考提升。

第一种情况：过程舒服 & 结果舒服

有天赋的交易员，一上来就有优秀的盘感，或者经过一段时间的锻炼之后产生了很好的盘感，那么他或许可以完全按照自己的感觉去交易，看着行情走势图，认为该做的时候就去做，该走的时候就走，可以不用费力思考，也不用太多的规则和纪律约束自己，最终因为极强的天赋，依然取得不错的甚至非凡的交易成绩。

第二种情况：过程不舒服 & 结果舒服

对交易有了深刻的理解，但知道自己在交易上并没有太多的天赋，想要盈利还是要克服自己种种情绪、主观方面的弱点，为自己设计了一套或数套可以实现盈利的交易策略，然后用规则和纪律约束自己，在交易过程中严格按照交易计划去做，哪怕盘面的诱惑再大或者单子错了也要等到进场或出场信号出来后才能操作。这样的交易者，交易过程一定不会很舒服，但是交易结果却很可能非常好。这种交易模式，比较适合专业投资者和职业交易员。

第三种情况：过程舒服 & 结果不舒服

做交易时随性而为，追求的就是交易过程的快乐或刺激，哪怕知道自己没有交易天赋或者没有很好的技术，也去做随性交易的事情，甚至在交易中融入自己的赌性和脾气。这样的交易者，交易过程无疑是舒服的，但交易结果一定不会好。当然，这类交易者的一部分很可能只在乎交易过程而不在乎交易结果。

第四种情况：过程不舒服 & 结果不舒服

交易时患得患失，本来有计划却被行情的波动打破，本来有纪律却克制不住，思想斗争激烈，交易过程充满煎熬；或者交易时不知所措，贪婪、恐惧、冲动一直在干扰自己，技术也不强，不知道哪里是合适的进出场点位，不追就涨，追了就错，砍了又涨，不知如何是好。没有定力的交易者，或是经验不足的交易者，经常会出现以上的两种交易状态，当然，其交易结果肯定是不好的。

我们进入期货市场做交易，先要了解自己的目的是什么，是为了过程舒服还是为了结果舒服？我想大部分人还是为了结果舒服——即赚到可观的钱或是稳健地赚钱，只有极个别的人是为了交易过程中爽一把。明白了自己的目的之后，我们要再弄清楚自己是不是天才，并且选择适合自己的、能够实现交易目的的方式，如果确定自己交易天才，那么交易过程就能随心所欲，但如果知道自己不是交易天才或者不敢确定自己是不是，那么为了追求盈利结果，交易过程还是要承受一些不舒服的。

◆ 交易和书法，印刷和手写

交易就像写字，要有美感，有美感才有价值，才能赚钱。

程序化交易就像是印刷术，而手工交易就像是手写。精妙的书法是用手写出来的，每一次写都可以有所不同，但每一次都可以是美的，书法牛人可以自成一家，其书法作品可价值连城。好看的书法也可以印刷出来，印刷出来的书法千篇一律，虽能够卖钱，但售价只能比印刷成本高一些，利润不多。

印刷一种美比较容易，只要原件是美的，复制出来的东西也是美的。大量复制美，看似可以产生大量价值，但一种美的复制如果太多了，就不再稀罕，社会的审美标准也会发生变化，如果世界上只有十个女人，这十个女人中有九个长得和刘亦菲一样漂亮，另一个长得像凤姐一样难看（该凤姐不是红楼梦中的凤姐王熙凤，而是网络红人凤姐罗玉凤），那么也许大家就不喜欢刘亦菲的“美”了，重新建立美的标准，搞不好会以凤姐为“美”。

（这就是为什么在众多美貌明星的统治之下，凤姐依然能异军突起。）

手写创造美则比较难，需要努力地写，需要写很多字，需要练很多年，才能真正理解美、捕捉美，再经过多少年的体验，才能感悟美、驾驭美。如果手写者有一定的悟性或有高人指点，可能获得美的时间会短一些，但其所付出的努力和艰辛还是必然的也是必须的。绝大部分人手写的字不美或者不够美、没有价值或者价值不大，那些字只是字而已，不能叫做书法；极少部分人手写的字能够蕴含美、展现美，它有价值甚至有很大的价值，这些字可以被称为书法。有些人的手写之美是小美，大同小异，其实有异才美，那是手写者根据不同的环境、不同的心情、不同的状态、面对不同的审美观众所必须迎合的异；极少极少的人手写之美则是大美，他们招招在心，运用灵活，却可以无招胜有招，随心所欲而不逾矩，细工雕琢必是美，大笔一挥也是美，其书法行如龙凤、财高八斗，他们无需迎合社会需求之美，他们才是社会之美的需求，他们不但创造美，而且引领美。

印刷出来的美，美得比较呆板，不够灵动，呆板的美迟早会被厌烦和淘汰。靠印刷美为生，一定要不断发现美，不断迎合社会的审美标准，不断印刷出最受欢迎的美，以此达成赚钱的最大化、最快化。但是又有谁能够持续贴合社会的审美动向呢？如果能够贴合，他是否还需要印刷呢？更何况，人都有留恋之心、麻木之情，被之前的美感动过，从之前的美赚过钱，要舍弃之前之美，去追求新的美，也不是那么容易的事。程序化交易的好与坏也就清楚了。

手写书法确实很难，即使悟了之后，还需保持功力，社会在变，书法家也需要不断地悟。如果没有悟透，则其表现之美有时好有时差，要看自己的状态和观众的偏好，有时可以获得美，但有时自以为美的东西却被众人唾之，也就毫无价值。只有悟透了，才可以轻松地创造美，虽每次展示的美都不一样，但那都是美，都是受人喜欢和追捧的，都是值大钱的。这就是主观交易、盘感交易、经验交易的好坏了。

搞印刷的比较容易混口饭吃，优秀者有可能赚较多的钱，但很难赚大钱；而写书法的则很不容易混饭吃，有可能写了很多都是垃圾，但一旦成了“家”，那便财源滚滚，乃至赚到大钱。

◆ 提高1%的财富效应

当我们的某一项能力提高1%的时候，自我价值能提升多少？由此带来的财富增长又是多少呢？

由于不同行业的及格分不同，因此及格分以下的每一个1%的进步力量也有所不同。有些行业80%、90%甚至95%的人都能赚钱，那么在不及格范围内，每进步1%的作用就相对较大；而有些行业只有20%、10%甚至5%的人能赚钱，那么在不及格范围内每进步1%的作用相对较小。比如一个90%的人都能赚钱的行业，有一个能力为6分的人，只要进步4分就能赚钱了，这4分的每一分的作用都比较大；而另一个只有10%的人能赚的行业，同样一个能力为6分的人，要进步84分才能赚钱，相对而言，进步的每一个1%就显得作用较小了。

相反，在及格分数线以上的部分，则是越难赚钱的行业越有价值。只有10%能赚钱的行业的91分到100分，这10分的作用要比有90%的人能赚钱的行业的90分到100分的作用大得多。只有10%能赚钱的行业，从91分成长到95分，赚钱能力很可能翻了几倍、十几倍甚至几十倍，而有90%的人能赚钱的行业，从91分成长到95分，赚钱能力可能只增长了一点点。

股票投资者中80%的人亏钱，10%不赚不亏或略赚略亏、有时赚有时亏，只有10%的人持续赚钱。期货投资者中则是90%的人亏钱，5% 不赚不亏或略赚略亏、有时赚有时亏，只有 5% 的人持续赚钱。

期货投资的及格分数线很高，这就形成了以下四个现象：

（1）投资者可能长期处在亏钱状态；（2）投资者不断地进步，可依然无法赢利；（3）投资者想要从不赚不亏成长到赚钱不容易；（4）一旦达到了赚钱的水平，财富滚滚而来；（5）达到赚钱水平后，再有所提升的话，赚钱的数量可能成几何级增长。

1. 投资者可能长期处在亏钱状态

投资者可能从一无所知的 0 分开始成长，可能从略有所知的 30 分开始成长，也有少部分人可能从知道不少的 60 分开始成长，不管怎样，距离 95 分还是比较远的，一朝一夕甚至一年两年都很难达到，因此刚进入市场的投资者亏损是常态，某些起点较低、成长较慢的投资者可能 5 年、8 年后还在亏损。

2. 投资者不断地进步，可依然无法赢利

有些投资者总感觉自己在进步，从不知道交易所的规则、不知道品种代码，到能够分析各种因素对某个品种涨跌的影响概率和幅度，再到能够设计简单的交易系统，甚至到制定交易纪律来对抗人性弱点……一步一个脚印走下来，三五年之后，虽然进步不小，从 30 分成长到了 80 分，但盈利还是没有到来。

3. 投资者想要从不赚不亏成长到赚钱不容易

某些投资者终于悟到了盈利的秘诀，找到了盈利的方法，但执行下来，具体的交易做下来之后，却发现交易结果和虚拟评估之间存在着极大的差距。原本一套方法在一个阶段的测试可以赚 50%，但执行下来才赚了 30%，而在另一个阶段测试的回撤是 15%，结果执行下来回撤却是 30%，这样一来，原本可以盈利 35% 的方法居然变成了不赚不亏。这种类型的投资者总觉得还有一层窗户纸没有捅破，但是很长时间里，他就是捅不破，哪怕他知道这层窗户纸是什么。

4. 一旦达到了赚钱的水平，财富滚滚而来

而一旦这层窗户纸被捅破了，投资者就达到95分以上了，持续的盈利让再小的资金都可能变成大资金，让再穷的人都可能变成富翁。期货的魅力就在这里。

5. 达到赚钱水平后，再有所提升的话，赚钱的数量可能成几何级增长

在市场上能持续赚钱的人就是95分以上到100分的人，这些人虽然分数的差别不大，但是赚钱的数量却可能相差很大。按理说96分和99分只差了三分，似乎差距不大，但正因为这三分是很难逾越的三分，是足以打败其他绝大部分交易者的三分，而使得99分的人赚的钱是96分的很多倍。如果说96分一年的盈利额是十万级，那么97分的盈利额就应是百万级，98分是千万级，99分则是亿万级。

当然了，没有一个投资者能做到100分，如果有，不仅你我会输给他，连市场也会输给他。而如果市场没了，他又如何存在呢？

◆ 理财应该牺牲账户收益率，以此降低波动率

一个年收益30%的公募基金经理，如果让他管理私募基金，一年的收益可能会达到60%甚至100%，而如果让他管理少数几个朋友的账户，则可能会达到200%、300%，又或者他只做的自己的账户，更可能一年翻5倍、10倍甚至更多。

有些人会说因为这位基金经理更愿意把时间精力放在和自己相关度高的账户上，所以那些账户收益会更高一些，这或许是一部分原因，但绝对不是主要原因。

就笔者看来，最重要的原因是不同账户的风险承受能力是不同的，对短时间资金回撤的要求是不同的。对一个高手来说，操

作自己的钱亏光了都是自己承担，因此在机会来临的时候仓位可以重一点，行情不利的时候稍微多亏一点也不要紧；而操作别人的钱就不一样了，特别是操作那些还不太亲密的客户的钱，就必须控制住约定的风险，风险额度可能只有20%或30%，一下子亏太多了，一来客户会有意见，二来资金可能会赎回，三来还会影响自己的声誉。因此在帮助别人理财时，他一定会更加小心，仓位会下降，出手次数可能也会将少，收益多半也会下降。

实际上，他们是在用牺牲账户收益率的代价，降低账户收益曲线的波动率。某个机会很确定，自己的账户满仓了，理财账户可能只有30%的仓位；某个机会不那么确定，自己的账户尝试了，理财账户可能没有参与；某段行情稍有回调了，自己的账户决定再扛一段时间，而理财账户则必须先出来一下，再找下一个进场机会。

所谓优秀的基金经理或操盘手，能够盈利是基本要求，个别账户能够创造高收益也不稀奇，而能够控制绝大部分账户的最大回撤、控制住账户的最大风险，即能够管好那根收益曲线的波动率才是水平的体现。

对把管理基金、代客理财作为职业的基金管理人和操盘手而言，以牺牲收益率的代价管住波动率是值得的。其实，大部分客户并不奢望高收益，对他们来说，一年30%、50%的收益就比较满意了；另外，大部分客户拿钱出来理财是想赚钱的，他们不太能接受亏损，即便能接受，也希望亏损越小越好。因此能让客户账户的波动水平更平稳的基金管理人和操盘手，才能让自己的事业更长久。

◆ 市场节奏与交易者性情

期货市场的组成元素是什么？是铜/锌/铝？还是豆/油/粕？

市场的基础、市场的表象、市场的内容、市场的本质其实各不相同。很多时候我们只是把其中一项看作了全部，以此去理解市场和应对市场，必然很难与市场合拍。

其实，就我理解而言，期货市场的基础是现货市场和交易所规则，即基础是铜/锌/铝、豆/油/粕再加上交易所的标准化合约和各项交易、交割制度；期货市场的表象是价格的波动，是上涨、下跌，是趋势、震荡，是图表、指标；期货市场的内容则是参与市场的钱和这些钱的“想法”，即市场中参与涨跌投票的所有的钱、拿着钱投票的人、这些投票人的涨跌预期和情绪状态；期货市场的本质是风险的转移和承担，风险首先是套保者向投机者转移，然后是投机者之间相互转移，市场总体风险由投机群体承担，投机个体有些承担的风险大，有些承担的风险小。

对交易者来说想要实现盈利，必须把市场的基础/表象/内容/本质都弄明白；而想要实现相对舒适的盈利，则要具体分析市场的内容，并且把自己融入到适合自己的节奏中去。

市场的波动和涨跌是由所有的参与者用钱投票的结果，市场的波动形态和节奏与参与者的情绪密切相关，不同的品种、不同的阶段表现出来的波动节奏的不同，本质上是因为参与交易的资金性质不同以及交易者情绪的不断变化。

市场参与资金的性质每天都在发生微妙的变化，所有的交易者的情绪更是每分每秒都在发生微妙变化，那么是不是市场行情始终处在不确定之中呢？理论上说：是的。而如果说市场的不确定性是唯一的确定性，我们又应当如何去操作？如何实现盈利呢？

虽然市场总体上是不确定的，但我们总能看到它波动的节奏。虽然这个节奏也在发生变化，但识别节奏运行的概率，要比识别行情涨跌的规律要容易得多（更何况涨跌有没有确定的规律还不确定呢）。而市场波动节奏必然是所有参与者情绪的产物，假设参与者的情绪有 1 万种，在市场上对冲、综合之后，产生了基于不同时间周期的1000种波动节奏，而且这1000种波动节奏会以不简单重复的形式持续出现，那么我们只要能识别这1000种波动节奏中有价值的1种或数种，并且抓住这一段节奏的一部分波动，也就能实现盈利了。

有不少朋友总想用基本面分析、技术面分析、数理统计分析等各种方式识别市场所有的波动节奏，然后赚取尽可能多的利润，实际上这可能比探寻宇宙的具体边缘还难以实现。比较容易实现，也更能舒适的执行方法是投资者先把自己的性情摸清楚，然后从1000种波动节奏中和自己的性情呼应的1种或几种，再从这些特定的波动节奏中探寻盈利的方法，这样或许盈利更能实现，而且更能舒适地实现。

我们总会错过行情，每天都有很多赚钱的机会和我们擦肩而过，但这并不遗憾，懂得取舍才能抓住属于自己的机会，如果为了抓取其他的机会而错过了适应自己的那一段市场节奏，那才是真正的遗憾。

我们每一个人的情绪总和造就了市场的情绪，而市场为我们每个人都准备了恰到好处的波动节奏，就看我们怎么去发现和抓取。

◆ 每个人天生是高手

市场的长期波动是商品需求和供给因素的总和，市场的短期波动则是所有参与者预期的总和。交易者的情绪、性情必然在行情中体现出来，一个品种交易主体的预期、性情、情绪很大程度上决定这个品种短期的波动节奏。

其实市场也是有情绪的，其情绪变化是有一定规律的。只不过市场的情绪不像一个人的情绪那样，它的情绪是极其复杂的。一方面所有人的情绪总和成就了市场的情绪，1个人可能有10种情绪，而市场则可能有1000种情绪，这1000种情绪形成了1000种波动节奏，这1000种波动节奏中只有100种是可分辨可抓取可获利的；另一方面，市场参与主体在某一段时间是基本稳定的，但过一段时间可能就发生了变化，甚至是很大的变化，那么市场的各种情绪表现也就会发生变化。

在极其复杂的市场情绪中，如何理出头绪，加以利用，实现盈利，这是每个期货投资者正在做的事情。行情千头万绪，看上去这样做能盈利那样做也能盈利，但不管这样做还是那样做亏损也是存在的，关键是如何控制亏损、发挥盈利。如果我们用的方法适合自己，就能充分发挥盈利效应，并且把亏损严格控制住，最后的结果是盈利的；而如果我们用的方法不适合自己，可能盈利效应发挥不充分，亏损倒是被放大了，那最后的结果就是亏损的。

如何在市场中寻找适合自己的方法？——去找市场情绪和自我情绪的共振之处。

市场虽有千头万绪，但总有一头一绪是和你的品性相符合的，只要找到了这个头绪，找到了这种波动节奏，你就能很舒服地踏准涨跌节奏，实现投资收益。

其实市场上那些创造财富传奇的高手，也未必真的高深莫测，他们只是“在市场中找到了自己”，即在市场的万千波动乱象中，找到了自己的影子，于是一拍即合，相对轻松地实现了持续盈利。

从某种意义上来说，我们可以这么认为：每个人天生就是高手。只不过你刚进入市场时，是一个“潜在高手”，最终能不能成为高手，还要看潜能是否被充分发挥。如果对自己不了解，潜能必然发挥不出来；如果了解了自己，但不按自己的方式行使，只是随波逐流或是一味的学习模仿其他人的模式，潜能也发挥不出来；如果了解了自己，但是不了解市场，看不透市场的节奏，摸不清市场的情绪和脾气，潜能依然发挥不出来；如果了解了自己，也了解了市场，但是没有让自己和市场去呼应，潜能还是发挥不出来。只有了解自己、了解市场、在市场中找到自己的影子，然后让自己和市场共振，潜能才能会发出来，才能从“潜在高手”升华为“真正高手”。

其实人生也是一样，好像生存很艰难，竞争激烈，自己的知识、能力、背景又是那么有限，如何才能成功呢？实际上，每个人都有一条适合自己的成功之路，只不过大部分人在茫茫人海中、在人生的千万个岔路口迷失了自己，走错了方向，定位错了角色，也就只能平庸了。

所以，幸运意味着找到了自己，而不是得到了机会。

◆ 波动节奏的改变和盈利模式的失效

市场的波动节奏由参与的人群以及他们的预期和情绪决定，每个品种每个阶段不同的波动形态是因为参与人群的改变或是参与者预期和情绪的改变。

如果做橡胶期货的主流群体跑去做棉花期货了，那么橡胶期货的波动形态必然发生变化，而棉花期货则可能会“长得越来越像以前的橡胶期货”。

一个品种的主流参与群体可能是类似性质的一群人，也可能是性质相差较大的几群人综合组成。这个主流群体的组成形态决定了一个品种的波动节奏（波动节奏不是指行情方向，行情方向最终还是基本面决定的）。

同样是涨20%，一个品种可以连涨两个星期直接涨上去，第二个品种可以涨10%之后震荡两个星期再涨10%，第三个品种则可以先跌两个星期，然后再涨上去……

同一个品种，同样是涨20%，第一个阶段是一口气涨的，第二个阶段是涨了一半调整一段时间再涨一半，第三个阶段是先跌了一些再涨上去，第四个阶段则是涨涨跌跌胡乱涨上去的……

参与一个品种的主流群体和另一个品种有较大的不同，这两个品种即使涨跌幅度完全一样，其涨跌形态也很不一样；同一个品种，当参与的主流群体发生明显变化时，即使出现相同幅度的涨跌幅，不同阶段的行情路径也会差别较大。

2010 年 11 月份以来，随着交易所的一系列政策的改变，主要是手续费的提高、手续费的双边收取、保证金的提高等，使得不少品种的波动形态发生了变化。就是说某些波动节奏在以前是主流，现在发生了变异或者变成了非主流，而另一些波动形态逐步出现甚至慢慢变成主流。这样一来，和市场原先主流波动节奏适应的盈利群体，如果没有改变自己的交易模式，则会从盈利很多变成盈利很少，甚至从盈利变成亏损。就我所知的投资者当中，就有以前做橡胶日内短线盈利很厉害的人，如今变得很难盈利甚至一段时间里出现了较大的亏损。

手续费的提高、手续费的双边收取和提高保证金的政策，直接导致橡胶一类的品种交易量下降，也导致了橡胶波动形态特别是日内波动形态发生一些变化。而究其主要原因，则是因为参与橡胶主流群体中两个群体的变化，一是日内炒单者的急剧减少甚至消失，他们被“驱逐”出橡胶这个品种（他们可能转战其他手续费相对低廉的品种，可能改变了炒单的交易模式，也可能离开了市场）；二是原先橡胶的主力也由于手续费和保证金的提高，改变了影响短期价格的做盘手法。在参与橡胶的主流群体发生明显变化的情况下，橡胶的日内波动节奏必然发生变化，如此，某些交易行为变得不再合拍，某些交易者的盈利模式失效也就变得理所当然了。

从这几个月的行情波动节奏来看，市场再一次向我们证明：①波动的不确定性才是唯一的确定项；②任何一种盈利模式不可能永远有效。

◆ 市场和交易系统，恰似人体和病毒

一个交易系统（特别是完全程序化的系统）和整个市场的关系，就像是病毒和人体的关系。好的交易系统可以从市场里拿到钱，厉害的病毒可以在人体中获得繁殖。差的交易系统会被市场淘汰，弱的病毒会被人体的免疫系统打败。

人体是有容忍度的，就像市场有容量。

一种比较厉害的病毒，适当繁殖，不影响人体的正常运作，人体可能会允许它的存在，继续为它提供养料。而如果这种病毒过度繁殖，让人体感觉到不舒服甚至生病了，那么人就会潜意识或有意识地把这种病毒干掉。

同样，一个比较好的系统，适当地赚钱，不影响市场的正常运行，市场是允许它存在的，而如果这个系统疯狂地赚钱，市场便容不下它，会让它失效。

人体是有免疫力的，市场也有免疫力。

当一种厉害的病毒出现，不停地从人体获得好处，同时毁坏人体，那么人体就会针对性地产生免疫。人体有了针对这种病毒的免疫力之后，就会逐步被遏制病毒的繁殖，就能减少病毒的数量甚至把病毒消灭掉。而病毒只有通过变异才能逃过人体免疫，才能重新繁殖。当然，病毒变异后，再次危害人体时，人体的免疫力也会进化。人体和病毒之间有一场免疫和反免疫的无休止战争。

同样，一个好的系统在市场的免疫之下会逐步失效，这个系统必须不断变化、完善才能持续生存，而市场也会持续进化它的免疫功能。系统和市场之间也有一场免疫和反免疫的无休止战争。

人体无法战胜的病毒是存在的，同样圣杯也是存在的。

人体对绝大部分病毒来说是多变的，是不可战胜的，几乎任

何一种病毒只可能短期“辉煌”，不可能长期“牛逼”，人体总会找到办法把病毒遏制或干掉。但，说到底，人体还是有限的。世界上还是存在着人体搞不掉的病毒，这种终极病毒叫癌症或者叫艾滋，人体无法免疫终极病毒，也无法通过外力的帮助来战胜终极病毒，最终终极病毒战胜了人体。但是终极病毒战胜人体后，人就死掉了，终极病毒存在的环境消失了，再牛逼也是百搭，除非再去找一个新的人体。

同样，绝大部分系统都不能战胜市场，只能在市场上“苟且生存”、“适度繁衍”，市场能够遏制绝大部分系统的发展壮大。但市场再怎么无限也依然是有限的，世界上依然存在市场搞不定的系统，这种系统就是圣杯。市场无法免疫圣杯，圣杯可以毫无节制地从市场中拿钱。那么总有一天，市场会被“掏空”或被搞得严重缩水。圣杯会把市场搞得体无完肤，市场要么被干掉，要么无法正常运行。市场没了，那么圣杯也就没有永无之地了，除非再去找一个新的市场。

◆ 渐修和顿悟

“四年大学是渐修，毕业那天才顿悟”，不知你是否也有这样的感觉。

不管是读书学习，还是做其他任何工作、任何事情，总是做在前，悟在后，做有难有易，但悟必然是难的。要悟其本质、悟其运行规律，本就是“偷听天意”，不接近“天”，又怎么可能听到“天”之“意”。而天之高，非一天所能攀登。

做期货，更是如此，渐修是必然过程，顿悟是偶然发生。

在渐修的过程中，每一笔交易是赚是亏都是正常的，一个周期之后的结果是赚是亏也是正常的，往往亏还是大多数；在顿悟之后，每一笔交易是赚是亏还是正常的，一个周期之后的结果则往往是赚的。单单从一笔单子和一个小阶段的外在表现来看，一个交易者是处在渐修的阶段还是已经开悟或许不好分辨，但从这一笔单子和这一个小阶段交易者内在逻辑来看，却能知晓其是渐修者还是开悟者。

暴利者可能还在渐修，复利者必然已经开悟。天下有获得暴利的开悟者，却没有持续复利的渐修者。我们应为暴利者欢呼，应向复利者致敬。

对绝大部分人来说，期货渐修的过程是漫长而煎熬的，但却是必不可少的过程。渐修者在变化无端的市场面前，可能阿谀奉承或自以为是，并合情合理地亏损；也可能苦心研究、真切体验，但仍只是在逐级向上攀爬，持续有所长进却未能听到市场真意，时而拥抱惊喜、时而遭受打击，故而也是赚赚亏亏，总体上亏大于赚。若是没有这个过程或是这个过程不够充分，自以为开悟的交易者，得到的也只不过是临时性的“假悟”，他“悟”到只是市场一个假动作的“美妙”或是市场一系列假动作的“规律”。虽偶有所得甚至大得，但因为下一次假动作不可期待，即使来了假动作，也可能已经大大变异，不好识别了，因此“假悟”必然不能持续盈利。

从渐修到顿悟，就像吃 50 块饼干才能吃饱一样。可能吃第一块、第二块就感觉到美味了，而感觉肚子里有东西的时候可能是吃到第 30 块左右，真正吃饱则是在吃完第 50 块的时候，似乎一吃完第 50 块就顿时感觉真的饱了。

渐修者，不但要修功，还要修心。所谓修功，就是学习、体验、掌握各种分析市场的方法和技能，能够以此识别市场的波动，并有能力有方法处理市场的波动。所谓修心，则体现在四个方面，一是看淡市场的波动，市场任何的波动都有可能，某种行情来了，用适合的方法应对即是，不用钻牛角尖，非要用自己的有限知识和有限信息去解释它为什么来；二是看淡盈亏，不因为一笔单子或一个阶段的盈亏过分影响心情，导致不良的兴奋或失落；三是看淡任何一种交易方法，不因为某个方法在一个阶段赚钱而特别看好它，也不因为另个方法在一个阶段连续亏损而看扁它，对任何一个方法都客观、全面地看待，而自己则只是选择适合自己的方法；四是看淡任何一笔交易，不应被一笔“重要”的交易牵绊，也不要由于另一笔交易“次要”而忽视它，任何一笔交易都是一次动作，根据行情变化按照自己既定的体系出招便是，不可由于心态的变化而使动作变形，也不可由于情绪的起伏而有了多余的动作。

渐修的过程是漫长和煎熬的，极少数的天才可以缩短渐修的时间，比如有些人可以跳级去读大学里的少年班，有些人做期货一上来就找到了适合自己的方法。努力的人也可能缩短渐修的时间，看上去缩短了，其实没有缩短太多，只是努力者在过程中每天多花了一点时间，比如每天花的时间是别人的两倍，别人要 6 年有所成，他可能 3 年就有所成了。

◆ 互相学习就像集团军作战

浙江的企业家有抱团相互促进、共同成长的文化传统，是为“浙商”。浙江的期货投资者也有相互学习、共同进步的氛围，是为期货市场的“浙江板块”。

北方某个县一个做期货的朋友曾来杭州和我会面，他说他们这个县几百个人做期货，没有一个是盈利的。这种现象在浙江不可能出现。

如果从江湖的角度来看期货市场，高手就像是侠客，凭一己之力即可纵横天下、笑傲江湖，绝顶高手的独门绝技甚至可以 PK 掉江湖中的任何一个人，成为天下第一。

如果从战争的角度来看期货市场，一个群体就像是一个军团，这个军团的综合实力越强，打败其他军团的可能性越大。在众多军团中，也必然有一个最厉害的，称为长胜军团。

一个高手的诞生要靠他自己的历练，也依赖于他生存的环境；一个长胜军团的诞生，一方面依赖于军团中各个“领军人物”的水平和引导力量，第二方面依赖于军团中每一个战士的刻苦精神和学习氛围，第三方面则要看这个军团所有人的凝聚力。

如果说期货市场90%的人亏损，那么浙江的期货市场可能只有80%的人亏损，杭州的期货市场可能只有60%～70%的人亏损。杭州的期货投资者的综合水平要远高于全国平均水平。

如果一个地方的期货投资者能够形成互相学习、互相促进的氛围，如果一个地方的期货经营机构经常为投资者提供学习、进步的环境，如果一个地方的期货交易高手愿意互相沟通并且经常出来为普通投资者提点一下，如果一个地方的期货第三方服务机构比较成熟并且能够提供投资者需要的服务……那么这个地方的期货投资者就能抱成一个团，形成良性的互相学习、互相促进的体系，从而成为一个战斗力很强的军团。

在杭州的期货市场，几乎每个周末都有活动，三五十个人的沙龙、一两百人的报告会、少数志同道合者的俱乐部、还是有更私密的几个人的小圈子，沟通不限于形式，目的却是明确的，那就是分享交易经验、探讨投资机会、提高操作技能。这使得杭州期货军团的整体力量一直处在较好的自我提升中，也直接形成了杭州大户勇猛、高手云集、普通投资者水平好于全国平均水平的局面。最终，杭州板块在和其他板块的对抗中，去除冲击成本后，相对胜出的概率自然就更高一些。

或者，我们也可以这么理解，战争的胜利，有可能是绝对胜利，也有可能是相对胜利，在和对方军团博弈的过程中，己方军团也有可能会有损耗，但只要损耗比对方小，那也是胜利。

如果群体A总体盈利20%，群体B总体亏损50%，则群体A

胜出；

如果群体 A 总体盈利 0%，群体 B 总体亏损 30%，则群体 A 胜出；

如果群体 A 总体亏损 10%，群体 B 总体亏损 20%，则群体 A 胜出。

伤亡只是战争的过程，胜负才是战争的结果。

◆ 适者生存是期货市场的王道

在自然界没有善恶之分，每一个生物都是为了自己的生存，每一个种族都以自我的繁衍为第一任务。在自然界和整个宇宙，自然法则就是适者生存。

被礼义廉耻、道德感情、法律规则等禁锢的人类，表面上有着自己的规则，实际上依然遵循自然法则。

有时候我们看到善者生存，比如身边的某个好人获得了大家的认同。

有时候我们看到恶者生存，比如两个势均力敌的人对抗，耍阴谋的人获得了胜利。

有时候我们看到强者生存，比如两个企业竞争，实力强的赢得了市场。

有时候我们看到弱者生存，比如一群人处于绝境，弱者首选获得了营救。

好像上述四种生存法则每一个都对，但似乎每一个都不对。这四个法则都是片面的，复杂的有机组合才是人类真正的生存法则。（其实善者生存只是大部分人希望的法则，但是世界是被小部分人统治的。）

在不同的时间、地点，不同的环境中，不同的状况下，生存下来的不会一直是善者，也不会一直是恶者，不会一直是强者，也不会一直是弱者。每一次都生存下来的人，是每一次都扮演了正确角色的人。

所以我们说，人类社会的法则也遵从自然法则——适者生存，适者不是一成不变的，适者实际上是多变的，适者在不同的时候以不同的角色——最恰当的角色处理问题，如此才能把问题处理好，让自己活下来。

期货市场是最能体现自然法则的地方之一。

永远的善良在期货市场是没有用的，你总是姑息亏钱的人，不会让你自己赚到钱；永远的邪恶在期货市场也没有用，你总是想着干掉别人，不一定干得掉，反而自己被干掉的概率更高；永远的强大是没有用的，资金大、实力强只能影响一时的行情，不可能持续左右行情，和大势对着干，再多的钱也必输；永远的弱小也是没有用的，虽然船小好调头，可以灵活应变，但是经常会被洗来洗去，一不小心钱就被洗光了。

市场是多变的，它有时候会奖赏善良的交易者，有时候会奖赏邪恶的交易者，有时候会奖赏强大的交易者，有时候会奖赏弱小的交易者，但它不会奖赏所有的人，一段时间后，我们会发现绝大部分人受到的惩罚远大于奖赏。

市场持续奖赏的人只有一种，那就是“迎合市场、适应市场”的交易者。如果市场给你机会赚钱，你应该贪一点，不要理会亏钱人的痛苦；如果市场要让你所在的阵营亏点钱，你应该早点跑掉，让其他人做炮灰；如果市场有强大的人在影响行情，那就和他伙同在一起，顺便赚点钱；如果市场要把强大的人灭掉，那就赶紧转向，和弱小者一起分食强大者。

在期货市场，适者生存是永远的王道，别被自己一时的胜利冲昏头脑，市场总是在变化，我们必须做到持续地跟随它、顺从它，才能持续生存。

◆ 赚钱是凭本事，还是市场随机分配？

假设有一个“抛硬币”的投资市场，规则很简单，投资者猜下一次抛出的硬币正面向上还是反面向上，如果猜对了，那就去分享猜错的人下注的钱，如果猜错了，那就亏掉下注的钱。

那么，在这样一个猜硬币正反面的投资市场，只要玩的人足够多，最终总会涌出一批赚了很多钱、翻了很多倍的“高手”。比如这个市场有100万个投资者，第一次抛硬币有50万人猜中、另外50万人亏掉淘汰，第二次抛硬币有25万人猜中、另外25万人亏掉淘汰，第三次抛硬币有12.5万人猜中、另外12.5万人亏掉淘汰……当这个“游戏”玩到第十次、第二十次的时候，某些投资者已经赚到很多很多钱了，他们之所以赚到这么多钱，只是因为每次都很幸运地猜对了正反面。只要我们仔细思考一下，就知道这些被删选下来的“赢家”、“高手”是市场必然产生的，不是“A某”就是“B某”，不是“张某”就是“李某”，反正只要游戏在进行，总会有人“被”留下来，而被很多次留下来的人也就成为牛人了。

在这个“抛硬币”的投资市场，不管是一次赚到钱，多次赚到钱，还是很多次赚到钱的人，都是市场随机分配的产物，有人赢钱，有人赢大钱，只是市场的功能使然，而不是这个赢钱的人真的水平很高。只不过在对财富的追逐和崇拜中，被随机删选下来的“高手”会得到市场的肯定，受到媒体和众人的追捧，大家包括他自己都认为他很厉害，掌握了一套猜硬币正反面的高超方法，于是他总结经验，甚至把方法上升到一个理论体系，用于指导自己下一次的猜测，或者用来指导其他参与者的猜测。

期货市场是不是也是如此？

如果期货市场真的如此，那么期货这件事就是和猜硬币正反面的游戏差不多了，期货市场任何一个所谓的赢家也只不过是市场随机选择的结果，而不是这个赢家真的具备盈利的技能。

还是说，期货市场根本就不是这样的？

期货市场本质上是多空博弈、强弱对垒的战场，在充分对抗的竞争中，只有强者才能成为赢家，弱者必然被淘汰。期货市场任何一个盈利的人，都是凭借自己的分析能力、交易技术水平、资金管理和心态管理水平才实现盈利的，这个人之所以盈利是因为他比其他人更厉害。

我认为，期货市场是一个复杂的市场，它不是非此即彼那么简单，而同时具备上述两方面的特征。

即，某个投资者的盈利，有时候是市场分配财富的功能使然，他只是被随机选中了；有时候则是因为他的交易水平比其他投资者更高一些，所以在对抗中胜出了。

期货投资的做多做空，必然有一个方向是对的，只要押一个方向，就有 50% 被选中的概率，从这方面来讲，它确实具有随机分配财富的特征；期货市场又是多变的市场，价格每分每秒都在变化，价格波动的节奏和路径也在变化，因此在某一个价格一个投资者做多、另一个投资者做空，这两个人在出场时可能都赚钱，也可能都亏钱，能不能赚钱很大程度上取决于投资者的交易水平，从这方面来看，它又是一个靠水平胜出的市场。

对一个普通投资者来说，一方面，要尽量区分某一次盈利的原因更多是凭本事（技能胜出）还是靠运气（随机分配），如果是凭本事，则要正向强化，而如果只是靠运气，则应忘记它或忽视它。另一方面，一定要想尽一切办法控制好风险，让自己在这个市场活得足够长，因为活得长一些，被市场随机选到的次数就能多一些，被大财富分配到的可能性也大一些。

◆ 用期货测试自己的人性魅力

有一次，一个对期货一窍不通的朋友对我说“好像期货做得好、赚了很多钱的人，人品都很好！”

以前我没有从这方面去思考问题，我以为期货的成败主要是基础知识、分析能力、操盘技术、交易心态、资金管理等方面的因素导致的。

后来觉得，因为做期货不用处理绝对复杂的人际关系，只需处理相对复杂的行情现象，所以成功者在为人处事方面就相对单纯一些，在朋友眼中往往也是“不争”的。但这也只是表面现象。

现在我才发现，原来期货可以测试一个人的人性。它可以放大对人性好坏的奖惩，正向强化好的方面，反向强化坏的方面。

人性中好的方面，比如谦卑、勇敢、自律、刻苦、努力、冷静等，都能在期货交易中结出好果，期货市场会大大奖赏这些“好人品”；而人性中不好的方面，比如贪婪、恐惧、冲动、妒忌、骄傲、懒惰等，都能在期货交易中结出恶果，期货市场会大大惩罚这些“坏人品”。

在现实生活中，“好人品”也会得到奖赏，“坏人品”也会得到惩罚，只不过反应的时间太慢，反应的作用力可能也不大。而在期货市场的奖惩则是被杠杆交易和T+0交易无限放大的。

期货市场可以完成“人品删选”。

一方面，它让人品好的人更容易留下来，人品不好的人已经淘汰、正在淘汰或终将淘汰。这样我们看到的成功者大多人品是好的。

另一方面，它能够不断地奖赏一个人本性中“好的品质”，同时不断地惩罚“坏的品质”，而一个人因为自己的好品质得到直接的金钱奖赏后，会强化自己的好品质，也因为自己的坏品种得到直接的金钱惩罚后，会弱化自己的坏品质，由此它能使人品好的人不断地升华好品质、不断地修正小毛病，从而变得越来越好。

期货就像是浓缩的人生，有时候一辈子的波澜壮阔可能在一年、一个月甚至一天内完成，而一辈子的奖惩也可能在一年、一个月甚至一天内完成，由此做期货时间稍微长一点，就可能获得几辈子的金钱奖励或几辈子的金钱惩罚，造成的直接结果当然就是快速达成富裕或快速走向破产。

一个人的人品好不好，在某些行业中或在现实生活中，我们需要很长时间去验证，比如需要十年、二十年，而放到期货市场测试一下，则可以在很短的时间内知道结果，慢则三五年、快则一年半载我们就可以看出这个人到底是“好人”还是“坏人”。从这个意义上来说，期货确实可以充当人性魅力的测试器和选拔器，如果不信，你也可以到期货市场测试一下自己。

对话篇——留给时间的纪念

良言：方法论，论方法

——碰撞升华智慧

◆ 期货中国专访方志：规则决定规律

访谈时间：2010年9月18日

访谈精彩语录：

只有通过不断学习和研究总结，了解市场的核心规律，才能做到胸有成竹。

我并不认为大部分人永远处于亏损状态。

牛市格局中还是会出现大部分人赚钱的情形。

从长期来看，单个投资者出现亏损的主要因素在于支付了大量的交易成本。

期货T+0的交易制度并不适合绝大多数人。

在分析哪种方式适合什么人的时候，一定要分析自己的交易特点。

随着市场成熟度提高，以后短期小波段的震荡将更加无序和随机，而长周期的趋势不会发生根本改变。

“历史上无数的例子证明——并不是正义的一方就能取得胜利，而是最终胜利的一方取得正义。”在比赛中也一样。

股指期货是一个天然优质的投机品种。

流动性需求旺盛，而供给者短缺，使得股指期货在震荡市中毛刺增多，在趋势行情中瞬间暴涨暴跌。

战争总是要死人的，有人胜有人败；期货总是要分输赢的，有盈也必有亏。

期货业是一个经典游戏。

期货行情是复杂的，也是多变的。没有人肯定地知道明天K线往哪走。

简单的涨跌预测并不能给你带来任何收益，只会让你期待和犹豫之间迷失自我。

太多人因为想要去预测市场而入魔道。

市场令人迷惑的地方就在于你认为是可以看懂它的。

各人进出场的依据都不一样，也不能一样。

投资组合实际上是解决资金有限和时间有限的关键方法，你增加了收益，但是没有增加风险。

看着外盘做内盘第一是件很辛苦的事情，第二是件很复杂的事情，第三是件低效率的事情。

（投资者）为争取利益而表现出来的心理状态和行为是相似的，所以在一定程度上会符合技术分析的一般规律。

一方面我们应该分析商品的供需，一方面也要分析货币的供需。

市场大量交易的产生既不是商品的买方，也不是商品的卖方，而是跟这个商品毫无关系的人造成的，是他们在掌握市场的定价权。

钱相对多，货相对少。

盈亏不对称简单来说，就是赚钱比较难，亏钱比较容易。

像期货这样的经典游戏，其入门规则一定是非常简单的（做多做空），但是要掌握其核心规律十分艰难。

学习和研究交易规则，其实是投资的必修课。

规则决定规律，规律反作用于规则，规则出发构建交易系统。

从前涨跌停板吸引价格（涨跌停板设计小），现在涨跌停板排斥价格（涨跌停板设计大），涨跌停的概率大大减少。

套保资金少，投机资金多的市场，其流动性经常会出现断裂，即所谓的“秒杀”行情，市场杂波也会增多，趋势波段会变短。

问题1：方志您好，感谢您在百忙之中接受期货中国网的专访。您曾任私募基金经理，有着丰富的实盘操作经验，您觉得投资者想要在期货市场成为赢家最需要具备的素质是什么？

方志：很多朋友会认为最重要的素质是心态要好，不过我认为心理素质不是天生的，而是建立在对市场充分认识和理解上的。所以像我们这样没有背景、没有特殊天赋的人来说，只有通过不断学习和研究总结，了解市场的核心规律，才能做到胸有成竹，从而达到良好的心态。这也是拙作《期货策略》所要表达的核心思想之一。

问题2：市场的大部分人必然处在亏损状态，就您看来，单个投资者产生亏损的主要原因是什么？而整个投资者群体必然亏损的格局有没有可能改变？

方志：我并不认为大部分人永远处于亏损状态。在《期货策略》中总结了多头市场和空头市场中的不对称性。在牛市格局下，群体投机客户做多为主，套保企业做空为主，实际上现货市场的利润流入期货市场，期货市场是正和博弈；相反，在熊市格局中，期货市场的资金被抽到现货市场上，市场就处于负和博弈状态。所以牛市格局中还是会出现大部分人赚钱的情形。从长期来看，单个投资者出现亏损的主要因素在于支付了大量的交易成本（不仅仅是手续费），同时未能从市场中获取足够盈利。期货T+0的交易制度并不适合绝大多数人，一般正常的交易周期应该控制在1周以上。所以我主张交易之前就清晰地制定好自己的交易策略，把握一个长期下来概率为正的交易思路。

问题3：您也曾开发多套交易系统，倡导系统化交易，就您看来日内短线系统、波段系统、中长线系统等交易策略，哪一种最容易实现暴利？哪一种的最容易控制风险？普通投资者最适合使用哪一种？

方志：目前市场上盈利最为惊人的私募采取都是高频短线交易，但是并不适合普通投资者。在分析哪种方式适合什么人的时候，一定要分析自己的交易特点。私募有资金优势、软件开发优势，期货公司费用优惠优势，可以实现高速的交易和严格控制资金风险。普通投资者没有信息优势、资源优势、速度优势、费用优势，所以应该降低交易频率，分散资金，从长期把握趋势，才可以回避劣势。随着市场成熟度提高，以后短期小波段的震荡将更加无序和随机，而长周期的趋势不会发生根本改变。

问题4：当下各式各样的期货大赛产生了不少“冠军”和“高手”，您如何看待这些“冠军”和“高手”？

方志：客观来说，这些高手取得好成绩也并非一定是偶然，也有很多值得学习的地方。当然在比赛中，要取得好成绩，必须得重仓出击，浮盈加仓。这个在平时的交易中未必是可取的，在管理大规模资金的时候更是禁忌。我们强调资金的安全，所以近几年年收益很少超过1倍，在我看来，市场中做的最好的是一些能管理5000万资金以上的，并且能每年取得30%以上盈利的私募。这些才是市场真正的高手，他们是处于投机食物链顶端的群体。

问题5：在这些“冠军”和“高手”中，有些人的投资模式偏主观，另一些则偏客观，您认为这两种人哪一种人更容易创造财富神话？哪一种人更容易持久盈利？

方志：《期货策略》中有句话叫“历史上无数的例子证明——并不是正义的一方就能取得胜利，而是最终胜利的一方取得正义。”在比赛中也一样。取得冠军的往往是主观交易者，并且能坚定在一个方向上加仓。并不是因为他看对了就取得短期高收益，而是短期高收益必须由这样的条件取得。客观交易的人未必不能取得高于“冠军”的收益，时间问题而已。我很多的私募朋友并不喜欢参加这类比赛。他们已经“不需要用比赛证明自己”了。

问题6：股指期货上市以来运行平稳，目前单日成交量在30万手（单边）左右，而且隔夜跳空缺口很少。股指期货的这种特性是否意味着绝大部分交易模式都可以在这个品种上实现？

方志：在我提交给中金所的深度报告中分了十个主要方面阐述股指期货特有性质。通过对股指期货的游戏规则和品种特性的分析，股指是一个可以适合各周期（超短线、短线、中线、长线），各种仓位（轻仓、重仓），各种组合方式（单品种、多品种组合、周期组合）的交易品种。所以股指期货是一个天然优质的投机品种。但是跨期套利和期现套利还有一定障碍，跨期套利的障碍在于远期流动性不好，期现套利的障碍在于股市期市“T+1”“T+0”的不对称性。

问题7：沪深300股指期货日内行情和现货相比，有一定的提前性，毛刺也比较多，而两者最大的不同点则是股指期货会时不时发生“秒杀”行情，您觉得为何会产生“秒杀”行情？

方志：“秒杀”行情的产生和股指期货的流动性状况有关，股指期货的日换手率高达1500%~2000%，成交量大而持仓小，套保机构没有大规模进入市场，这使得在发生成交的时候，投资者更倾向于采取主动成交模式，吸收市场流动性。一方面流动性需求旺盛，而供给者短缺，使得股指期货在震荡市中毛刺增多，在趋势行情中瞬间暴涨暴跌，即价格冲击率比较高。我一个客户，300手股指多单止损平仓的时候，瞬间就把价格扫低十个点。

问题8：投资者应如何躲避或利用股指期货的“秒杀”行情？

方志：如果拉长交易周期，交易对于时机的选择就会不敏感，就无所谓“秒杀行情”是否出现了。

如果要做短线交易，第一要控制资金规模，按现在流动性来看，在行情剧烈波动的时候想把所有单子在同一价位成交，持仓手数不要超过 20 手为宜，如果资金量比较大，则要选择不同的交易策略进行充分组合；第二要加强成交的及时性，一种方式直接以条件单形式设置自动止损或者自动追价，另一种方式在手动敲单的时候不要选择“跟随价”、“最新价”、“市价”这几种成交形式，而应该选择买入时比现价高 10 个点，卖出时比现价低 10 个点这种形式报单，使得在争取成交的时候能够取得优势，保证马上成交。

问题9：您的著作《期货兵法》是期货行业的畅销书，在书中您把期货比喻成战争，那么期货和战争有哪些层面的相似之处？

方志：1. 战争是敌我双方的对抗；期货是多空双方的搏杀。

2. 战争以士兵为筹码；期货以资金为筹码。

3. 战争以保全自我生命为第一要义；期货以保证资金安全为首要前提。

4. 战争形势复杂多变，期货行情飘忽不定。

5. 战争一方可能一溃千里，就像期货上的大趋势行情；战争的双方也可能持久对峙，就像期货上的横盘震荡。

6. 战争总是要死人的，有人胜有人败；期货总是要分输赢的，有盈也必有亏。

7. 战争即使你胜利 1000 次，只要一次失利，就可能全军覆没，横死乌江；期货不管你盈利多少倍，只要一次不慎，也可能爆仓出局，全盘皆输。

问题10：而您的新书《期货策略》又把期货说成是游戏，期货是一个怎样的游戏？

方志：我觉得一个传统意义上的，完美或经典的游戏，应该具备以下特点：

至少2个人参与，或者多个人参与；

参与者以争取各自的利益为主要目的；

游戏有一定的既定规则，相对公平，但是必然不完全公平；

游戏参与者的行为可以对游戏的进程产生影响；

游戏带有一定的运气成分和技术成分；

游戏基本规则非常简单，入门容易，但是掌握游戏核心规律十分艰难。

比如我们传统的象棋围棋、现在的足球等，这类都是经典游戏。期货业是一个经典游戏。

1. 期货有多空双方，至少有2个人参与，而市场上有众多参与者，最终构成多头集团和空头集团。

2. 期货投资者都以各自利益为主要目的，投机者以价差利润为主要争取目的，套保者以争取最大套保利益为目的（并不是简单地回避价格风险）。还有一个纯粹以消遣为目的的群体，他们的主要利益是从市场大额的盈亏中满足快感。

3. 期货有既定规则，任何人在期货市场都是买卖自由，自主交易，相对公正公开公平，但是必然不完全平等。

4. 市场的任何参与者的任何交易行为都可以对市场走势产生影响，而价格涨跌正是各个参与者个人行为的最终体现形式。

5. 行情有不确定性，所以可能新手遇到了好的行情，赚钱赚得莫名其妙；但是期货本身也有各种各样的规律，交易高手掌握了规律最终可以实现相对的稳定盈利。

6. 期货入门简单，只要开户之后，选择品种，做多做空即可。但是，要想在期货市场盈利，必须要了解期货市场内涵规律，解读价格语言的潜台词、市场的潜规则。

问题11：《期货策略》分为上中下册三本，上册已经出版，

中册和下册将在何时出版？请您介绍一下《期货策略》上中下册的整体框架？

方志：上中下册作为一个完整的结构，现在已经全部写好，会在年内陆续将中册和下册推出。《期货策略》既然是一本讨论游戏规则的书，上中下册是从不同深度要讨论的。上册讨论的是期货的表象规则（T+0，杠杆，多空，合约），中册讨论的是期货的微观规则（盘口，成交，流动，风险），下册讨论的是期货的宏观规则（限价，结算，宏观，现货，行业）。总共十三个篇章，相信三本书能将期货市场做出一个立体化的解读，挖掘出规则以外的潜规则。

问题12：您提倡不要预测行情，但有些人认为自己的预测很准，而且能够凭借自己的预测赚到钱，您为何坚决反对预测？

方志：期货行情是复杂的，也是多变的。没有人肯定地知道明天K线往哪走。简单的涨跌预测并不能给你带来任何收益，只会让你期待和犹豫之间迷失自我。太多人因为想要去预测市场而入魔道。市场令人迷惑的地方就在于你认为是可以看懂它的。有些人用毕生的精力去计算最高最低点位、计算时间窗口，可是最终呢？且不说预不预测得了，即使你预测到了明天某个品种要“涨”，你又怎么操作呢？高开，你追么？低开低走，你不止损么？所以预测并非那么重要。很多程序化交易研究的第一节课，就是一个扔硬币的系统，也可以在市场取得盈利。

问题13：投资者如果不预测市场，应该如何开展交易？依据什么进场、出场？

方志：既然预测不了，是不是就不能做了？恰恰相反，因为不预测，反而好做——你没有负担。各人进出场的依据都不一样，也不能一样。（都在同时进出场，市场就不存在了），其实要把握几个要素，第一，逻辑上有盈利的理论依据；第二，规则的一贯性；第三，规则的风险控制。

其实长期从市场盈利的方法只有一种，就是亏的时候少亏点，赚的时候多赚点。

问题 14：您提倡投资组合，认为投资组合可以放大资金的使用效率，提高盈利能力，请您简单说说投资组合的好处？

方志：简单讲一下。第一点，投资组合可以争取更多的投资机会；第二点，能够充分的使用资金；第三，长期回报率最大；第四，波动率最小。

投资组合实际上是解决资金有限和时间有限的关键方法，你增加了收益，但是没有增加风险。如果有朋友有兴趣去详细了解的话，可以去看《期货兵法》中的交叉融资理论。

问题 15：您不提倡套利，认为没有现货背景的投机者做套利是“收益有限、风险无限”的事情，您为什么这么认为？

方志：套利的种类其实非常多，这里所谓“收益有限、风险无限”的套利，实际上指的是没有现货背景、没有设置明确止损的“内因套利”。

其实在内因套利上止损是件极度艰难的事情。比如，你认定黄豆和豆粕的合理价差是 250 元 ~ 450 元，现在价差是 200 元，你认为这个是很好的机会；到了 150 元的时候，你会认为是更好的机会；到了 100 元，就是绝妙的机会。可惜价差到 0 的时候你已经是巨亏了，那你是应该在 0 止损，还是在 0 加码？（在 2004 年的时候，由于豆粕逼仓，最终豆粕价格高于黄豆价格 100 元。）在承担了上述无限大风险的前提下，套利的收益是相当有限的，一旦回到“正常”的价格区间，你就会选择出场。

问题16：内外盘联动，这是每一个做交易的人都能感觉到也都认同的现象，但您认为投资者如果做内盘，就不要看外盘，为什么？

方志：看着外盘做内盘第一是件很辛苦的事情，第二是件很复杂的事情，第三是件低效率的事情。外盘和内盘有没有关系？关系当然是有的，但是影响的过程是复杂、难以把握的。如果你外盘看得准的话，最好的办法就是直接做外盘。我们有一组数据，证明除了黄金这个品种以外，其他品种和外盘的关联度已经比较低了，而股指、强麦、玉米、早稻这四个品种，和外盘的相关度为负值，即呈不相关状态。

除了外盘，我们说个更直观的状况，你能看着股指现货做期货吗？他们的相关度高达99%，你可以说每个人都能跟随现货走势在期货上取得盈利吗？

问题17：您强调“期货市场能肯定的事情只有三个：一个是时间轴是向右的；一个是交易规则是制定好的；一个是财富是会被分配的”，那么，财富分配是不是市场的源动力？

方志：市场的本质功能是财富分配，几乎所有人都在为自己争取利益的最大化。为争取利益而表现出来的心理状态和行为是相似的，所以在一定程度上会符合技术分析的一般规律。同时也由于市场不是一个人构成，是由千千万万不同年龄、不同地区、不同性格、不同经济状况的人构成的。对应一个行情，每个人由于各自不同的原因都可能做出不同的决策。这决定了市场永远处于一个不稳定的平衡。任何人进入市场都是为了盈利，都是为了分配财富，所以行情才有了发展的动力。

问题18：“最重要的基本面是资金面”，您的意思是不是：资金面的动向和变化决定所有行情的涨跌？

方志：传统意义上，分析基本面是分析商品的供需，但是实际上，价格最终的数字并不是简单由供需决定的，更大程度要靠货币体现出来，所以一方面我们应该分析商品的供需，一方面也要分析货币的供需。

并且，在一些投机性较强的品种上，套保交易可能只占5%～10%的比重，市场大量交易的产生既不是商品的买方，也不是商品的卖方，而是跟这个商品毫无关系的人造成的，是他们在掌握市场的定价权。

问题19：您曾提出“多空不对称理论”，请您简单阐述一下，为什么期货市场做多做空是不对称的？

方志：多头的意义在于钱、需求、看涨价格、钱贬值和商品有价值。

空头的意义在于货、供给、看跌价格、钱升值和商品缺乏价值。

总结了一下多空双方不对等的地方，主要有：

1. 多头风险有限，收益无限；空头收益有限，风险无限；
2. 现货多头可以没有货只有钱，现货空头有货也得有钱；
3. 有量才能上涨，无量可以下跌；
4. 投机者是天然多头，套保者是天然空头；
5. 钱相对多，货相对少；
6. 钱流动快，容易聚集，货无法马上兑换成钱，流动慢；
7. 供需能立刻反映在钱上，不能立刻反映在货上；
8. 先涨后跌或者先跌后涨，跌幅大于涨幅；
9. 市场涨的时间大于跌的时间；
10. 跌的总比涨的快；
11. 多逼空容易，空逼多难。

这些不对称给我们交易方向、交易周期、交易品种、交易时机的选择都提供了一些参考意见。有兴趣可以看看《期货策略》第三篇的内容。

问题 20：您还总结过“盈亏不对称理论”，为什么投资者的盈亏也是不对称的？

方志：盈亏不对称简单来说，就是赚钱比较难，亏钱比较容易。比如 100 万亏到 50 万是亏 50%，50 万赚回 100 万要盈利 100%。这个问题的核心在于我们跟市场的力量对比。很多人想做逆势单，或者不注意控制风险，在亏损的时候增加筹码，这些做法没有摆正我们和市场的关系。市场是无穷大的，我们是非常渺小的。市场消灭一个我是很容易的事情，我要消灭市场是不可能的事情。所以控制风险才那么重要，我觉得对于成熟的私募基金来说，合理的回撤一定要控制在 20% 以内，才可以使得盈亏不对称的幅度足够小。

问题 21：就您看来，“追涨杀跌”和“抄底摸顶”哪一种更容易成功？为什么？

方志：理想情况下，追涨杀跌用在趋势行情中，抄底摸顶用在震荡行情中，都能取得很好的效果。关键问题你并不知道什么时候是趋势，什么时候是震荡。“追涨杀跌”和“抄底摸顶”其实都有成功的例子，前提你都得做好风险控制。从行情的规律性上来说，“追涨杀跌”更容易把握进场时机和设置风险控制价位，“抄底摸顶”属于炒手的一些做法，对个人的要求很高，不建议一般投资者学习。

问题 22：有些高手认为“宁可做错、不可错过”，但也有一些高手认为“宁可错过、不可做错”，您觉得这两种观点哪一种更合理？或是两种都存在合理性？

方志：这是一个非常有意思的争论。“宁可做错、不可错过”是我在《期货兵法》中谈过的理念，作为期货基金管理来说，为了争取更多的交易机会，所以在品种组合上要充分，交易机会要把握住；“宁可错过、不可做错”更多是体现在股指期货或者股票市场上，在股指期货的交易中，每天的波动平均有66.7个指数点，有相当多的投资机会，一年只要把握住两三天的行情其实就可以获得不错的收益。这种时候可以考虑去筛选。做股票有1000多只，你难道要全部选择不错过任何行情吗？所以两种思维模式在不同的环境下都有其道理。

问题23：您对市场本质的理解和交易规则的研究在国内处在领先地位，就您看来，交易规则对投资者的盈亏起着多大的作用？

方志：过奖了，《期货策略》序篇里面有提到，像期货这样的经典游戏，其入门规则一定是非常简单的（做多做空），但是要掌握其核心规律十分艰难。对于刚刚入市的人来说，可能什么规则也不懂，随便做做，就可以短期盈利不少，但是想做到长期稳定盈利，就必须要了解游戏的规则，你在游戏中处于的位置，游戏中有哪些BUG，哪些陷阱。打个最简单的比方，PVC这个品种的交易规则设计上有重大缺陷，如果你不了解规则，盲目操作短线，可能短期会有盈利，但是长期操作，盈利的可能相当小，而相同的方式放在股指上，你可能就会取得很大的利润。

问题24：一个普通的投资者是否需要知道所有的交易规则？合理利用交易规则的投资者，能否使自己处在相对有利地位？

方志：其实没有几个人能够了解所有的交易规则。学习和研究交易规则，其实是投资的必修课。在《期货策略》的序篇里，我首先强调的是书的三大前提：规则决定规律，规律反作用于规则，规则出发构建交易系统。你能把市场规则弄清楚，你自然而然就会知道市场规律。打个比方，为什么最近几年每次出现两个连续停板。第三天跳空就结束趋势行情的概率超过95%？如果你仔细研究涨跌停板的设置方式、保证金的收取方式以及期货公司的风控流程，你就会明白，这个是市场完成财富分配的最终形式，所以行情常常是期货公司的风控部门来结束的。这样对你交易中识别行情的发展阶段，调整交易策略就会有重要的参考作用。

问题25：如今的商品期货保证金比例要比前几年高不少，涨跌停板也变大了，这些规则的改变，是否直接影响到市场极端上涨和下跌行情的变少以及发生涨跌停板交易日的变少？

方志：这个问题问得相当有水平。首先我们要了解，为什么保证金变高、涨跌停板变大？其实保证金和涨跌停板的设置形式是跟品种的波动率高度相关的，这几年金融市场的动荡使得商品市场尤其是含有金融性质的商品波动率加大，波动点数也加大，同时市场风控能力也加强，外盘关联度也明显降低，这使得交易所给予价格更大的自由空间。从前通过涨跌停板来达到盘口预警、极端财富分配的情况大大减少。所以从前涨跌停板吸引价格，现在涨跌停板排斥价格，涨跌停的概率大大减少。这个我会在《期货策略》下册中详细分析。

问题26：最小变动价位、手续费等决定了一个品种的进出场交易成本，就您研究所得，国内哪些期货品种交易成本最高、哪些品种交易成本最低？交易成本的高低会不会直接影响该品种的活跃程度？

方志：在投机交易中，交易成本其实不仅仅是手续费，还包含了点差、执行成本（愿意以一定费用换取流动性的成本，包含冲击成本）等，通过数据研究，股指期货的每进出一次整个市场平均交易成本为0.13%，是最低的，橡胶其次，是0.19%，然后是糖 0.28%，豆油 0.30%……成交成本最高的几个品种是 PVC——0.95%，玉米——0.94%，早籼稻——0.86%。交易成本是影响品种活跃度的一个重要方面。在我们实证分析的表格中，至少有 42 个指标决定着品种的活跃程度。

问题 27：就您看来，沪深 300 股指期货的保证金比例、最小变动价位、手续费、涨跌停板设计是否合理？

方志：之前应中金所的邀请，我给现在上市的沪深 300 股指期货做过一个全面的规则评估，可以这么说，股指期货的保证金比例、最小变动价位、手续费、涨跌停板等制度的设计，使得股指期货几乎成为一个完美的投机品种。举一个指标说明，股指的日内平均最大收益与每次交易成本的比例（可以认为是一个简单的收益风险比）达到 106∶1，而铜的数据是 30∶1，螺纹钢是 22∶1，强麦是 6∶1，所以这就是为什么股指日内交易的氛围这么强烈的原因之一。但是，这个设计未必符合套期保值的最优要求，套期保值商所要求的最小变动价位可能是 0.5 个点而非 0.2，合约期限的设计，远月保证金、交割手续费等这些设置都未必能完全符合他们的要求。所以随着时间的推移，股指的个别交易规则还存在着微调的可能。

问题 28：原本中金所还设计了“熔断制度”，这一制度也在仿真交易中应用过，后来股指期货实盘上市却取消了这一制度，您如何看待“熔断制度”？您觉得有无“熔断制度”对行情会有怎样的影响？

方志：“熔断制度”是国外引进的一种风险控制手段，在国内的商品期货上从来没有使用过。这种制度事实上是一种“小幅度停板”，为的是价格出现过大的单边波动的时候，能够用“小幅度停板”限制价格极端波动，从而给期货公司和交易所争取到风险控制的时间。事实上测试的结果并不理想，即熔断制度往往会给投机主力创造出盘口的预警信息，并且在熔断之后往往会出现市场流动性中断的局面，使得价格的波动出现更大的风险，并且股指现货没有熔断制度，所以会造成期现规则不统一等问题。所以中金所最终没有执行熔断制度，而是直接提高交易保证金。目前交易所收取15%的保证金，期货公司一般向客户收取17%的保证金，事实证明，现在的市场运行比较健康。当然如果有熔断制度，对于投机或者套利的高手来说，一定会有规则上的BUG可以利用。

问题29：目前，沪深300股指期货的换手率要远高于商品期货，您觉得主要的原因是什么？高换手率是否意味着行情波动幅度更大，盈利机会更多？

方志：这个问题是非常庞大的一个课题。简单来说，从数值上讲，股指换手率11.84，而其他商品期货都在0.5~5之间，远远高于其他品种，更远远高于沪深300现货。市场平均持仓时间在22.8分钟，代表市场的交易频率确实很高。换手率代表市场的投机性。投机性越强的资金，其交易周期越短；套保性质越强的品种，其持仓时间越长（比如强麦的平均持仓时间为432.5分钟）。投机性资金是流动性的需求方，套保资金是流动性的供给方。实际上股指的现状就是流动性需求非常旺盛，而供给跟不上，也就是套保资金还没有进来。

股指期货的套保资金，就是公募基金、上市公司等机构，这些机构还没有大规模进入市场，持仓低也是合理状况。深层次来解释的话，这个现象和股市、期市交易设定有关系。股市T+1，期货T+0，期现套利不能做短线，只能做长线，而股指又只有现货月活跃，套保套利周期只有不到一个月的时间。这些规则的设定都限制了机构的进入。

套保资金少、投机资金多的市场，其流动性经常会出现断裂，即所谓的“秒杀”行情，市场杂波也会增多，趋势波段会变短，等等，仔细分析，你可以得出一连串的市场特点。所以理解了市场特点，你自然就会知道什么指标、什么技术方法在什么样的市场里会取得好的效果。

◆ 期货中国专访方志：五年后仍然是高手，才是真高手

访谈时间：2012 年 2 月 22 日

访谈精彩语录：

市场分析主要有四个方面的层次，预测涨跌、基本面技术面分析、投资理念、游戏规则。

简单来说其实书是写给自己看的。

市场最核心的本质是财富分配的需求。

市场资金会追逐财富最大化的轨迹。

市场最重要的规则是生态法则，也就是市场的存在遵循生态环境的食物链、能量链规律。

股指期货相对于商品期货的一大好处是交易相对比较连续。如今国债期货即将上市，交易也会比较连续，这些金融期货更适合依赖于数学分析的量化交易。

如果监管对于国债期货或股指期货的限制不严，以中国人对投机的偏好，中国金融期货交易所很快会在几年内成为世界第一大交易所。

银行体系大举进入期货市场，会对期货市场结构产生根本性变化。

对公募基金来说，股指期货带来的更多是无奈。

期货市场是一个不断变化的生态环境，随着市场机构投资者的比重越来越大，市场行情也会发生改变。

现在的市场，上涨是一步三回头，下跌是秒杀到位，这样的市场，散户想要生存，必须要明白自己的生存逻辑是什么。

散户要想继续生存，就得采取以上“更快”或者“更慢”的策略，否则还是远离市场。

期货是一个修炼一个感悟的过程。对于无法开悟的人来说，通过学习而进入稳定盈利的可能性是百分之一甚至千分之一。

长期无法盈利的投资人想通过买软件（出买卖信号的软件）来改变自己的命运只是治标不治本的下策。

这类软件（交易分析、诊断软件）未来将成为投资市场的亮点。包括以后用于私募基金排名评级、大的金融机构选拔基金经理、客户自我总结提高，都是非常有价值的。

期货市场能够吸引千千万万的人沉迷其中，很大程度上都是“大行情”造成的。

任何一次“大行情”都会成就一批富豪和消灭另一批富豪。

追求暴利的交易模式，就是要规避掉小行情。

有的钱不在你的模式当中，赚不到并不可惜。

程序化交易的兴起和泛滥，使得市场生态结构发生重大变化，短期走势的随机性和博弈性大大增强。

对冲基金操作手法的兴起和导致市场的波动率明显降低。

机构大量扩张和散户群体大量萎缩，导致市场财富分配模式从消灭散户导向转为消灭机构导向。

如果“高手”在 2011 年亏损，那他事实上并不是真正的高手。

市场洗牌速度会加快，现在是高手，五年之后仍然还被认为是高手的人，才真的是高手。

实际上市场不是静态的，市场是“动态”的，市场中每个人的微妙举动都可能改变市场生态而产生蝴蝶效应。

因为你没买，所以暴涨；如果你买了，就涨不起来了。

程序化交易是可以增强交易者能力的一种手段，也是一种研究和风控的手段，但是绝对不是长期稳定盈利的手段。

如果一套程序化交易系统可以永久稳定盈利，这个市场就会被毁灭。

有限合伙企业是现在合法合规的期货阳光私募组织形式之一。

可能今年年底，CTA业务就会进入实质推行阶段。

问题1. 方志先生您好，感谢您在百忙之中接受期货中国网的专访。您是《期货兵法》和《期货策略》的作者，《期货兵法》是讲交易理念和交易技巧的，《期货策略》是讲什么的？请您谈谈《期货策略》和《期货兵法》在内容上主要的不同点？

方志：在我看来，市场分析主要有四个方面的层次，预测涨跌、基本面技术面分析、投资理念、游戏规则。《期货兵法》主要阐述的是投资理念的问题。我在写书的时候是这样设想的，投资盈利肯定不是一件困难的事情，盈亏也就是在一念之间。只要我们把错误的做法认识清楚，把错误的投资习惯改掉，我们就可以立于不败之地，盈利就不是问题。在《期货策略》（上中下）中，我希望通过对整个市场游戏规则的研究，来把握市场的长期生存发展之道。可以说，了解市场的形成机制、生态结构、分配方式，是我们投资决策的“因”，而对于投资理念的形成、市场分析的模式到交易系统的构建，则是我们投资的“果”。通过《期货策略》（上中下）三本书，我力求比较完整的阐释市场的规则和结构对市场现象和我们投资行为决策的影响，这是一个新的尝试。

问题2. 就您看来，哪些投资者更适合看《期货兵法》？哪些投资者更适合看《期货策略》？或者说一个投资者在哪个阶段适合看《期货兵法》？在哪个阶段适合看《期货策略》？

方志：简单来说其实书是写给自己看的。书上很多内容不是到写书的时候才去准备的，而是之前几年交易的总结和积累。所以这几本书自然就是写给在做实盘交易的人看的。当然，照顾到出版社的一些要求，尽量少用过于生硬的专业术语，力求将期货这种专业的投资讲的大众化一些。所以《期货兵法》和《期货策略》更适合有期货交易经验的投资人看，相信对那些一直从事期货投资但是无法持续盈利的朋友或多或少能有一些帮助。

问题3. 您对市场的本质和规则有着深入的研究，请问就您理解而言，市场的最核心本质是什么？最重要的规则是什么？

方志：市场最核心的本质是财富分配的需求，以此为基础，市场价格会按财富分配的轨迹运动，产生波动、趋势、震荡、突破、假突破、回调、反弹、背离、分化、收敛等一系列现象；市场资金会追逐财富最大化（有时候可以说是杠杆最大化）的轨迹；市场参与者会群体性的表现出参与财富分配的情绪特征和行为特征。

市场最重要的规则是生态法则，也就是市场的存在遵循生态环境的食物链、能量链规律，我们要在市场中长期生存、盈利，就必须了解市场生态结构特征，找到自己的下游食物链（盈利来源）和上游食物链（亏损来源），从而在不同的市场时期、不同的市场生态结构下，调整交易思路，适应市场。这方面内容，我会在《期货策略（下）》中的最后一个章节来阐述。

问题4. 投资者面对这样的市场，需要如何自我定位，才能相对胜出？

方志：其实投资者在进入市场之前，就应该清清楚楚地搞清楚这样的问题：我有什么优势，我凭什么能够赚钱？我赚的是谁的钱？如果这方面问题没搞清楚，就贸贸然冲进市场，往往给市场送钱。

问题 5. 《期货策略上》和《期货策略中》已经出版，很多投资者在期待《期货策略下》，请问《期货策略下》何时出版？它在内容上是否承接了“上”和“中”？

方志：其实最早《期货策略》只是一本书，分为十三个篇章，后来充实当中的内容时，篇幅不断超出，所以只好以上中下三本书的形式出版。《期货策略（上）》主要谈期货的三个最明显规则——“时间、杠杆、多空”；《期货策略（中）》谈的是微观市场的一些问题——“盘口、成交、流动”；《期货策略（下）》主要谈的是宏观市场结构相关问题，其主体内容早已写好，现在在作修改和完善，相信今年六七月份可以上市。

问题 6. 《期货策略下》出版后，您还有没有新的写作计划？如果有，内容大概是哪个方面的？

方志：今年出版社约了一些关于股指期货、国债期货的书，都是可以写的，主要看有没有时间。

问题 7. 您曾指出股指期货几乎是完美的投机品种，如今国债期货、原油期货、白银期货等大品种要上市了，关于投资者对这些品种的可操作空间，您如何看待？

方志：股指期货相对于商品期货的一大好处是交易相对比较连续。如今国债期货即将上市，交易也会比较连续，这些金融期货更适合依赖于数学分析的量化交易。而原油、白银这些与外盘相关度很大的商品期货品种，一方面要看交易规则的设计情况（比如原油是否以美元计价），另一方面要看国内是否推出夜盘交易（如果是，则交易会更连续），还有交割方面的问题（原油交割设计比较复杂）。如果原油和白银这三个问题都没解决好，其结果可能就类似国内的黄金期货（人民币标价、无夜盘、个人与一般法人无法交割），成交量小，价格波动不连续，完全成为了外盘的影子市场。

问题 8. 中国的国债期货曾经火爆、疯狂，您如何预期即将推出的国债期货的接受程度、接受速度？您如何预期一两年后国债期货的交易规模、以及它在国内期货品种中的地位？

方志：从国债期货的交易征询稿来看，国债期货设计的门槛比较低，五万元左右可以进行交易。市场在多年之前已经有了交易经验，以当年的火爆程度来看，市场接受程度和接受速度都不成问题。据说现在一些券商系的期货公司每天接受准备参与国债期货的客户开户超过 100 人，足以见得国债期货的接受程度。国债期货的交易规模不在于这个品种本身，而在于监管制度对它有多少限制。按例行的做法，国债期货的参与必然会有一个类似股指期货的“投资者适当性制度”。如果监管对于国债期货或股指期货的限制不严，以中国人对投机的偏好，中国金融期货交易所很快会在几年内成为世界第一大交易所。

问题 9. 国债期货的推出，对期货市场经营机构之间的竞争格局是否会产生影响？对期货市场交易主体之间的竞争格局是否会产生影响？

方志：以现在严格监管、严格控制的股指期货品种来说，去年已经占有整个期货市场 25 个品种三分之一的份额。券商系期货公司快速崛起，传统商品型期货公司面临着巨大的压力。股指期货对应的现货是 A 股市场，国债期货对应的是庞大的国债现货市场。银行是国债的现货商。从国债期货的仿真测试来看，银行已经被定为国债期货的主要参与主体之一，这样一来，银行体系大举进入期货市场，会对期货市场结构产生根本性变化。其中一点就是，市场容量会大幅度扩张，盈利点也会更多。

问题10. 您和期货市场、证券市场各类机构接触颇多，证券市场的公募基金、私募基金现在参与股指期货的热情如何？它们的实质性进展如何？资金规模如何？盈亏情况如何？

方志：对公募基金来说，股指期货带来的更多是无奈。从了解的情况来看，公募基金虽然有股指期货的套保资格，但是实际参与数量非常少，仅仅是尝试性质。对于基金专户，现在公募基金正在积极学习期货知识，但是实际参与还很少。

对于私募基金来说，操作相对灵活，有一些已经在涉足股指期货市场。但是这种参与基本上都是被动型操作，比如期现套利、阿尔法收益等。其机理都还是依靠证券市场作为主要收益，股指期货作为对冲或者增强型操作。从最近一年的表现来看，市场并没有出现期现套利取得稳定盈利的私募基金，也没有出现阿尔法收益的明星基金。我认为这样的结果，基金操作水平并不是主要因素，而是因为市场整体波动性较低，同时股指期货的成熟度较高，套利或者阿尔法的空间已经非常渺小，不易操作了。

问题11. 就您接触来看公募基金的专户理财产品主要由哪些客户在购买？这类产品一般采用怎样的交易策略？

方志：就在1月30日，国投瑞银基金公司旗下的一只期货套利产品正式获批，该产品是境内首个获准发行的含有商品期货套利策略的基金专户，这也意味着国内的专户产品开始正式试水商品期货。这款产品投资标的由股指期货拓宽至农产品、金属、橡胶等26种商品期货合约。不仅引入了商品期货套利策略，还叠加了股指期货套利策略，同时结合固定收益类投资管理。

应该来说，现在公募基金的传统理财产品募集就有很大问题，期货相关的产品能募集到什么程度还是一个未知数。

问题 12. 将来期货市场会出现各种类型的专业投资者，如海外背景进入中国的对冲基金、原先的证券公募基金、原先的证券私募基金、原先的期货私募基金、期货公司的 CTA、专业化的大户、草根高手等，您觉得它们之间的博弈，哪个群体或哪几个群体更有可能胜出？

方志：这个问题详细展开会非常复杂，不过我可以举一个例子说明。在 2010 年 4 月股指期货刚刚上市的时候，参与股指期货的群体总的来说分为两大块，一边是从传统商品期货上转来的长期从事商品期货交易的投资人或投资机构（我们可以称为期货派），另一块是从传统的证券交易上转来的证券交易人以及涉及证券投资的机构（我们可以称为证券派）。在股指期货期货刚刚上市的时候，由于证券派还没有形成规模化做空的习惯，所以在一开始的下跌行情中，期货派占了上风。但是到了后期，股指期货震荡反弹的时候，我们可以看到，情况发生了变化，证券派逐渐缩小了亏损。我们有个持仓分析系统，截止 2 月 20 日现有的股指持仓系统中，盈利最大的是中证期货，浮盈达到 16.29 亿，其次是国泰君安期货，浮盈达到 11.30 亿，其次是海通期货（6.94 亿）、东证期货（5.00 亿）、大华期货（2.16 亿）；而现有股指持仓中。亏损排名前列的分别是银河期货（4.01 亿）、鲁证期货（2.73 亿）、南华期货（2.55 亿）、浙商期货（2.03 亿）、招商期货（2.01 亿）。

其实未来期货市场哪个机构会获胜不是重点，因为他们都属于专业投资机构范畴，重点是这些机构拥有什么样的人才。未来期货市场的赢家一定要是具有能够适应市场变化、有清晰投资思维和盈利逻辑、能够构建合理的投资机构组织框架，并且有完善的风险控制和业绩评估体系人才的机构。

问题 13. 当机构投资者所占比例越来越大、操作手法越来越成熟时，市场上的散户投资者会不会有被挤出的效应？在这样的大环境下，个人投资者应该何去何从？

方志：期货市场是一个不断变化的生态环境，随着市场机构投资者的比重越来越大，市场行情也会发生改变。90年代初期的时候，市场以不专业的散户为主，市场的走势就特别简单，行情涨就可以连续涨几年，跌就会连续跌几年。这种行情稍微有点专业度就可以赚大钱。而最近呢，从2008年之后金融危机过后，市场经历过大涨大跌的洗礼，成熟度大大增强，现在的市场，上涨是一步三回头，下跌是秒杀到位，这样的市场，散户想要生存，必须要明白自己的生存逻辑是什么。

在生态结构中，散户没有交易所、期货公司的制订游戏规则的优势，没有私募、公募机构的通道优势，没有机构投资者的资金优势，没有大现货企业的现货信息优势，没有专业私募的技术优势，可谓是危机重重。

但是我们也可以换个思路思考，在机构主导的市场，机构流动性是个很大的问题，所谓船大不好调头，而散户进出市场方便，可以寻找机构交易轨迹（仓和量的显著变化）进行跟踪，这个就要求散户要学会选择时机，并且提高交易速度；另一个方向，就是把握宏观大趋势做超长线，避免参与中短期过于激烈的博弈。由于大的经济周期的方向是市场某个机构改变不了的，所以价值投资是有可能的。

所以未来散户要想继续生存，就得采取以上“更快”或者“更慢”的策略，否则还是远离市场，把资金交给专业机构打理吧。

问题14. 现在的期货市场，竞争越发激烈，投资者的学习热情越来越高。由此，各类期货培训班越来越多，您觉得投资者应该选择哪些类型的培训班？

方志：期货市场的培训很难做好。现在市场上的培训大多停留在“术”的层面，而无法达到“道”的境界。期货恰恰不像我们在学校读书，靠死记硬背就能进步。期货是一个修炼一个感悟的过程。对于无法开悟的人来说，通过学习而进入稳定盈利的可能性是百分之一甚至千分之一，而对于悟性高的投资人来说，听几句话就可以有很大的飞跃。所以我认为投资人选择什么样的培训班不是重点，重点是什么样的投资人在选择。

问题15. 不少期货交易提示软件也逐步被部分投资者认同和购买，就您看来这些出信号、卖信号的交易提示软件，总体来说是否有效？投资者在购买时应该注意什么？

方志：也许我的想法比较偏激或者绝对化，但是我确实觉得这样的软件对投资人百害不利。最简单的命题大家都知道，如果这个软件可以赚大钱，为什么他不能自己用去赚大钱？而要通过卖软件盈利？我打个比方，你买了一个神奇的交易系统，你认为它能盈利，你做进去，亏了一次，你能忍受，亏了两次，你能忍受，亏了三次，你还能忍受，如果连续亏五次，十次呢？你能忍受吗？如果这个交易方法是我自己的，我知道它发出信号的内在逻辑是什么，所以我知道我还该不该继续执行，但是一个你根本不知道会演变成什么结果的软件，你会永远相信它吗？你不可能完全相信它，你会打乱交易思路。即使这个软件长期来说也能盈利，但是不利的过程你就会受不了。所以长期无法盈利的投资人想通过买软件来改变自己的命运只是治标不治本的下策，只要踏踏实实研究和领悟市场的本质，才可以最终走向成功之路。

问题16. 另外，市场上还出现一些客户交易分析软件、诊断软件，也有某些期货公司购买或定制给客户用，某些机构也在用，您是否关注过这类软件？您觉得这类软件能否给投资者带来交易上的帮助？

方志：应该来说，这类软件未来将成为投资市场的亮点。包括以后用于私募基金排名评级、大的金融机构选拨基金经理、客户自我总结提高，都是非常有价值的。但是市场这些软件虽然很多，软件深度却相差很大。很多的分析软件还是停留在账单数据分析的层面，简单计算账户的盈亏状况、成交量、品种参与情况等，这些对于普通投资人来说，数据背后到底代表什么样的投资水平并不清晰。而好的诊断软件，一定要有分析评价的指标，要能通过账单分析出投资人的投资手法（单边、套利、组合对冲等等）、投资周期（长中短线）、投资习惯、投资理念、投资技巧、逻辑的持续性、交易稳定性，并且能够结合市场行情，诊断出投资人的缺点和错误，这样才可以真正帮助投资人认识自己，提高交易水平。我可以这样说，通过现有账单能够分析出投资人未来的盈亏情况的软件，就是好的软件。我有个朋友的公司正在开发这样的软件，相信不久之后可以和大家见面。

问题 17. 您如何看待期货市场 2010 年的“大行情”以及由此成就的“数十亿级”的富豪？

方志：期货市场能够吸引千千万万的人沉迷其中，很大程度上都是“大行情”造成的。如果市场永远波动很小，这个市场就会渐渐消亡。正因为投资人追求高杠杆高收益的市场，才会选择期货。而任何一次“大行情”都会成就一批富豪和消灭另一批富豪。对于一些追求暴利的交易模式，就是要规避掉小行情，避免在震荡市里消耗，而集中精力重仓把握这样的“大行情”，而对于基金管理，追求的是长期稳定盈利，“大行情”固然值得把握，风险控制却还是放在第一位。每个人要根据自己的生存逻辑，来制订相应的“大行情”策略。有的钱不在你的模式当中，赚不到并不可惜。能够把握到大行情获得大成就必然是“天时”（市场机会）、“地利”（资金规模和风险承受能力）和“人和”（非常良好的心理状态）达到高度统一的结果。

问题18. 您又如何看待期货市场2011年的“难做行情”以及由此造成的原本很厉害的相关高手的利润下降或亏损？

方志：简单来说，2011年市场行情难做，有多方面的因素。

第一，市场处于长期阴跌，是个典型的负和市场结构，对于非现货套保企业来说的其他市场群体，盈利难度都大大增加。

第二，基本面空前胶着，市场缺乏明确方向。

第三，程序化交易的兴起和泛滥，使得市场生态结构发生重大变化，短期走势的随机性和博弈性大大增强。

第四，对冲基金操作手法的兴起和导致市场的波动率明显降低。

第五，机构大量扩张和散户群体大量萎缩，导致市场财富分配模式从消灭散户导向转为消灭机构导向。

2011年的整个市场形态还是有趋势的，从年头跌到年尾，虽然过程复杂，但是跟踪趋势操作，还是可以取得一定的收益。如果“高手”在2011年亏损，那他事实上并不是真正的高手，他可能是前几年单边市场的“暴利高手”，而不是长期稳定盈利的高手。我觉得未来五年，市场洗牌速度会加快，现在是高手，五年之后仍然还被认为是高手的人，才真的是高手。

问题19. 市场波动节奏每年都会有变化，这是否意味着任何一种交易模式都会失效？投资者应该如何应对市场节奏的不断变化？

方志：我觉得很多人在研究交易模式的时候都进入了一个误区，就是把市场当成“静态”的了。比如研究了某个程序，发现“如果我在2005年买入铜，并且不断加仓，我就可以赚10个亿”

这样的现象。但是实际上市场不是静态的，市场是“动态”的，市场中每个人的微妙举动都可能改变市场生态而产生蝴蝶效应。也就是往往“因为你没买，所以暴涨；如果你买了，就涨不起来了”。所以在交易模式的设计层面上如果是按静态逻辑去思考投资模式，必然会有失效的时候。但是如果从市场生态的角度去思考，就能够知道哪个阶段哪种模式会更有效。比如现在市场生态是竞争关系，博弈性就会加强，短期震荡会加剧，趋势概率低，而当国债期货推出，银行作为一个超级庞大并且新参与到期货市场的主体出现，市场生态会发生巨大变化，波动性可能加大，大级别行情就可能出现。

问题 20. 股票只能做多，股票理财机构会遇到行情好的年头和行情不好的年头，由于期货多空都可以做，对期货理财机构来说，有没有“不好的年头”之说？

方志：在股市行情还比较牛的年头（比如 2007 年），市场对比的比较多的是相对收益而不是绝对收益。当周围的人一年翻十倍的时候，你如果通过风险控制和组合管理稳定盈利 50%，反而会被人笑话。但是到了这一两年，市场大面积群体都无法盈利的时候，“绝对收益产品”就会兴起，比如现在银行 5% 的理财产品也会被抢购一空。对于期货理财机构来说，理论上很少有“非常不好”的年头，但是波动率较小，震荡凌乱，方向不明的市场也会使得期货理财收益变低。现在世界排名第一的期货基金，管理 260 亿美元的资产，过去十年间，平均每年产生 15% 的收益率，已经是非常了不起的业绩，但是其中一年也还是出现了亏损。

问题 21. 这几年来，程序化交易和量化投资被越来越多的投资者认同和选择，就您看来程序化交易哪些优缺点？

方志：其实做投资的人都有自由的梦想，而程序化交易可能是达到这个梦想最可行的方式之一。程序化交易的优缺点很多人都有说过，我就不多说了，从核心层面上来讲，我认为程序化交易是可以增强交易者能力的一种手段，也是一种研究和风控的手段，但是绝对不是长期稳定盈利的手段。

问题22. 一套所谓优秀的程序化交易系统，能否长期胜出？

方志：一个简单的道理是，如果一套程序化交易系统可以永久稳定盈利，这个市场就会被毁灭。市场是动态的、变化的，程序是死的。现在的市场上的绝大多数程序化交易系统，都只是停留在“技术指标交易”的范畴，而没有上升到市场生态的高度，所以就不可能永远盈利。如果将市场生态、市场结构的内容加入到程序当中，让程序可以自动适应市场变化，这样有人为思维的“智能系统”是有可能取得更好效果的。我们现在正在做这方面的工作，当然，这件事的难度会超出想象。

问题23. “多策略、多产品、多周期”的模式能否化解程序化交易的弱点？

方志：“多策略、多产品、多周期”是我多年前一直提倡的思路，能够化解程序化交易阶段性的弱点，比如回撤过大、连续亏损次数过多、踏空品种行情等，总的来说可以起到平滑收益的效果。但是另一方面，“多策略、多产品、多周期”也恰恰可能给账户造成更加不利的影响，比如在震荡复杂的时期，多策略多周期会加大交易量，使得账户承担更多的交易成本，多品种的方式可能会使得大部分亏损的品种拖垮少部分盈利的品种。所以多策略、多产品、多周期也要跟随市场生态结构作阶段性的调整和控制，而不是一成不变的配置方式。

问题24. 您是林晟投资的总经理，请问林晟投资目前主营业务是什么？团队结构是怎样的？

方志：林晟投资是定位成专业投资管理的公司，一方面我们主要经营自有资金，另一方面我们以有限合伙企业的形式发行理财产品，交易团队的构成是将“决策”、“执行”、“风控”分开，系统化运作和管理。

问题25. 林晟目前推出了哪些产品？各个产品各自的特点如何？分别适合哪些类型的投资者参与？

方志：林晟投资目前推出一些专户理财产品和两款有限合伙产品。两款有限合伙产品分别是“林晟开拓者量化组合投资产品”和“林晟胜投多策略组合投资产品（股指期货增强型）”。

“林晟开拓者量化组合投资产品”主要依靠：(1) 趋势跟踪策略，有效捕捉波段趋势，减少盘整期的资金回撤，实现最大的收益风险比。(2) 日内短线策略，以日内短线交易为基础，利用有效日内波动，在最小风险下追逐最大收益。(3) 对冲策略，利用品种之间的相关性特征，实现低风险收益。

“林晟胜投多策略组合投资产品（股指期货增强型）”主要依靠股指期货的多策略组合取得主动型收益，同时以商品期货组合和证券资产组合对冲股指期货交易的风险。

这两款产品的设计上涵盖了现在投资人的三种需求。稳健的客户可以选择“林晟开拓者量化组合投资基金产品”优先级产品，获得8%/年的固定收益，激进的投资者可以选择“林晟开拓者量化组合投资基金产品”中的劣后级产品，承担全部交易风险但获得更高的杠杆收益。常规投资者可以购买“林晟胜投多策略组合投资产品（股指期货增强型）”，承担少量风险，但是获得相对较大的投资回报。

问题26. 目前推出的这些产品在股指期货和商品期货上的配

置比例如何？有没有涉及股票或其他投资领域？

方志：“林晟开拓者量化组合投资产品”和“林晟胜投多策略组合投资产品（股指期货增强型）”都将参与现在期货市场上的16个活跃交易品种，其中“林晟开拓者量化组合投资产品”配置比例较为平衡，其中突出一些波动率较大的品种。而“林晟胜投多策略组合投资产品（股指期货增强型）”当中，股指期货的配置占据接近一半，其他15个期货品种交易额总量与股指期货相当，主要是以对冲为主。

两款产品都设计了证券类资产的投资方式。“林晟开拓者量化组合投资产品”依赖量化选股模式配置股票组合，“林晟胜投多策略组合投资产品（股指期货增强型）”配置股票组合来对冲股指期货风险。

问题27. 请您对有限合伙基金做一个简要的介绍，投资者如何参与有限合伙基金？管理者在有限合伙基金中以怎样的形式出现？

方志：有限合伙企业是现在合法合规的期货阳光私募组织形式之一，基金管理方作为普通合伙人（GP），负责基金的管理工作，承担无限连带责任，一般投资人作为有限合伙人（LP），为基金提供充足的资金支持。相对于之前的期货私人代客理财形式，有更透明的基金净值公示、更清晰的责权协议和更健全的银行托管支持和分级分控体系。是未来期货阳光私募的必然趋势。

问题28. 有限合伙的税收略高，某些客户在认同上可能存在一些问题，对私募机构来说，目前有没有更好的运作模式？有限合伙会不会只是一个过渡的模式？

方志：从最新的期货公司CTA业务征询进程来看，监管局显然是在寻找或者创造一个更加规范和公信的资产管理组织模式，可能今年年底，CTA业务就会进入实质推行阶段，届时以期货公司作为管理主体的资产管理模式就有可能浮出水面，而且投资范围可以放宽到股票、债券、基金、金融票据等产品，期货行业又将呈现一次巨大变革。

◆ 期货中国专访方志：将来“择时”比“择方向”更重要

访谈时间：2012年10月14日

访谈精彩语录：

期货的资管业务对于行业来说，是一份迟来的爱。

绝大多数期货公司并不适合做资管业务，至少是不适合马上切入太深。

交易人才并不是能简单培养出来的，而是筛选出来的。

不应该指望找到一两个交易高手，而是应该搭建一个交易管理平台，建立一套专业的管理机制。

大的资管机构出现之后，许多散户资金并入了基金管理池，会导致市场整体期望收益下降，市场短期随机性加强。

专业资管机构从市场上长期获得的利润，必然有清晰的盈利逻辑。

由于资产管理业务不需要投资人有专业的操盘技巧，参与面会大大增加。

市场盈亏会更加中性，暴利的神话会越来越少。

期货公司资管产品有较强的专业背景，有期货的风控基础，也有最大的投资范围，可能是未来比较有前景的期货资管机构。

按现在资管业务所界定的范围来看，量化交易必然受到追捧。

对冲型交易策略将成为CTA产品的主流策略。

由专业机构将多个“冠军”、“炒手”组合配置起来，必然能发挥重要的作用。

在经济萧条时期，是对冲类产品和绝对收益最好的成长时期。

相信不久的将来，中国的高盛、中国的摩根就会产生。

以前的市场，狼少，羊多，狼策动行情，就能把羊往一个地方赶；将来的市场，狼多，羊少，羊在狼群中的运动会越来越随机。

短线的随机波动加剧，趋势波动降低，突破的有效性越来越低。

长期趋势中，横盘的时间周期越来越长，趋势性行情出现的时间越来越少，但是一旦出现，其级别会越大。

在未来的投资中“择时”相对于“择方向”会变得越来越重要。

市场存在的理由即是为了财富分配，只要市场持续存在，并且仓量放大，成交活跃，赚钱效应并不会降低。

几乎无一例外的，新品种上市都会有一次比较大幅度的单边波动。

随着越来越多的品种上市，机构资金增加的速度也会加快。

品种的走势差异化会催生更多的交易模式与市场机会。

在我心目中，如果股指迷你指数、人民币汇率期货、股指期权能早日上市，则期货市场的在国民经济中的地位就会变得举足轻重。

问题1. 方志先生您好，感谢您在百忙之中接受期货中国网的专访。期货公司的资产管理业务（CTA）马上要推出了，您是否看好这项业务？这项业务能否给行业带来战略性的影响？

方志：期货的资管业务对于行业来说，是一份迟来的爱。很多人（包括我自己）进入这个行业的梦想，就是能运用智慧管理资金，配置资产，保值增值。现在这个时代终于到来，其影响对期货公司来说，就是从中介业务转变为投资业务的一个过程。形象来说，期货公司从前比方是房地产中介，现在有可能成为房地产开发商。这样期货行业才真正意义上成为名副其实的金融行业。当然，这个过程会加剧行业的洗牌，期货公司的差距会真正拉开。

问题2. 近期，众多期货公司加快了期货资管业务的筹备，您觉得一家期货公司能否做好期货资管业务的关键点是什么？

方志：首先强调一点，绝大多数期货公司并不适合做资管业务，至少是不适合马上切入太深。

原因之一是期货公司缺乏交易人才。期货公司从业人员一直不允许做交易，导致长期以来，只要是交易人才，就必须被迫离开期货公司。个人认为交易人才并不是能简单培养出来的，而是筛选出来的。这样的情况下，期货公司在开展资管业务时的第一大难题就是怎么处理交易人才的关系——是纳入期货公司体系还是采取松散游离的管理方式？

原因之二是期货公司缺乏资管管理模式与风控经验。资管业务管理不同于经纪业务模式，存在极大的不确定性和专业需求，需要在长期的实践中积累。简单来说，期货公司想要在资管业务上长期发展，并不应该指望找到一两个交易高手，而是应该搭建一个交易管理平台，建立一套专业的管理机制。

原因之三是短期来说，资管业务的成本与收益并不成比例。按两个大型期货公司高管估计，资管业务需要人员投入、技术投入、宣传投入、风险金投入，每年成本在1000万上下，而收入部分，手续费极少（之前的征求意见稿是手续费全免）、利息收入并入收益、管理费极低（还要支付渠道费用）、收益分红部分大部分要支付给交易团队，在收益水平尚可的情况下，也得3~5年，管理规模在5~8个亿以上的时候，才可以将收益和成本打平。

这样，简单来说，一家公司能不能做好期货资管业务的关键点，就可以从这三个角度去考虑。

问题3. 有人认为，现在的期货市场正从个人投机时代向资产管理时代过渡，从自主交易时代向产品购买时代过渡。您是否认同这样的观点？您觉得资产管理和个人投机最大的不同点体现在哪里？

方志：认同。市场越成熟，分工则越明细。随着市场投资人整体专业水平提升，新入市的投资者或者专业能力欠缺的投资者，在市场中获利的难度会越来越大。大的资管机构出现之后，许多散户资金并入了基金管理池，会导致市场整体期望收益下降，市场短期随机性加强。

从生态分析的角度来说，专业资管机构从市场上长期获得的利润，必然有清晰的盈利逻辑。这里面主要包含三块：

第一，中短期波动性产生的收益。资管机构从市场品种、板块分化中识别强弱，从强弱变化中取得。即，套利对冲模式取得收益。这块利润来源是散户投资人在品种、板块选择失当时产生的少盈利的部分或多亏损的部分，博弈性较弱（资管机构与散户博弈）。

第二，市场短线无序波动产生的收益。资管机构依靠算法设计，从市场中找到短期杂波进行反向操作获得收益。这块利润来源是散户投资人在盲目追涨杀跌虚假信号时产生的砍仓亏损，博弈性较强（资管机构与散户博弈）。

第三，市场大级别趋势行情产生的超额收益。资管机构利用其资金优势，信息优势在一些关键行情上加强配置，获得收益。这块利润来源主要是因为宏观经济出现重大变化，导致在现货市场上进行套保的机构将现货市场上的超额利润转移到期货市场上，博弈性最强（这时资管机构与散户作为同一阵营，与现货群体博弈）。

由此，资管投资与个人投机的差别一目了然。

问题4. 在期货资产管理时代，期货市场的参与群体和以前相比会有哪些变化？

方志：这里面的“参与”有两个层面的内容。一个是参与交易，一个是参与投资。

从参与交易的角度来看，群体和之前并没有本质变化。

从参与投资的角度来看，由于资产管理业务不需要投资人有专业的操盘技巧，则参与面会大大增加。只要有一定资金基础（现在可能至少需要100万，未来会逐渐降低）的普通民众都会参与，银行机构、公募私募基金、保险基金等也都会加入进来，把期货作为一种资产配置模式。

问题5. 在期货资产管理时代，期货市场的资金来源和以前相比会有哪些变化？

方志：简单来说，期货资管业务之前，投资期货市场的资金大都是“劣后级”性质；期货资管业务之后，投资期货市场的资金会有大量的“优先级”性质。

“劣后级”资金的性质是愿意承担高风险，期望博取更高收益。

“优先级”资金的性质是不愿意承担风险，期望获得固定收益或相对较低收益。

这样来说，大量银行客户资产参与到期货市场，在之前难度极大，而现在存在了可能。

问题6. 在期货资产管理时代，期货市场的盈亏结构和以前相比会有哪些变化？

方志：首先要说的是，现在离真正意义上的期货资管时代还很遥远。在散户时代，可能大家对市场盈亏会有 80% 人亏损、20% 人盈利的认识。这个想法本身也没有准确定义。假设以这个为前提，在机构占市场份额 70% 的年代，机构本身如果长期要盈利的话，30% 份额的其他份额盈利的难度就要大大加大。

总体来说，市场盈亏会更加中性，暴利的神话会越来越少，而在阶段性的正和市场时间（如整体市场牛市），仍然可能出现机构和散户共同盈利的情形。

所以将来决定普通客户能否盈利的关键，可能并不是你的技术分析水平多么高超，而是你是否在一个合适的时间进入了市场。

问题 7. 哪些类型的企业、机构、个人、媒体等会成为期货资产管理时代的优势群体？

方志：期货资产管理业务的核心在于，优秀的管理机构能够建立好机制，发挥资管人才的能力，管理资金长期取得稳定收益。从这点出发，这些群体就会在资管业务中取得优势：

1. 优质的管理机构。可能是期货公司，能够建立好组织形式，协调产品设计、决策、执行、风控等各个环节，将各个资管人才或者团队进行有效组合与管理。

2. 优质的资金机构。可能是公募基金、信托、私人银行或资产管理公司，能够有效解决资金渠道问题，设计有吸引力、有公信力的产品，并在产品设计、发行、后续服务方面提供专业服务

3. 对冲型人才。这些人才收益未必很高，但是对于风险控制的把握能力极高，能够在低风险的前提下取得长期稳定的收益，同时能够管理较大规模资金，这就要求其操作手法具有对冲组合特征。

4. 专业平台型媒体。媒体在资管业务中的功能可以有：人才海选、专业评估、产品设计、产品发行推广、资金募集、信息公示、业绩评级等。符合这样条件的专业期货媒体也必将在期货资

管业务中扮演重要角色。

问题8. 期货公募产品、期货信托产品、期货有限合伙产品、期货公司CTA产品、民间个人委托理财产品等各类资产管理形式中，您最看好哪一类（或哪几类）的发展？为什么？

方志：从便利性来看，民间个人委托理财长期受到交易高手青睐。但是其核心问题是规模难以做大，机制松散，对双方都存在信用风险。

有限合伙产品相对而言，比较正式，能集合众多投资人的资金，但是缺乏监管机制，合伙人在实际操作中的分歧往往阻碍产品继续发展。

信托产品比较正式，能有较正规的监管环境，有较强公信力，是目前发行期货产品较好的一种模式。长期来说信托公司对期货专业认识比较薄弱，风控能力也较弱，后劲略显不足。基金专户的情况也类似。

期货公司资管产品有较强的专业背景，有期货的风控基础，也有最大的投资范围，可能是未来比较有前景的期货资管机构。但是现实问题是期货资管团队缺乏其他金融产品投资的专业性，并且公信力较低，需要一段时间的积累，最终厚积薄发。

问题9. 在资产管理的具体交易方式上，您觉得各类资产管理者会更多使用量化交易（程序化交易）的模式还是主观交易的模式？

方志：本身我并不简单认为量化交易的效果要比主观交易要好，但是按现在资管业务所界定的范围来看，量化交易必然受到追捧。

期货资管业务现在的范围是一对一的国内客户专户管理，难以涉及与商品现货的连带操作，一些依靠主观交易的盈利模式

（如期现套利、期货与 T + D 套利、国际市场对冲套利等）无法实施。这样的结果使得产品的初级风控需要依靠交易逻辑本身的量化测算取得。量化交易的历史数据测试，能够给投资人一个较为清晰的风险和收益的预估标准，自然成为一种比较好的产品说明要件。

未来期货行业如果能给期货公司开放一些新业务（如仓单质押业务、OTC 业务、境外代理业务等），期货资产管理业务的外延可以被大大打开，大家就不必要在量化交易这样的“红海”中竞争了。

问题 10. 在交易周期上，您觉得高频交易、日内短线交易、隔夜波段交易、中长线交易等不同周期的各类模式，在各类资产管理机构各自会占多大的比例？

方志：如前面所说，一个大规模或超大规模期货资管产品机构的配置，一定是三个层次相结合的。

第一，中短期波动性产生的收益。占有半数以上的比例，是资金产生绝对收益的主要来源。

第二，市场短线无序波动产生的收益。占有低于 20% 的比例，仅作为配置补充。

第三，市场大级别趋势行情产生的超额收益。占据资管产品 10% ~50% 的比例（视行情而定），是产品期望获得的市场相对收益部分。

问题 11. 您觉得在期货公司 CTA 业务中，哪些类型的交易策略会成为主流，哪些客户会成为购买期货公司 CTA 产品的主要群体？

方志：如前面所说，对冲型交易策略将成为 CTA 产品的主流策略。

目前能购买期货公司CTA产品的主要群体仍然主要是期货公司的存量客户或意向客户，他们对该期货公司品牌有一定认可度，对期货市场有一定程度的了解，有一定或较高风险承受能力。随着业务发展，其他渠道客户会逐渐加入到CTA产品的认购人群之中。

问题12. 这些年来，期货市场涌现了不少持续盈利的或是创造短期收益奇迹的民间高手，进入资产管理时代后，您觉得这些民间高手将会往哪些方向发展？

方志：我国的期货民间高手人数众多，交易方法五花八门，目前受到广泛关注的“冠军”类选手，有两类：

一种是依靠一段时间对行情趋势、转折点惊人的准确判断而造就的短期奇迹。其对市场的感觉和判断极其准确。但是交易频率不高、仓位极重、集中火力攻打一两个品种。这样的高手也有可能在判断失误的时候造成重大损失。

另一种是用较小资金，依靠一两种简单算法，从市场大量的交易中每次获取极小的利润，通过巨额交易量达到利润积累。即俗称的“炒手”。这样的高手往往只能管理较小的资金，回撤极低或者几乎没有。在一定资金范围内，盈利有必然性和持续性，所可惜的是不能管理大规模资金。

对于取得好成绩的“冠军”和“炒手”们，其实强迫其往其他交易模式转型，并不轻松。他们可以把自己能力范围内的交易方法进一步完善，由专业机构将多个“冠军”、“炒手”组合配置起来，必然能发挥重要的作用。

问题13. 现在的期货市场，是诞生民间高手的土壤更肥沃呢，还是诞生专业机构的土壤更肥沃？为什么？

方志：两个都是。

在经济萧条时期，是对冲类产品和绝对收益最好的成长时期，市场有巨大的需求，有需求就能催生新模式、新机构的发展。从这一两年的变化就可以明显感觉到，市场专业水平的发展已经开始加速。相信不久的将来，中国的高盛、中国的摩根就会产生。

问题 14. 随着专业机构的数量、管理资金的规模越来越大，对个人投资者来说会不会越来越难赚钱？

方志：从生态博弈的角度来看，随着市场的发展，个人投资者面临的困境主要有：

1. 无信息优势——机构取得信息的速度更快、更全面
2. 无资金优势——机构的资金越来越大
3. 无技术优势——机构在技术系统上的投入越来越大
4. 无速度优势——机构取得了更快更便捷的技术通道

但是随着机构规模越来越大，个人投资者也有一些机会。在行情出现趋势变化的时候，大资金的布局会更加长期（因为短期流动性不足以消化巨额资金），更不易发生直接转向，个人投资者可以紧密跟随机构的方向。

但是切记，没有“炒手”级别做高频短线水平的个人投资者，一定要尽量避免与大机构博弈中短线操作，因为你没有任何优势。

问题 15. 普通的投资者应如何调整，才能在资产管理时代的期货市场生存和发展？

方志：普通投资者应该经常性进行学习和反思，内容如：

1. 认识市场的特点、机会——市场能不能让你获利？
2. 认知自己的特点、优势——你凭什么从市场中获利？
3. 认知风险、成本、时间——你能消耗多少时间、投入多少成本、付出多少代价在市场中？

综合这几点，得出结论，你能够自己在市场中盈利吗？如果可以，按既定的计划去努力；如果不能，而又想参与期货交易，把资金交给专业的机构去操作。

问题16. 当参与市场的机构越来越多时，行情的波动特征是否也会有所变化？

方志：打个比方，以前的市场，狼少，羊多，狼策动行情，就能把羊往一个地方赶；将来的市场，狼多，羊少，羊在狼群中的运动会越来越随机。

行情也是一样。未来市场呈现的特征有：

短线的随机波动加剧，趋势波动降低，突破的有效性越来越低（比如以突破为主要交易方法的海龟交易法收益逐年在下降）。

长期趋势中，横盘的时间周期越来越长，趋势性行情出现的时间越来越少，但是一旦出现，其级别会越大。

对于普通投资人来说，在未来的投资中“择时”相对于“择方向”会变得越来越重要。

问题17. 成熟市场和非成熟市场相比，似乎更难赚钱，您觉得国内期货市场的赚钱效率会不会逐步下降？

方志：按《期货兵法》的逻辑来说，市场存在的理由即是为了财富分配，只要市场持续存在，并且仓量放大，成交活跃，赚钱效应并不会降低。关键是你要理解你想要赚的是谁的钱，怎么去赚钱。

理解了这一点，你的赚钱模式或许会改变，但是市场整体赚钱效应不会消失。

问题18. 近年来期货市场不断有新品种上市，从只有几个品种发展到目前三十来个品种，您觉得新品种的上市对行业的影响主要体现在哪些方面？

方志：新品种对行业的影响主要体现在：

1. 市场新群体引入。相关现货产业的投资人（企业）群体被引入市场。这样的结果导致一些新品种走势特别简单，获利相对简单。和讯期货排行榜的明星选手“渔岵”就是利用焦炭的高频操作，累积了极其稳定的超高收益率。

2. 市场局部生态发生变化。主要体现在套保类机构的引入上，套保企业为新品种提供了基础持仓之后，各类投机资金即涌入该品种，产生阶段性的市场生态变化。所以我们看到的表观现象就可以发现，几乎无一例外的，新品种上市都会有一次比较大幅度的单边波动。

3. 大机构组合配置规模增加。多了一个品种，并不是只多一个配置的品种，而是多了很多的配置模式，使得系统风险有更多降低的途径，随着越来越多的品种上市，机构资金增加的速度也会加快。

4. 投资人群体选择增多。如果市场只有少数几个品种，投资的关键就在于“择方向”，品种越来越多之后，投资就可以更多“择品种”，品种的走势差异化会催生更多的交易模式与市场机会。

问题19. 在您的心目中，您最希望哪个品种（或哪些品种）能在国内期货市场上市交易？

方志：今年市场所预期的几个大品种——原油、国债、玻璃等品种我都希望能尽早上市。

在我心目中，如果股指迷你指数、人民币汇率期货、股指期权能早日上市，则期货市场在国民经济中的地位就会变得举足轻重。

问题20. 您2012年中，您到和讯网期货事业部任总经理，请问您对和讯网期货频道怎么定位？它主要为哪些类型的投资者服务？能为投资者提供哪些服务？

方志：和讯网的定位是专业的财经媒体，和讯期货频道是期货行业的门户网站，我们为了配合和讯网整体业务转型，着力将和讯期货频道打造成行业信息、资源、资金、专业平台，金融生态服务社区，服务整个期货行业。

在投资者服务层面，和讯期货将为四类投资者提供服务。

1. 泛金融受众。即股民与一般财经信息关注者。引导他们了解期货市场，根据期货市场动态为他们的投资与生活提供帮助

2. 商品现货产业链受众。现在的期货市场涉及30个期货品种、27个产业链、数百万现货企业受众。引导他们利用期货市场的信息与服务，为现货产业的发展提供帮助。

3. 一般期货投资受众。引导他们认识自己，控制好投资风险，合理管理资金，找到适合自己的投资交易模式。

4. 专业期货投资受众。提供最专业的行情分析、自我分析、生态分析工具，帮助其在期货投资领域获得更长远的发展。

这一系列的服务，我们将通过平台建设与产品开发来完成。

问题21. 您在和讯上任后，推出了“和讯网首届全国期货大赛”，请问这项大赛最大的特色是什么？主要想在期货市场发现哪些方面的人才？

方志：相比于其他大赛，这次期货大赛的主要特点有：

1. 参与面广。没有设置指定交易商，只设置推荐交易商。任何期货公司的任何客户都可以随时参加。

2. 周期长。每届大赛为一年，连续举办。

3. 依赖网络媒体。宣传面广，客观报道，不只关注冠军，更多关注市场的弱势群体。

4. 利用了全新的技术手段。为每个参赛选手打造专属的期货空间——“我的期货”，帮助其认识自己，改善交易。

5. 奖项众多。共设计了15个大项、26个子项，共3000多个奖项，简单地说，我们要办成期货界的“奥运会”。

6. 配套服务多。为大赛专门建立“期货生态分析体系”，以全新的视角解读市场行为，帮助投资者分析市场

7. 紧密配合资管业务。为优质公司海选人才，为优质选手发行资管产品，为资管产品提供业绩评价标准与信息公示平台。

这次大赛由于评选标准众多，无论是大资金管理者、短线高频交易者、长线交易高手、稳定盈利高手、高胜率、高盈亏比选手还是某单品种高手，都可以通过我们的指标一一选择。我们会为专业的资产管理机构推荐符合特定条件的交易人才。

问题22.“和讯网首届全国期货大赛”的收益率算法和其他大赛有何不同？为何这样设计？

方志：经过长时间的探索与讨论，在排名算法的设计中，和讯期货大赛史无前例地采用一种新的收益率算法——“和讯收益率”。

和讯收益率=累计盈亏/max（当日期初权益+当日入金）

即：一段时间的和讯收益率等于，这段时间内累计的平仓盈亏加上浮动盈亏，除以这段时间内每天起初权益加上当日入金的最大值。

这种算法的核心意义在于，投资者在市场取得的真实回报率是基于其在期货市场能付出的最大成本，能够积极规避选手通过频繁出入金改变实际收益率的情况，适用于自管业务人才的选拔。

在设计这个算法的时候，我们也同时体现了我们对投资市场的哲学思考：

如果投资人在市场上只入金，不出金，无论赚多少，都在累

积自己的交易本金，而不是在实质性地产生利润；只有出金了之后，利润到账户之外，才是表明真正将盈利兑现。所以该算法鼓励投资人出金，鼓励基金管理人积极给投资人提供分红；同时，不鼓励投资人在亏损的时候追加资金，如果持续追加的话，可能会使得亏损率超过 100%。在投资失利的时候，应该减少投资规模，冷静思考总结，而非一味增加投入来摊底成本。

在全部 15 类大奖奖项中，最核心的奖项为“综合积分大奖”，综合积分的算法如下：

综合积分 = 和讯收益率 * √(｜总盈亏金额｜/10000) * （1 - 最大回撤幅度）

该算法从三个方面综合考量投资人的投资水平——盈亏金额考量投资人管理大资金的能力，和讯收益率考虑资产的回报比率，最大回撤考量资金的稳定性。资金越大，产生大额盈利的可能性越大，但是可能产生的收益率较低；收益率越高，产生大额盈利的难度偏大，同时回撤也可能偏高。（该算法不适用于盈亏金额低于 1 万元，或者最大回撤幅度超过 100% 的账户）

综合来讲，以阶段性固定较大资金，平稳获得收益，并将收益不断出金的选手，最有可能获得较高的综合积分。而满足这样特点的选手，将是最符合期货资产管理业务的人选。

问题 23. 目前这项大赛的参赛情况如何？有没有大资金选手参与？

方志：截止 2012 年 10 月 14 日，和讯期货大赛正式开赛一周，参数人数已经超过 8000 人，100 万以上资金人数为 450 人，1000 万以上资金人数为 15 人，总资金规模 21 亿，人均资产 25 万元。现阶段参数人数仍然以每天 100 ~ 200 人的速度递增。欢迎各界朋友参加。

